LOBATO HUMORISTA

FUNDAÇÃO EDITORA DA UNESP

Presidente do Conselho Curador
Mário Sérgio Vasconcelos

Diretor-Presidente
José Castilho Marques Neto

Editor-Executivo
Jézio Hernani Bomfim Gutierre

Assessor Editorial
João Luís Ceccantini

Conselho Editorial Acadêmico
Alberto Tsuyoshi Ikeda
Áureo Busetto
Célia Aparecida Ferreira Tolentino
Eda Maria Góes
Elisabete Maniglia
Elisabeth Criscuolo Urbinati
Ildeberto Muniz de Almeida
Maria de Lourdes Ortiz Gandini Baldan
Nilson Ghirardello
Vicente Pleitez

Editores-Assistentes
Anderson Nobara
Fabiana Mioto
Jorge Pereira Filho

LIA CUPERTINO DUARTE

LOBATO HUMORISTA

A CONSTRUÇÃO DO HUMOR
NAS OBRAS INFANTIS DE
MONTEIRO LOBATO

© 2006 Editora UNESP
Direitos de publicação reservados à:
Fundação Editora da UNESP (FEU)

Praça da Sé, 108
01001-900 – São Paulo – SP
Tel.: (0xx11) 3242-7171
Fax: (0xx11) 3242-7172
www.editoraunesp.com.br
www.livrariaunesp.com.br
feu@editora.unesp.br

CIP – Brasil. Catalogação na fonte
Sindicato Nacional dos Editores de Livros, RJ

D872L
   Duarte, Lia Cupertino
     Lobato humorista: a construção do humor nas obras infantis de Monteiro Lobato / Lia Cupertino Duarte. - São Paulo: Editora UNESP, 2006.

   Inclui bibliografia
   ISBN 85-7139-731-7

   1. Lobato, Monteiro, 1882-1948 - Crítica e interpretação. 2. Humor na literatura. 3. Literatura infantojuvenil brasileira - História e crítica. 4. Humorismo brasileiro - História e crítica. 4. Literatura brasileira - História e crítica. I. Título.

07-0061.   CDD: 808.89282
                                                                                     CDU: 82-93

Este livro é publicado pelo projeto *Edição de Textos de Docentes e Pós-Graduados da UNESP* – Pró-Reitoria de Pós-Graduação da UNESP (PROPG) / Fundação Editora da UNESP (FEU)

Editora afiliada:

Ao Marcos, responsável pela constância do meu riso.

*À Faculdade de Ciências e Letras da Universidade
Estadual Paulista – Unesp, campus de Assis,
especialmente aos funcionários da Seção de Pós-
Graduação e da Biblioteca, e à Coordenação do Curso de
Pós-Graduação em Letras, pela colaboração.
Ao Prof. Dr. João Luis C. T. Ceccantini, pelo incentivo
e por contribuir para a minha formação.
Ao Prof. Dr. Carlos Erivany Fantinati, pela
compreensão e apoio que me foram tão caros.
À minha família, meu eterno sustentáculo.*

[O humor] Trata-se, na realidade, de verdadeira descoberta experimental, de método pedagógico sobre o qual a literatura infantil do futuro deverá refletir, e que aprenderá na verdade a aplicar melhor. O riso não é apenas "o próprio do homem", é também elemento fundamental de nossa adaptação ao mundo.

(Marc Soriano)

E que seja tida por nós como falsa toda verdade que não acolheu nenhuma gargalhada.

(Nietzsche)

Sumário

Prefácio   15
Introdução   19

1 Continuidade   29
2 Ruptura   41
3 Síntese   263

Considerações finais   277
Referências bibliográficas   281

Prefácio

Aqueles que se interessam pelos estudos sobre Monteiro Lobato e sua obra puderam constatar que, sobretudo a partir do início da década de 80, houve uma crescente e ininterrupta atenção para com o legado do escritor, congregando especialistas brasileiros de diversas instituições (acadêmicas ou não) e campos do saber – Letras, História, Sociologia, Artes Plásticas, entre outros. Esse esforço coletivo de revalorização da contribuição de Lobato no contexto da cultura nacional, sob a forma das muitas dissertações, teses, artigos científicos e livros que vieram a público, empenhou-se em corrigir o desvio de rota provocado pelos que, até então, vinham reservando a Lobato quase que exclusivamente o caricatural papel de "inimigo-número-um-do--Modernismo", seja nas histórias da literatura, seja nos manuais escolares. No conjunto dessa recente produção de estudos lobatianos, prevaleceu um movimento contínuo e provocador que procurou colocar em evidência inúmeros aspectos antes nunca estudados em relação à obra do escritor ou percebidos apenas de maneira superficial, tais como seu papel fundador como empresário e editor no cenário brasileiro, sua atuação como crítico sistemático de artes plásticas ou mesmo sua postura essencialmente moderna (ainda que não *modernista*), segundo concepções mais arejadas do fenômeno literário do que aquelas preconizadas por certa tradição. No amplo debate instaurado por essa produção crítica renovadora, chama a atenção um tópico recorrente na absoluta maioria dos trabalhos: o gosto de Lobato pelo *humor*, seja no nível de sua vida cotidiana, seja no âmbito de sua produção literária e jornalística. Poucos desses estudos deixam de fazer referência ao humor lobatiano ou mesmo de sublinhar a importância deste aspecto para a plena compreensão do homem e de sua obra. Nenhum deles, no entanto, se deteve numa análise específica e minuciosa que buscasse compreender esta relevante faceta, de tal modo que se possa recuperar de modo mais íntegro a visão de mundo do escritor.

E é esse o desafio que aqui se propõe Lia Cupertino Duarte, ao se debruçar sobre a produção de Lobato voltada às crianças e aos jovens. A pesquisadora, que já havia produzido uma instigante dissertação de mestrado no campo da literatura infanto-juvenil, A *Morte: seu sentido e expressão em narrativas juvenis* (1997, Unesp, São José do Rio Preto), texto ainda inédito, apresenta neste livro os resultados de sua tese de doutorado, realizada sob orientação do professor Carlos Erivany Fantinati, no Curso de Pós-graduação em Letras da Unesp – Faculdade de Ciências e Letras de Assis, tese defendida publicamente em 2004.

Na Introdução e nas três grandes partes que compõem o trabalho – Continuidade, Ruptura e Síntese – Duarte oferece ao leitor uma possibilidade preciosa de retornar à obra infantojuvenil de Lobato, guiando-se pelo fio condutor que aborda a questão do *humor*, mediada por uma abordagem de visada dialética – como explicitam sem pudor os títulos escolhidos para as unidades que integram a obra – e que se vincula assumidamente à linha de estudos literários sedimentada entre nós por Antonio Candido.

O resultado alcançado é dos mais estimulantes, na medida em que se tem não apenas uma síntese muito eficiente das principais questões teóricas ligadas à questão do *humor* e uma revisão cuidadosa dos estudos lobatianos que se ocuparam, ainda que de passagem, do tema – duas etapas que já seriam de se esperar num trabalho acadêmico rigoroso e de qualidade –, mas também se faz presente uma análise original e meticulosa dos sofisticados procedimentos de que se vale Lobato na construção do humor em suas narrativas infantojuvenis.

Nessa análise vertical do texto do escritor, sobressai a capacidade da pesquisadora de explorar formas e temas em plena conjunção, esquadrinhando aspectos ligados à estrutura da narrativa e à linguagem, sempre sem perder de vista o contexto histórico-social em que se inserem Lobato e sua obra. Percebendo a *contradição* como princípio gerador central para a compreensão do humor, Duarte delineia um quadro bastante esclarecedor no que se refere às múltiplas *tensões* que podem ser verificadas na literatura lobatiana, nos mais diferentes níveis.

Em suma, numa clave que agora quer ser minimamente fiel ao espírito de um trabalho dedicado a tratar do humor, deve-se dizer que nada poderia ter sido mais benéfico, para nós, leitores, do que o fato de Duarte, durante sua trajetória de pesquisadora, ter trocado de objeto de investigação, deixando para trás a *morte*, para tratar do riso. Fato, aliás, que não causa estranheza, porque, como o próprio trabalho sugere, talvez o humor seja uma das maneiras mais vigorosas de lidar com a morte...

João Luís C. T. Ceccantini
Fevereiro de 2007

Introdução

O riso é um caso muito sério para ser deixado para os cômicos.

(Georges Minois, 2003, p.15)

Estudado há séculos pelas mais diversas áreas do conhecimento (Medicina, Antropologia, Filosofia, História, Sociologia etc.), o riso ainda esconde seu mistério. Multiforme, ambíguo e ambivalente, pode ser, ao mesmo tempo, agressivo ou amigável, escarnecedor ou angélico, sob "as formas da ironia, do humor, do burlesco [ou], do grotesco" (Minois, 2003, p.16), flutuando, assim, no equívoco e na indeterminação.

Embora seu lugar na vida e na sociedade, bem como o discurso sobre ele tenham mudado muito, no tempo e no espaço, de um grupo social para outro, o riso como fenômeno natural humano (reação ao mesmo tempo fisiológica e intelectual) é universal e pouco evoluiu, "faz[endo] parte das respostas fundamentais do homem confrontado com sua existência" (ibidem, p.629). Exaltado ou condenado, tendo como objeto uma característica ou uma situação, considerado a partir de seu aspecto individual ou coletivo, sua concepção depende das mentalidades, da cosmovisão de um grupo ou de uma época.

Apesar dessas variações, os motivos de hilaridade quase não mudaram. Embora as técnicas utilizadas para suscitar o riso tenham se modificado, rimos hoje quase das mesmas coisas que antigamente provocavam o riso: sempre rimos para zombar de nós ou do outro; acalmar ou exorcizar nosso medo;

manifestar nossa simpatia ou reforçar nossos vínculos, contribuindo para a coesão do grupo ou para exclusão de um de seus membros.

Etimologicamente datada, no Ocidente do século XVIII, a palavra "humor"origina-se do latim (*humor*, ôris), designando na medicina os quatro fluidos principais do corpo (sangue, flegma ou serenidade, bílis ou mau humor, e bílis negra) determinantes das condições físicas e mentais do indivíduo. Ainda relacionada à medicina, a expressão designa um "estado afetivo durável que depende da constituição psicofisiológica do organismo como um todo, constituindo o pano de fundo sobre o qual diferentes conteúdos psíquicos tomam uma tonalidade afetiva, por exemplo, de irritabilidade, impassibilidade, tristeza etc., que ultrapassa sua ação imediata" (Houaiss, 2001, p.1555).

No sentido estrito, entendida como comicidade em geral, graça, jocosidade[1], a noção de humor é relativamente nova, sendo registrada pela primeira vez na Inglaterra em 1682, já que, antes disso, significava apenas disposição mental ou temperamento (cf. Bremmer & Roodenburg, 2000, p.13).

Apesar desse fato, o interesse despertado pelo tema não é recente. O fenômeno foi estudado, pela primeira vez, de forma sistemática já na Antiguidade. Infelizmente, as teorias antigas sobre o humor não podem ser perscrutadas de modo satisfatório, em virtude de o segundo livro da *Poética de Aristóteles*, dedicado à comédia, ter se perdido para sempre – tema explorado em *O nome da rosa* de Umberto Eco. Esse fato já permite vislumbrar a seriedade e o temor com que esse assunto era tratado.

Entre as inúmeras abordagens utilizadas para analisar esse fenômeno, dois aspectos destacam-se: seu caráter social e seu caráter estético.

Visto que o humor está sempre ligado à manifestação de uma postura contraditória em relação aos valores da sociedade, seu aspecto social já se faz notar na Antiguidade clássica. Nesse momento, o que se observa é uma concepção divina do riso, cuja origem é atribuída aos deuses. Desse modo, o riso é concebido como algo positivo, pois rir significa participar da recriação do mundo. Esse processo de recriação ocorre nas festas (dionisíacas, na Grécia; saturnais, em Roma) consideradas momentos propícios aos ritos de inversão pelos quais simula-se um retorno ao caos primitivo, necessário ao restabelecimento e à confirmação da estabilidade das normas (sociais, políticas,

---

[1] A partir deste momento, passaremos a empregar a palavra humor como correspondente ao processo utilizado por qualquer mensagem expressa por palavras cujo resultado é a provocação do riso.

culturais). Nesse sentido, o riso é tido como elemento de coesão e de força diante do inimigo (o caos); como freio ao despotismo (consciência de que esse elemento é dádiva divina gentilmente cedida aos homens que são, portanto, inferiores); e um instrumento de conhecimento, que desmascara o erro e a mentira, contribuindo para o retorno à ordem.

Como se observa, respaldado por essa origem divina, o riso adquire, nesse período, diferentes contornos. Dádiva dos deuses, é ofertado aos homens por dois motivos que, embora diferentes, não se excluem: de um lado, deve ser utilizado como elemento cujo objetivo é controlar os instintos animais ainda presentes no ser humano. Desse modo, ao exteriorizar pelo riso esses instintos nos rituais de inversão representados pelas festas, o homem condena-os e, diminuindo sua animalidade, aproxima-se dos deuses.

Por outro lado, o riso atua como um elemento que obriga o homem a se confrontar com a consciência de sua mortalidade. Se o prazer proporcionado pelo elemento risível é restrito aos deuses e esses seres são imortais, como o homem não é dotado desse bem – ofertado apenas como um presente das divindades para demonstrar sua infinita benevolência –, ele é mortal.

Portadores desse dom, os deuses riem, porque se distanciam de si mesmos e do mundo. Quanto aos homens, a utilização do humor corresponde a "uma maneira de sacralizar o mundo, de conformar-se com as normas, escarnecendo de seus contrários. É também um modo de endossar o terrível peso do destino, de exorcizá-lo, assumindo-o" (Minois, 2003, p.630).

Reflexo do desequilíbrio entre os deuses e os homens, o riso representa um hiato entre a existência e a essência, um elemento desestruturador e, portanto, um fenômeno suspeito, um fomento da desordem, instrumento de subversão tolerado apenas como válvula de escape. Nesse sentido, por estar intimamente ligado à inversão da ordem social, é considerado perigoso, anárquico e provocativo, e seu lugar na cultura tem de ser limitado a ocasiões estritamente definidas.

Esse caráter contraditório inerente aos discursos humorísticos, presente já nas primeiras manifestações culturais centradas no riso, acompanhou o fenômeno ao longo da História da humanidade, seja como manifestação coletiva, por meio da qual o grupo, ao subverter a ordem para depois reafirmá-la, demonstra confiança no contexto cultural, seja como postura individual, representando o prazer de enfrentar, em particular, o que se respeita em grupo. Seja qual for seu modo de manifestação, revestiu-se sempre de um caráter consciente, crítico e deliberadamente oposicionista.

Confirmando a tese de que o processo humorístico leva em sua essência o desejo de contestação dos padrões estabelecidos, Freud (1969), o primeiro estudioso a desenvolver uma abordagem que tivesse como principal preocupação as implicações psíquicas do humor, destaca que o elemento humorístico se caracteriza por um ataque a alguma espécie de censura ou repressão, de controle físico ou mental imposto ao indivíduo pela sociedade.

Além dessa particularidade, a teoria psicanalítica freudiana salienta ainda que o humor permite descobrir fontes de prazer reprimidas pela censura, e o prazer vem do fato de se enganar o censor. Liberando uma série de anseios, possibilita que esses sejam expressos de modo aceitável pela sociedade. São, pois, tais anseios que explicariam a frequência e o sucesso de elementos humorísticos desafiadores da autoridade estabelecida, que as depreciam por meio da crítica e da renúncia, o que talvez não fosse possível fora da situação jocosa.

Forma interior e essencial, uma vez que liberta o indivíduo de seu censor interno, do medo ancorado no espírito humano há milhares de anos, abrindo os olhos para o novo e o futuro, o riso jamais poderia ser um instrumento de opressão e embrutecimento da sociedade. Prova disso é o fato de ninguém jamais conseguir torná-lo inteiramente oficial, o que o fez permanecer sempre como uma arma de liberação nas mãos do povo.

Considerando essa função do riso como instrumento de liberação das pressões sociais, John Morreall (apud Le Goff, 2000, p.75) destaca, entre várias, três principais teorias que tomam como objeto o elemento risível: as teorias da *superioridade*, da *incongruência* e do *alívio*.

Segundo a teoria da *superioridade*, a pessoa que ri está, em essência, tentando dominar um interlocutor ou alguém que o encara. Baseando-se na teoria bergsoniana de que o riso é decorrente de uma "rigidez mecânica quando seria de se esperar uma maleabilidade atenta e a flexibilidade vívida de uma pessoa" (Bergson, 2001, p.8), criando um efeito de automatismo, a teoria da *incongruência* propõe que o riso se origina na percepção de algo fora dos padrões normais da natureza ou da sociedade. Finalmente, de acordo com a teoria do *alívio*, as pessoas que riem liberam um comportamento que, de outro modo, teria expressão e consequências muito mais difíceis. Na tentativa de elaborar uma explicação única e sucinta, Morreall (apud Le Goff, 2000, p.75), após expor as três teorias, propõe uma nova: "o riso resulta de uma troca psicológica agradável".

Tal proposta reitera e ratifica a teoria de Freud (1969, p.82) que, em seu livro sobre o humor, define o chiste[2] como uma "atividade que tende a extrair prazer dos processos psíquicos, sejam estes intelectuais ou de outro gênero qualquer". Nesse sentido, para o fundador da psicanálise, o chiste corresponde a um meio de obtenção de prazer apesar dos efeitos dolorosos que a ele se opõem, aparecendo como substituto desses sentimentos aflitivos.

Tendo em vista o fato de o humor ser considerado um fenômeno eminentemente social, percebe-se também que "não há comicidade fora daquilo que é propriamente *humano*". É dessa maneira que Bergson (2001, p.2) sintetiza sua teoria segundo a qual o homem é o único ser capaz de rir e de, consciente e voluntariamente, fazer rir.

Possuindo a insensibilidade como condição *sine qua non* para sua manifestação e a indiferença como seu meio natural, o riso está para a razão assim como o choro está para a emoção. Assim, enquanto o envolvimento gera a emoção que culmina no choro da tragédia; a indiferença, exigindo uma "anestesia momentânea do coração" (ibidem, p.4), faz prevalecer a razão (a inteligência pura), transformando dramas em comédias.

Em virtude de seu caráter social, outro elemento inerente à manifestação do humor é o contato com os outros, a inserção em um grupo, o compartilhar, a cumplicidade, o eco, o que determina nesse processo a presença de pelo menos duas ou três pessoas: uma que provoca o riso, uma que ri, e outra de quem se ri.

Dentro dessa organização humana, fator determinante para a manifestação do riso, o que naturalmente seria de esperar de seus membros era a manifestação de sua vitalidade, semelhante à de um corpo vivo caracterizado por "uma flexibilidade perfeita, atividade sempre alerta, de um princípio sempre em ação" (ibidem, p.37). Porém, quando essa expectativa é frustrada, ou seja, quando há, no homem, a substituição de sua inerente maleabilidade e flexibilidade por uma *rigidez mecânica*, um automatismo, quando o mecânico se sobrepõe ao vivo, surge a comicidade como arma de ação social.

Isso ocorre, pois, segundo Bergson (2001, p.14), "toda *rigidez* do caráter, do espírito e mesmo do corpo será [...] suspeita para a sociedade, por ser o possível sinal de uma atividade adormecida e também de uma atividade que se isola, que tende a afastar-se do centro comum em torno do qual a socie-

---

2 Segundo Freud (1969, p.9) chiste é tudo aquilo que hábil e conscientemente faz surgir a comicidade, seja da ideia seja da situação.

dade gravita, de uma excentricidade". Visto que a sociedade não está sendo materialmente afetada e, portanto, não pode intervir por meio de uma repressão material, em presença de algo que a preocupa, mas apenas como ameaça, gesto, será também com um simples gesto que ela responderá. Sendo assim, se a rigidez é a comicidade, o riso será seu castigo. Desse modo,

> Pelo medo que inspira, o riso reprime as excentricidades, mantém constantemente vigilantes e em contato recíproco certas atividades de ordem acessória que correriam o risco de isolar-se e adormecer; flexibiliza, enfim, tudo o que pode restar de rigidez mecânica na superfície do corpo social. (idem, p.15)

Apesar desse caráter libertador, segundo Bakhtin (1999, p.105), o riso não ignora o sério, mas o incorpora por meio de um tratamento dual:

> O verdadeiro riso, ambivalente e universal, não recusa o sério, ele purifica-o e completa-o. Purifica-o do dogmatismo, do caráter unilateral, da esclerose, do fanatismo e do espírito categórico, dos elementos de medo ou intimidação, do didatismo, da ingenuidade e das ilusões, de uma nefasta fixação sobre um plano único, do esgotamento estúpido. O riso impede que o sério se fixe e se isole da integridade inacabada da existência cotidiana. Ele restabelece essa integridade ambivalente. Essas são as funções gerais do riso na evolução histórica da cultura e da *literatura*. (grifo nosso)

Graças a essa ambivalência, aliado ao caráter social, nota-se o teor estético como um dos aspectos caracterizadores do humor. Embora, segundo Bergson (2001, p.15), o riso não esteja no âmbito da estética pura, pois persegue um objetivo útil de aperfeiçoamento geral, ele apresenta algo de estético, "visto que a comicidade nasce no momento preciso em que a sociedade e a pessoa, libertas do zelo da conservação, começam a tratar-se como obras de arte".

No que diz respeito à característica estética do riso, Claude Saulnier (1940) apresenta dois elementos que aproximam o riso à obra de arte, quais sejam, o caráter ficcional e o caráter lúdico. Quanto ao caráter ficcional do riso, afirma o ensaísta:

> O primeiro caráter do risível cômico é o caráter da ficção: o risível apresenta um caráter de irrealidade, que é seu elemento fictício. É a presença desse elemento que permite a oscilação essencial ao riso.[3] (idem, p.56)

---

3 As traduções das citações originais em língua estrangeira são de nossa autoria.

Segundo Saulnier (1940), no riso provocado pelo humor, o sentimento de realidade comporta diferentes graus que levam os objetos de um *puro real* a um *irreal puro*. Nesse processo, tem-se sempre consciência de uma espécie de irreal, fazendo que o espírito do receptor do riso oscile entre esse irreal e aquilo a que ele se opõe. Desse modo, o real apresenta algo de absurdo ou uma vã pretensão, parecendo ilusório, uma imaginação criada, um irreal fantástico. Como se observa, o caráter contraditório do riso permeia todo o processo:

> A *contradição* é o indício revelador e típico da irrealidade que se encontra implicitamente em todas as espécies de riso. Essa contradição fundamental admite dois aspectos: aquele de contraste lógico (absurdo) ou de inadaptação (ridículo), aos quais se reduzem todas as espécies de cômico. (idem, p.172)

A segunda característica – estreitamente ligada à primeira – que, segundo o ensaísta, é responsável pelo caráter estético do riso é o aspecto lúdico. Aproximando o riso aos prazeres suscitados pelos jogos infantis, Saulnier (1940, p.60) chama atenção para a incapacidade de a criança alcançar a pura noção de ficção:

> a criança brinca da forma como ela conhece e age, isso quer dizer que ela não faz distinção entre a ilusão como tal e a ausência do objeto: ela conserva uma espécie de sentimento de sua atitude de brincadeira, ela se dá conta de que apesar de tudo, o objeto do qual ela se ocupa não é uma realidade completa [...] mas ela crê na presença e não na ausência desse objeto [...] A criança, em suas brincadeiras, é mais artista que crítico: ela crê em sua imaginação como na realidade e a realidade em si mesma não é concebida de maneira muito diferente; não existe nenhuma distinção clara entre o sujeito e o objeto, entre o sonho e o mundo exterior.

Desse modo, assim como o domínio da arte estabelece-se entre a ficção e o jogo proposto entre essa ficção e o real, o riso, como a arte, comporta um jogo estético na medida em que substitui o imaginário que era tido como real pelo *real puro*.

Tendo em vista esse caráter ambivalente – e, portanto, complexo – do humor, elemento deflagrador de contradições, seja no âmbito social seja no puramente estético, indagamos: poderia esse fenômeno ser incorporado às narrativas destinadas à infância, faixa etária que engloba indivíduos que, por serem jovens, estão justamente em fase de desenvolvimento físico, mental e emocional? Uma leitura atenta dos textos de Monteiro Lobato, escritor considerado o divisor de águas na literatura infantil brasileira, prova que sim.

Adotada como medida consciente, por meio da qual o autor pretendia expressar sua postura de divergência quanto aos padrões estabelecidos pela norma dominante, a introdução do humor na obra lobatiana já foi apontada por muitos escritores, não se tratando, portanto, de um processo casual.

Visto que o humor desempenha na sociedade um papel social e político por meio de algumas funções básicas como o ataque ao estabelecido, à censura e ao controle social, traduzindo-se como um meio de fazer aflorar outros possíveis padrões escondidos e possibilitando descobrir quais as repressões de uma sociedade, Lobato, ao introduzir esse elemento em sua obra, procurou utilizá-lo justamente como meio de divergência e contestação ao meio social (e cultural) em que suas personagens estavam inseridas.

Além disso, a contribuição de Lobato, ao assim proceder, transcende a simples gratuidade da descontração provocada pelo tom jocoso, uma vez que, subjacente a suas criações humorísticas, podemos encontrar, muitas vezes, uma crítica aos conceitos sedimentados. Com isso, ao plantar em seus leitores a semente da inquietação, da renúncia à passividade, da contradição às repressões sociais que inibem os anseios próprios do indivíduo, o autor contraria a seriedade, o exemplarismo e o sentimentalismo que predominavam nas "leituras educativas" de sua época, substituindo a postura modelar do adulto pela irreverência humorística.

Desse modo, partindo da constatação da presença do elemento humorístico nas obras infantis de Monteiro Lobato, este trabalho se propõe a estudar uma faceta de sua obra que, embora reiteradamente apontada como certa pelos estudiosos que se debruçaram sobre sua produção, pouco foi explorada.

Nesse sentido, interessa-nos verificar como se processa a construção do humor nos livros infantis escritos pelo autor, e de que maneira a utilização desse recurso é característica de seu espírito marcadamente crítico e polêmico.

Acresce-se a isso o fato de, ao realizar essa inovação, Lobato propor uma reinvenção da linguagem literária – então consagrada pela escrita tradicional e pelos esquemas predeterminados e retóricos –, agilizando a linguagem narrativa ao incorporar em sua obra a fala coloquial, os modismos e a criação de neologismos, elementos quase sempre de intenção humorística. Sendo assim, priorizaremos também em nosso trabalho o estudo da "solução linguística adequada" (Candido, 1999, p.88) encontrada pelo autor para, por meio do estranhamento, projetar no texto literário as contradições da experiência humana.

Para tanto, o texto será dividido em três capítulos, os quais, para efeito de exposição, são denominadas, respectivamente, "Continuidade", "Ruptura" e "Síntese" (Candido, 1975, v.1; 1987). O Capítulo 1 destina-se à apresentação, em ordem cronológica, de textos de autores significativos que reconheceram o humor como um dos traços característicos da produção lobatiana. Voltado à análise do humor nas obras infantis de Lobato, o Capítulo 2, na tentativa de preencher a lacuna deixada pelos autores que já abordaram esse tema, mas não o exploraram de modo analítico, estuda o elemento humorístico nas obras de Lobato com base nos seguintes aspectos: narrador, linguagem, exploração dos recursos semânticos, *nonsense*, paródia, comparações inusitadas, ironia, cômico de situação, inversão/subversão, grotesco e personagens. A análise desses aspectos objetiva, principalmente, verificar o uso efetivo do humor nas produções do autor destinadas ao público jovem e observar a contribuição de Lobato para a construção literária desse elemento. Por fim, no Capítulo 3, a síntese é feita verificando-se a tensão entre continuidade e ruptura na utilização que o autor faz dos recursos humorísticos. Nesse sentido, será necessário observar a gênese da verve humorística em Monteiro Lobato, enfocando-se as seguintes questões: o momento histórico tensivo que serviu como cenário para o surgimento do autor; sua estreia literária na literatura adulta com produções de configuração satírica e caricaturesca; a importância do humor nos textos infantis lobatianos como elemento de renovação formal e temática da literatura infantil brasileira; e a maneira como o humor presente em seus textos estabelece o nexo e o equilíbrio entre a vida e a arte.[4]

Reconhecemos, de antemão, que, certamente, não conseguimos atingir, em toda a sua extensão, a análise de todos os procedimentos humorísticos presentes na obra infantil lobatiana, trabalho que exige tempo e uma acuidade e experiência que ainda não possuímos em grau suficiente. Porém, alegra-nos a possibilidade de darmos uma visão do *quantum* desses recursos utilizados pelo autor, contribuindo, de alguma forma, para os que se dedicam a seu estudo.

---

4 Bergson (2001, p.16): "a comicidade equilibra-se entre a vida e a arte – o nexo geral entre a arte e a vida".

1
CONTINUIDADE

> *O ruim, o peste, sou eu só. E sabe por quê? Porque não consigo levar a sério coisa nenhuma neste indecentíssimo mundo [...] ria-se, ria-se, pois só o riso nos salva.*
>
> (Monteiro Lobato apud Saliba, 2002)

Monteiro Lobato: o *homo risibilis*

Fruto do final do século XIX e das contradições que caracterizaram esse período, Monteiro Lobato conjugou em sua trajetória, em nada convencional, as disparidades de sua época. Na vida pessoal, na obra literária, na atividade empresarial ou no engajamento em questões públicas, essa trajetória compõe um "caleidoscópio"[1], por meio do qual se observam contradições e ambiguidades que impedem a formação de um quadro fechado que poderia representar sua cosmovisão.

Fazendeiro e literato, advogado e caricaturista, pintor e fotógrafo, empresário e homem do campo, moderno e conservador, cético e militante pelo Brasil, idealista e pragmático, escritor e crítico de costumes, católico e "espírita-científico" (Freire, 1981, p.167), moderno e antimodernista, Lobato é responsável por uma produção tentacular que abrange temas como saúde pública, literatura infantil e adulta, educação, ferro, petróleo, Estados Unidos etc. Graças a essa diversidade, mesmo mais de meio século após sua

---

1 Essa expressão é utilizada por Lílian Starobinas (1992).

morte sua produção continua despertando o interesse de estudiosos de diversas áreas do conhecimento.

Apesar, contudo, dessa personalidade complexa, que transcende definições determinantes e definitivas, um traço lhe é peculiar, qual seja, seu pendor para o humorismo. Recorrendo à extensa bibliografia produzida sobre Lobato, da qual selecionamos algumas obras, observamos que a constatação do caráter cômico de seus textos é um dado recorrente entre todos aqueles que o elegeram como objeto de estudo e se debruçaram sobre sua produção.

Definido como elemento revelador das contradições e incongruências presentes dentro de um determinado contexto social, o humor tem por função básica o desnivelamento, a provocação da ruptura, a extinção da passividade, sendo o germe da inquietação. Eis aí a lente principal do caleidoscópio lobatiano, o princípio gerador e deflagrador de sua postura incessantemente dialética.

Revelada já em 1923 (apenas cinco anos após a estreia literária do escritor taubateano) por Sud Mennucci (1923), essa propensão ao riso presente nos textos de Monteiro Lobato tem sido reiteradamente evocada ao longo dos últimos oitenta anos por todos aqueles que, seja quais forem as áreas de interesse, se dedicam a seu estudo.

Um dos precursores no Brasil dos estudos sobre o humor, Mennucci (1923), revelando uma tendência ainda fortemente determinista, muito comum ao primeiro vintênio do século XX, atribui como causas determinantes do humor dois critérios: a raça e a consciência.[2] Baseando-se na teoria tainiana, o autor prioriza o primeiro critério, afirmando que o humor é "um produto inglês. Não, porém, da alma, mas da língua inglesa" (idem, p.63), o que se comprova pela quantidade de humoristas que escrevem nessa língua. Segundo essa teoria, de todas as literaturas ocidentais, a inglesa é a que se destaca pela inclusão do elemento humorístico em razão de sua especificidade linguística; ou seja, diferente das línguas neolatinas, esse idioma caracteriza-se pela pobreza estilística.

---

2 O primeiro critério ("raça") baseia-se na teoria tainiana segundo a qual o homem é determinado pela raça, pelo meio e pelo momento histórico. Quanto ao segundo critério ("consciência"), seu fundamento reside no fato de o humor representar uma forma de revolta diante de "uma filosofia de cética resignação, de quem nada pode ante o curso natural das coisas e de quem, principalmente, mesmo que pudesse, nada faria para lhe mudar a feição, por sentir a inutilidade absoluta de qualquer esforço" (Mennucci, 1923, p.50).

Resultado de uma amálgama de várias outras línguas, a língua inglesa "pura" não pôde evoluir seguindo seu curso normal. Fato semelhante ocorreu com as línguas que a compunham, em vista de se encontrarem longe de seu hábitat. Como reflexo desse processo de estagnação, esse idioma caracteriza-se pela pobreza de recursos materiais, o que corresponde a dizer que, sem ornamentos de estilo, o que nele predomina não é a *forma*, mas a *ideia*, elemento essencial para a construção do humor, segundo o autor.

Com base nessa teoria bastante questionável, Mennucci analisa o elemento humorístico nos textos de Lobato, afirmando que, embora o autor seja cultor confesso do humor, a excessiva preocupação com o estilo, traço perceptível ao longo de sua trajetória literária, impede a eclosão do verdadeiro humorismo que, segundo o estudioso, só pode se manifestar em uma língua sem ornamentos, caracterizada pela pobreza estilística. Sobre isso, Mennucci (1923, p.163-4) afirma:

> Monteiro Lobato [...] é escritor interessantíssimo: é um humorista intencional, mais que de fato. Ama o humor com fervor quase religioso, tem pelos seus cultores uma admiração sem limites e ensaia imitá-los... mas, o estilo tenta-o, encanta-o, tortura-o, e Lobato, que é muitíssimo capaz de perder um amigo para não perder uma boa piada, não sabe resistir ao fascínio de uma frase bem sonora e bem cantante... e era uma vez o humor que trazia na intenção![3]

Em 1933, esse pendor de Lobato para o humorismo também foi destacado por Manuel Bandeira (1981, p.191), que, considerando-o um mestre na criação de situações engraçadas, atribui-lhe o epíteto de "escritor feliz".

Quase uma década depois, em 1942, Galeão Coutinho (1942), estabelecendo uma distinção entre o humorista e o satírico, aponta Lobato como um dos maiores representantes brasileiros da sátira. Segundo Coutinho, enquanto o humorista, vencido pelo sentimento de impotência e ceticismo, adota a máscara da impassibilidade ao criticar a opressão, o satírico, acreditando na possibilidade da mudança, investe contra as convenções odiosas, transformando o riso em arma de combate. Nesse sentido, afirma que: "Monteiro Lobato, como prova sua ação pessoal direta e a feição combativa dos seus escritos, na fase posterior a 'Urupês', evoluiu das formas puras do humor para a sátira" (ibidem, p.308).

---

3 O texto foi adaptado à norma ortográfica vigente.

Embora priorize a sátira na produção lobatiana, ao ressaltar a personalidade contraditória que sempre caracterizou Lobato, escritor que concilia em sua produção textos tão díspares como o cruel *Bocatorta* e o maravilhoso *Reinações de Narizinho*, Coutinho salienta que foi o humor o fio de Ariadne a conjugar essas contradições: "é, no fim das contas, o humorista que salva Lobato do abismo de si mesmo" (ibidem, p.309).

Como se pôde observar, desde a estreia literária de Lobato, não há estudioso que, ao se debruçar sobre sua produção, não chame atenção para o caráter humorístico de seus textos, tendência que permanece até nas críticas mais recentes.[4]

Cassiano Nunes (1960), um dos maiores estudiosos de Lobato, em seu ensaio "Mark Twain e Monteiro Lobato: um estudo comparativo", escrito na década de 1960, ao apresentar as semelhanças entre os textos dos dois autores, também destaca a presença do humor, traço constante nas obras de ambos:

> Humor, comicidade, sátira, exageração, são as tendências mais flagrantes na criação literária juvenil de Mark Twain e Monteiro Lobato. É verdade que ambos sentiram também a fascinação do dramático [...] mas nem os críticos e nem os próprios autores que estamos comparando, deixaram de reconhecer que foi com a *vis cômica* que os criadores de Huck e Narizinho conquistaram a imortalidade. Embora não seja frequente no Brasil apontar-se Lobato como humorista, a verdade é que ele o foi, e dos mais genuínos que a nossa literatura teve. (Nunes, 1960, p.83)

E o ensaísta ainda acrescenta que "em Lobato duas características [...] o tornaram grande escritor para crianças: o uso de imagens concretas e a visão cômica das coisas" (ibidem, p.107).

Esse traço também chama a atenção de Leonardo Arroyo (1990, p.198), segundo quem, Lobato, além de ter sido o responsável pela criação das bases da literatura infantil brasileira, destaca-se por ter introduzido em seus textos "a graça na expressão", elemento inovador para a época.

Nilce Sant'Anna Martins, na década de 1970, ao se voltar para o estudo da linguagem na obra infantil lobatiana, também cita o humor como um dos

---

4 Além dos textos apresentados até aqui em ordem cronológica, existe um outro trabalho queexplora essa temática. Trata-se do artigo "O humor de Lobato", texto (sem indicação de autor) que aborda a questão de como o escritor resumia seus dados biográficos, publicado n'*A Gazeta*, São Paulo, 24 de maio de 1952, ao qual, por motivos diversos, não tivemos acesso.

recursos mais expressivos utilizados pelo autor. A esse respeito, Martins (1972, p.29-30) comenta:

> Outra faceta da personalidade do escritor que se expande livremente em sua produção infantil é a humorística. E é, sem dúvida, uma das mais fortes razões do seu êxito. Lobato, que escreveu interessante trabalho sobre o humorismo, expondo humoristicamente sua concepção de que o "humor é a maneira imprevisível, certa e filosófica de ver as coisas", revela-se também nas obras infantis um autêntico mestre de humorismo. Sabe criar situações de intensa comicidade que arrancam gostosas risadas dos seus leitores.

Comentando a variedade de recursos utilizados pelo autor para a criação desse efeito (humor negro, zombaria, sarcasmo, lógica do absurdo, piadas etc.), a autora ainda acrescenta:

> Não há, provavelmente, recurso humorístico compatível com o gênero adotado que Monteiro Lobato não tenha utilizado. Ao estudarmos os recursos de expressividade de seu estilo, veremos que de quase todos ele soube extrair uma possibilidade espirituosa [...] redundando em surpreendentes efeitos jocosos. (ibidem, p.34)

Nesse percurso de abordagem da obra do autor taubateano, a década de 1980 destaca-se como um período em que a produção de Lobato para o público infantil começa a ser resgatada pela crítica literária graças ao trabalho de Marisa Lajolo. Essa "revalorização" inicia-se em 1981, quando Lajolo, ao reunir textos da literatura infantil para serem publicados pela Editora Abril em uma coleção chamada de "Literatura comentada", dá um destaque especial a Lobato. Nesse momento, começa a surgir uma proliferação de textos críticos que se voltam à produção literária do autor.[5]

Entre os críticos literários que se ocupam dessa tarefa encontrasse Alfredo Bosi (1982), que, deixando de lado a visão parnasiana com que enfoca a obra lobatiana em sua *História concisa da literatura brasileira*, relê a produção do autor destinada ao público infantil, ressaltando que a primeira impressão por ela evocada é a graça, o riso, conforme se observa pelo seguinte comentário:

---

5 Cf. Fantinati, C. E., "A literatura infantil e juvenil no pós-guerra". Faculdade de Ciências e Letras de Assis. Anotações de aula, 5.10.2001.

> Só muito mais tarde fui reler, com outros olhos e com outro espírito, captando aquela sensação de humor que sai da obra de Lobato, às vezes um humor sarcástico, um humor tal que só com o tempo percebemos a profundidade da sátira que está por trás do texto [...] Esta força modificadora da realidade, que a literatura infantil de Lobato tem, só com o tempo se percebe. Só com o tempo, comparando-o com outros escritores, é que ficamos surpresos e ainda abalados com este vigor crítico de Lobato. A primeira sensação é de graça, é de riso. Eu me lembro muitas vezes rindo sozinho quando lia as obras de Lobato. E muito recentemente, relendo Lobato, tive a mesma sensação e consegui refazer a empatia com o menino de doze anos, principalmente em alguns momentos de *Viagem ao céu*. Isto eu acho que é sinal de permanência. (Bosi, 1982, p.20-1)

Em comemoração ao centenário de nascimento de Monteiro Lobato, a revista *Letras de Hoje* (1982) publicou uma série de textos sobre o autor, entre os quais se destacam aqueles que também chamam a atenção para o traço humorístico do escritor. Isso pode ser observado nos textos escritos por Guilhermino César, Cassiano Nunes, Laura Sandroni e Ernesto Wayne.

Em 1983, comentando as inovações lobatianas na produção de narrativas destinadas ao público jovem, Nelly Novaes Coelho destaca a presença nessas narrativas do humor como contraponto às leituras de caráter pedagógico predominantes no início do século XX no Brasil. A esse respeito, Coelho (1995, p.851) comenta:

> Contrariando a seriedade, o exemplarismo circunspecto ou o sentimentalismo que predominavam nas leituras "educativas" da época, Monteiro Lobato, desde seu primeiro livro, introduz o humor em suas histórias. Substitui a compostura do adulto (que era oferecida como modelo aos pequenos) pela graça, pela irreverência gaiata, pela ironia ou familiaridade carinhosa. Daí o à-vontade com que as crianças passaram a viver em seu universo de ficção.

Nesse mesmo ano, Regina Zilberman (1983) reúne, em *Atualidade de Monteiro Lobato*, os textos apresentados no "Encontro Nacional de Literatura Brasileira: Centenário de Monteiro Lobato" realizado pela PUC (RS) entre 4 e 8 de outubro de 1982. Entre tais textos, encontram-se aqueles que, embora não fosse essa a temática discutida, não deixam de mencionar a presença do elemento humorístico nas obras do autor. Tocam nesse assunto os textos de Carlos Jorge Appel, Marisa Lajolo, Eliana Yunes, Cassiano Nunes e Glória Maria Fialho Pondé.

Esse talento de Lobato para o humor também é percebido por João Carlos Marinho, que, em publicação também recente, ao fazer sua apreciação da obra lobatiana, afirma:

> O humor constante é um dos traços principais da saga do Pica-Pau Amarelo. Nenhum autor infantil conseguiu a façanha de escrever uma obra infantil marcadamente humorística como Monteiro Lobato [...] Humor é uma das coisas mais raras em literatura, adulta ou para crianças, Lobato conseguiu. (Marinho apud Vieira, 1998, p.23)

Na década de 1990, a percepção de que o humor é um traço marcante na produção literária lobatiana não desvanece. Autores como Alaor Barbosa (1996), Fanny Abramovich (1997), Elias Thomé Saliba (1998 e 2002) e Fernando Marques Vale (1994) não deixam de considerar que esse elemento é uma característica distintiva nos textos escritos por Lobato. No caso deste último autor, seu livro tem um capítulo dedicado exclusivamente à abordagem do discurso lúdico-humorístico da obra infantil lobatiana. Entre os aspectos que caracterizam esse discurso, Vale (1994, p.102) menciona os "elementos narrativos de cariz cômico-humorístico, antropônimos de cariz pitoresco e procedimentos lúdico-humorístico de natureza linguística".

Como a publicação mais recente sobre o tema, destaca-se o artigo "Literatura infantil e humor", de Nair Gurgel (2003), que dedica em seu texto um lugar privilegiado a Lobato, conforme se pode observar pelo fragmento transcrito a seguir:

> É na obra de Monteiro Lobato que o riso se firma como presença viva e constante, instaurando uma nova concepção a respeito da criação de obras para crianças, anteriormente conhecida pelo didatismo que permeava os escritos destinados ao público infantil [...] Podemos dizer que uma das mais fortes lições de Lobato – o riso – mantém viva hoje das paródias aos contos de fadas tradicional (sic), no reaproveitamento das narrativas populares, manifestando-se no cômico de situações, de personagens ou de linguagem. (idem, p.6)

Conforme destacado pelo texto de Gurgel, o humor presente na obra infantil de Lobato prioriza alguns focos, quais sejam, as situações (cômicas), as personagens e a linguagem. No que diz respeito aos seres que habitam seu universo ficcional, Emília é, geralmente, apontada como a personagem mais cômica da obra do autor. Isso se deve ao fato de a boneca ser, entre todas as personagens criadas por Lobato, a portadora de maior densidade, traço fundamental para a manifestação das incongruências do ser. Vivendo em tensão dialética com os demais seres que habitam esse universo lobatiano, caracteriza-se pela ambiguidade e pelo espírito marcadamente iconoclasta que encontra no humor sua válvula de escape. Nesse sentido, são apropriadas as palavras de Manuel Bandeira (1981, p.191-2), para quem

> a personagem mais divertida desse mundozinho, a de mais vida, a que está sempre saltando das páginas do livro, é Emília. As suas espevitices, os seus palpites, a sua ciganagem fazem dela o centro da ação e do interesse toda vez que aparece. No entanto, Emília é ... uma boneca – a boneca de Narizinho.
>
> Na *História do Mundo para as Crianças* [...] quem conta a história é Da. Benta. De vez em quando a bonequinha terrível interrompe-a, decerto a tempo de evitar um possível bocejo da criançada. Às vezes os seus palpites são bem engraçados: nisto o Sr. Monteiro Lobato é mestre e não se pode desejar maior espevitamento.

Como se observa, a constatação de que o humor é um traço característico da produção lobatiana é um tema recorrente. Porém, embora todos apontem a existência do fenômeno, até o momento, ninguém, ao que sabemos, se debruçou sobre a obra do escritor taubateano com a intenção de analisar o processo de construção desse elemento, ou seja, verificar como o humor é construído linguisticamente; por que tais construções são consideradas humorísticas; se ainda hoje tais criações são capazes de provocar o riso; por que isso ocorre e qual a implicação desse fenômeno como elemento de construção literária. Ainda mais: dentro desse extenso universo ficcional criado pelo autor, é realmente Emília o ser responsável por esse humorismo ou propulsor de sua existência? Se for, de que maneira a criação literária dessa personagem contribui para esse efeito? Que fatores participam de sua construção?

É, pois, como tentativa de preencher essa lacuna que este trabalho se apresenta.

A função do humor na literatura infantil

Evidenciando uma atitude intelectual do autor que produz seu texto com uma postura consciente e reflexiva, o humor na literatura infantil, além de granjear a atenção do jovem leitor seduzido pelo prazer da comicidade, na maioria das vezes, reveste-se também de um papel crítico-reflexivo, manifestado pela inversão e subversão da ordem vigente. Isso ocorre porque distância crítica e desmistificação são, geralmente, indissociáveis do humor. Ambos nascem da ruptura, do contraste, da dissonância criada entre a imagem tradicional recebida e os efeitos incongruentes da nova situação apresentada.

Supondo uma contradição de natureza interna, o humor propõe sempre um recuo, um desdobramento do sujeito por ele afetado que, não se ligando imediatamente à situação narrada, se interroga sobre ela.

Nesse momento, poderíamos nos confrontar com a seguinte questão: esse distanciamento de caráter reflexivo proposto pela inclusão do elemento humorístico não seria uma atitude muito intelectual para ser vivida e compreendida pela criança?

Embora categórica, a questão não é insolúvel. Basta lembrar que, antes de se assemelhar à distância filosófica, o humor, como elemento ligado aos primeiros prazeres da infância, associa-se também ao jogo, "uma atividade livre, conscientemente tomada como 'não séria' e exterior à vida habitual, mas ao mesmo tempo capaz de absorver o jogador de maneira intensa e total" (Huizinga, 2000, p.16). Assim, é pela brincadeira que a criança, definida por numerosos psicólogos como, antes de tudo, e por excelência, "um ser que brinca", entrará no humor. Como existem inúmeras formas de humor, as brincadeiras infantis servem como degraus de acesso a formas mais elaboradas que conduzirão ao humor verbal.

Como já salientado, o humor pressupõe sempre uma distância em relação ao objeto de riso. Definindo essa distância como *insensibilidade* necessária à apreensão do cômico, Bergson (2001, p.4) salienta que, para que ela ocorra, é fundamental afastar-se da situação tomada como objeto e assisti-la como espectador indiferente, o que exige uma "anestesia momentânea do coração".

No caso da criança, ser caracterizado por grande dose de egocentrismo (atribui tudo a ela, sente, vive e pensa o mundo em função de seu prazer), a presença do humor – já nas primeiras brincadeiras e primeiras leituras – corresponde à presença de um elemento auxiliar no processo de maturação afetiva, favorecendo o desaparecimento progressivo desse egocentrismo.

Tornando-se assim elemento que contribui para sua formação, o humor poderá auxiliar a criança a tomar progressivamente, diante de si própria e de suas pequenas infelicidades cotidianas, essa distância tão necessária à sua existência.

Desse modo, segundo Jacqueline Held (1980, p.182), o senso de humor, principalmente aquele de desmistificação, torna-se um elemento de proteção "da couraça do autor terno que luta contra a tentação do 'melodrama', que se serve da distância crítica do humor como ferramenta que lhe permite melhor subjugar, canalizar e dominar excesso de sensibilidade exacerbada". Assim, confrontada com a projeção sobre as personagens de seus próprios problemas, receios, pequenos defeitos, imperfeições e falhas, a criança, sob efeito catártico, reconhecer-se-á e divertir-se-á com isso, sem a imposição de uma crítica direta feita de maneira moralizante.

Descritas humoristicamente, as personagens dos livros auxiliam-na a se conhecer e a se aceitar melhor, o que ocorre também com o leitor adulto. Isso faz que num livro que se caracteriza pela presença do elemento humorístico seja, muitas vezes, difícil estabelecer o limite entre o mundo infantil e o mundo adulto, ou seja, dizer onde está o que diz respeito apenas à criança e o que apenas o adulto estaria apto a compreender.

Tal problema está estritamente ligado à concepção do gênero literatura infantil. Um livro de literatura infantil é, antes de tudo, uma obra literária. Nesse sentido, muitos desconsideram o fato de que a literatura para criança, bem mais do que um modo de evasão, educação ou socialização, é um modo de representação do real. Enquanto os textos comuns, informativos ou didáticos, se apresentam e se querem como convergência e redundância, por pretenderem univocidade e decodificação imediata, a obra ficcional constitui-se numa imagem simbólica do mundo, a qual recusa a linearidade, assinalando as contradições, a multiplicidade de visões e os vazios do discurso cotidiano.

Não se fecha em si mesma, mas coloca-se na tangência de outros textos e do próprio contexto. Portanto, se o livro infantil não é obra artificial e pré-fabricada, segundo certos padrões de consumo, o autor escreve porque tem algo a dizer, o que faz que apareça fatalmente na história uma referência adulta, uma "piscadela" representada, por exemplo, pela inserção sutil de temas (personagens e expressões) com significações e prolongamentos filosóficos, suscetíveis de múltiplas interpretações ou de leituras em vários níveis.

No que diz respeito à literatura para o público jovem, isso é fundamental, pois, segundo Held (1980, p.184):

> seria lamentável que a considerável contribuição das ciências humanas e os avanços realizados no conhecimento da criança sejam prematura e indevidamente utilizados para impor e justificar uma subliteratura empobrecida e mutilada,

destinada a satisfazer a imagem-modelo da criança "média", tal como se quer forjar certa condescendência adulta.

Nesse sentido, o humor tomado como brincadeira, baseado no jogo com as palavras, na polifonia e na ambiguidade, faz que o texto, mesmo que utilizado de modo instrumental, se oponha ao caráter unívoco e didático das obras utilitárias,[6] caracterizando-se pelo que identifica qualquer obra de arte: um universo simbólico ambíguo por excelência, suscetível, como tal, de várias interpretações e releituras diferentes em várias idades da vida.

Contrariando a visão maniqueísta presente nos livros utilitários em que tudo é sempre bom ou mau, a utilização do elemento humorístico torna a mistura intimamente complexa, possibilitando a percepção do tragicômico e da densidade da natureza humana em que os opostos jamais se excluem completamente. Estando sempre ligado, de uma maneira ou de outra, a essa diversidade dos acontecimentos humanos em que tudo possui uma face múltipla, podendo ser visto de pontos de vista opostos, o humor possibilita a "confissão de alguma fraqueza humana", mostrando também o homem "no encavalamento e nas contradições da vida humana" (Held, 1980, p.185).

Visto que, segundo Freud (1969, p.208), o humor é um elemento extremamente ativo que não se resigna, mas desafia a despeito das realidades externas desfavoráveis, constituindo-se num "meio de obter prazer apesar dos efeitos dolorosos que a ele se opõem" por meio da repressão, cultivar na criança o senso de humor é dar-lhe armas e torná-la menos vulnerável. Nesse processo, vale lembrar que, embora esteja presente na criança em germe, se não for cultivado, o humor acaba se atrofiando. Isso pode ser observado, por exemplo, no caso de crianças mais velhas, como os adolescentes mais resistentes a se desligarem do sentido unívoco das coisas e da pseudosseriedade impermeável à fantasia e ao humor exigidos pelo mundo adulto. Neles, seres já marcados por certa formação escolar e social, o humor depois de orientado, canalizado, policiado e diminuído, vai, aos poucos, extinguindo-se.

---

6 A concepção "instrumental" de obra literária refere-se aqui à utilização do texto para fins pragmáticos, não só como modelo de vida moral, mas também como modelo estético. Desse modo, o discurso estético que caracteriza o texto conserva-se ileso, apesar do pragmatismo. Entretanto, "utilitária" é a concepção da literatura, não apenas como agente formador, mas, sobretudo, como manifestação retórica capaz de doutrinar o leitor de modo que esse jamais coloque em questão a ordem estabelecida (cf. Perrotti, 1986).

Encobrir precocemente a criança com essa falsa seriedade, além de lamentável, é mutilante, pois, como afirma Held (1980, p.188), "a menor virtude do humor é ser 'contagioso' e, por isso, torna a criança não só mais ativa, mas também mais profundamente criadora, uma vez que algumas leituras podem conduzi-la a ver, a pensar o mundo, 'de outra maneira'". evitando que, em face de certos condicionamentos, se torne presa fácil e crédula. Assim, ao se confrontar com um texto literário que se caracteriza pela presença do elemento humorístico, a criança teria diante de si, primeiramente, uma proposta de conjunção do imaginário com o real; por meio do humor e do distanciamento por ele disponibilizado, estabeleceria a mediação necessária nessa relação; e, finalmente, procederia à disjunção desse imaginário-real, o que pode levá-la "a mundos de mais alto esforço mental e sensitivo, acrescentando novos aspectos de um conhecimento" (Sosa, 1993, p.33).

2
Ruptura

> *O riso é, pois, um fenômeno intencional, e sua tensão psíquica provém de seu perpétuo esquartejamento entre as duas atitudes essenciais segundo as quais o homem se esforça rumo à plena fruição emotiva ou rumo à perfeita recuperação de si no imaginário. De uma a outra, o riso se sobredetermina, deixando de ser simples necessidade de expressão e fim em si mesmo, para se fazer linguagem e instrumento ao serviço de intenções que o ultrapassam.*
>
> (Jeanson, 1950, p.201)

O processo de construção do humor nas narrativas infantis lobatianas

"Humor é a maneira imprevisível, certa e filosófica de ver as coisas" (Lobato, 1951, p.12). Essa foi a definição dada por Lobato para um fenômeno que, há muito objeto de preocupação de inúmeros pensadores, também o instigava:

> Existe toda uma biblioteca sobre o humor, onde cem autores tentam defini-lo, como há também inúmeras definições de arte e mil remédios para a tosse. Essa abundância é comprometedora. Prova que humor e arte são indefiníveis e a tosse incurável. Mas como é vagamente curável a causa presuntiva das tosses, também podemos vagamente definir as causas ou circunstâncias produtoras do humor e da arte. (idem, p.11)

Embora sucinta, essa citação possibilita a apreensão de inúmeros conceitos que fundamentam a concepção e a produção da literatura de Monteiro Lobato, fortemente marcadas pela presença do elemento humorístico. Num primeiro momento, chama a atenção a associação feita entre o humor e a arte, o que revela que, longe de ser um artifício gerado pela gratuidade, o humor é concebido em sua obra como elemento estético, uma opção consciente, uma estratégia discursiva que, entre outras coisas, propunha a renovação de uma literatura caracterizada pelo tom grave e solene.

Isso fica evidente quando o autor comenta a necessidade da caricatura – recurso marcadamente humorístico – nas produções jornalísticas da época. Segundo o autor, a caricatura, à qual ele associa também a ironia e o chiste, é "um gênero de primeira necessidade e indispensável ao fígado da nação", acrescentando que "o rirmos uns dos outros é da higiene humana" (idem, p.7). Indo mais além, poderíamos dizer que, para o autor, o humor, como elemento estético, resultado de uma criação simbólica por meio do signo visual ou pelo uso do código verbal, adquire a mesma função humanizadora – que corresponde à necessidade universal de ficção e fantasia da qual carece o ser humano – atribuída à literatura por Antonio Candido (1995, p.242).

Outra associação – dessa vez mais insólita –, proposta por Lobato na citação transcrita, refere-se à aproximação entre humor e tosse. Aparentemente incongruente, essa aproximação acaba atendendo à definição de humor proposta pelo próprio autor, constituindo-se numa maneira, ao mesmo tempo, *imprevisível, certa e filosófica* de ver as coisas. É *imprevisível* porque não há, aparentemente, nenhuma relação lógica entre os dois elementos confrontados, já que só conseguimos prever o que é lógico; é *certa* porque, numa análise mais profunda, percebe-se que o humor e a tosse são produtores do mesmo efeito. No primeiro caso, produz-se o riso que, em última instância, se relaciona ao que se observa na reação física provocada pela tosse: expiração brusca e barulhenta. E é também filosófica na aproximação simples e pragmática que estabelece.

Isso explica a grande importância dada pelo autor ao humor, não só no que diz respeito ao nível do enunciado, mas também no nível da enunciação, ou seja, na atualização que faz da língua no contexto comunicativo, utilizando o humor como elemento constitutivo do processo de construção da narrativa, como exemplificado pelos trechos a seguir, que, apresentados em ordem de publicação, possibilitam a verificação de como a ênfase na utilização desse elemento é uma característica recorrente nas produções do autor:

Os únicos [livros] que não fazem mal são os que têm diálogo e figuras *engraçadas*. (Lobato, *Reinações de Narizinho*, 1956a, p.230 – grifo nosso)

Mas o Dr. Livingstone veio ao mundo com *um defeito*: era sábio demais. *Não ria*, não brincava – sempre pensando, pensando. Tão sério e grave que tia Nastácia não escondia o medo que tinha dele. (Lobato, *Viagem ao céu*, 1956, p.11 – grifo nosso)

Emília fez focinho de pouco caso.
– Sua alma, sua palma. Quem ficar zangado com o que eu digo, só prova que não tem *"senso de humor..."* (Lobato, *Aritmética da Emília*, 1956f, p.214 – grifo nosso)

Emília nunca vinha espiar na luneta, porque a sua preocupação era ouvir a conversa dos outros para *fazer piadas*. (Lobato, *Geografia de Dona Benta*, 1956g, p.219 – grifo nosso)

[...] há *invençõezinhas engraçadas* nessa história ... está muito interessante... Acho que tia Nastácia só deve contar histórias assim. (Lobato, *Histórias de tia Nastácia*, 1956k, p.140 – grifo nosso)

Obedecendo aos três preceitos (ser imprevisível, certo e filosófico) por ele mesmo mencionados, o humor na obra infantil de Monteiro Lobato manifesta-se sob várias formas: nas falas do narrador, na linguagem, na exploração dos aspectos semânticos das palavras, no *nonsense*, na paródia, nas comparações, na ironia, no cômico de situação, na inversão/subversão da ordem, no grotesco e na construção das personagens, procedimentos que passaremos agora a analisar.[1]

Com o intuito de demonstrar que o processo de construção do humor nas obras infantis de Monteiro Lobato vai se aperfeiçoando ao longo de sua carreira literária, as obras analisadas são apresentadas de acordo com a ordem em que foram publicadas. Nesse sentido, vale ressaltar que, embora a produção literária de Monteiro Lobato dedicada à infância tenha se iniciado em 1920, com a publicação de *A menina do narizinho arrebitado*, o texto original dessa publicação passou por uma série de modificações e acréscimos,

---

1 Neste momento, convém lembrar que, embora em nosso trabalho tais procedimentos tenham sido abordados separadamente, visando à análise específica de seus efeitos, os recursos utilizados pelo autor para a construção do humor, muitas vezes, conjugam-se, dificultando o estabelecimento de um traço único responsável pela comicidade em seus textos.

dando origem, em 1931, à obra *Reinações de Narizinho* como versão final da narrativa. Em virtude desse fato, embora não a tomemos como obra inicial, o que exigiria um cotejo entre suas várias versões, objetivo além das propostas deste trabalho, *Reinações* será utilizada como marco na obra do autor, em virtude das inovações estilísticas por ela apresentadas.

Em ordem de publicação, os livros utilizados serão os seguintes: *Fábulas* (1921); *As aventuras de Hans Staden* (1926); *Peter Pan* (1930); *Reinações de Narizinho* (1931); *Viagem ao céu* (1932); *História do mundo para crianças* (1933); *Caçadas de Pedrinho* (1933); *Emília no país da Gramática* (1934); *Aritmética da Emília* (1935); *História das invenções* (1935); *Geografia de Dona Benta* (1935); *Memórias da Emília* (1936); *Dom Quixote das crianças* (1936); *Histórias de Tia Nastácia* (1937); *O poço do Visconde* (1937); *Serões de Dona Benta* (1937); *O picapau amarelo* (1939); *O minotauro* (1939); *Reforma da natureza* (1941); *A chave do tamanho* (1942); e *Os doze trabalhos de Hércules* (1944).

Narrador

Ao considerarmos uma narrativa do ponto de vista da produção discursiva, esbarramos em duas instâncias do discurso cuja consideração é imprescindível para a compreensão desse processo de produção: a enunciação e o enunciado.

Definida como "ato de produção do discurso" (Reis & Lopes, 1988, p.107), a enunciação é pressuposta pela própria existência do enunciado, que, por sua vez, corresponde ao produto desse processo de enunciação.

Segundo Reis & Lopes (1988), o sujeito falante, ao "apropriar-se" da língua para convertê-la em discurso, assume de imediato o estatuto de locutor e postula automaticamente a presença de um *tu* a quem dirigirá seu discurso. Assim, a enunciação define-se como a instância de um *eu-aqui-agora* que, ao se realizar, deixa marcas no discurso que constrói. Tais marcas nos possibilitam detectar e analisar em um texto os elementos que remetem à instância da enunciação, ou melhor, do *eu* inscrito no discurso.

Tendo por base essas considerações, é importante observar as projeções da instância da enunciação no enunciado, isto é, na presença desse *eu* que realiza a produção discursiva, uma vez que o discurso narrativo somente o é enquanto conta uma história e é proferido por alguém. No âmbito da narrativa literária, essa questão diz respeito à identificação da voz narradora (saber quem conta a história) ou do ponto de vista adotado para a narração dos fatos.

Embora essa identificação seja possível, por meio de uma cuidadosa análise das marcas deixadas pelo narrador no percurso discursivo, o fundamental não é apenas identificar esse agente, mas verificar as implicações que sua focalização acarreta na narrativa do ponto de vista da composição estrutural da obra e de que maneira essa estruturação compromete sua interpretação.

Utilizando os conceitos de Percy Lubbock (1976), observamos que a narrativa pode contar com duas formas de apresentação: a *cênica* e a *panorâmica*.

Na apresentação *cênica*, o leitor vai "vendo junto" com o narrador, conforme ele vai mostrando. Desse modo, podemos notar nesse tipo de apresentação uma maior proximidade entre o leitor e o objeto observado, e, consequentemente, menor presença do narrador, uma vez que ele quase desaparece, já que a ênfase passa a ser dada não a sua presença, mas ao objeto da narração.

Já a apresentação *panorâmica* corresponde ao resumo de uma série de informações dadas pelo autor por meio de certas indicações. Vemos que, por se tratar de uma síntese elaborada pelo narrador, deve-se creditar a ele toda a verdade. O leitor vê-se "obrigado" a confiar no que está sendo contado por ele, confiar na visão que esse narrador tem da história, pois é ele quem, nesse caso, detém a voz narrativa. Isso ocorre porque a narrativa pode ser considerada uma fatia de vida que tem um sentido. Sempre que alguém conta algo, está focalizando essa "fatia de vida" de um determinado ponto de vista e utilizando determinadas técnicas. Assim, o que o narrador nos transmite é fruto de uma focalização particular.

De acordo com essas considerações, observamos que, por se tratar de um "resumo", a apresentação panorâmica apresenta uma maior distância entre o leitor e o objeto observado e maior presença do narrador, tornando-o mais perceptível.

Quanto ao tratamento da matéria romanesca, Lubbock distingue os modos *dramático*, em que o leitor "ouve" a voz do próprio personagem sem a intervenção do narrador, e o modo *pictórico*, em que o narrador atua como mediador entre o leitor e a história.

No que diz respeito aos textos infantis de Monteiro Lobato, destaca-se neles a utilização de um tipo de narrador a que Nelly Novaes Coelho (2000) denomina "narrador *in off*", conceito que se aproxima da apresentação cênica e do tratamento dramático. Segundo essa autora, esse tipo de narrador, considerado por ela uma "originalíssima variante do narrador dialógico" (idem, p.68),[2] permite que a única voz que se ouça na narrativa dialogada seja,

> não a do narrador que fala a um *tu* silencioso, mas a de um *tu* (ou vários interlocutores) que fala, respondendo as prováveis (ou evidentes) perguntas do *eu-narrador* cujas falas não se fazem ouvir na narrativa, mas permanecem in off. Ou em outras palavras: trata-se de uma narrativa na qual não se ouve a voz do *narrador*, mas apenas as vozes das personagens que com ele interagem. (idem)

Semelhante ao que ocorre na apresentação cênica e no tratamento dramático, o narrador não tem aqui acesso à consciência das personagens: deixa que essas ajam para que, por meio de suas ações e de índices externos, o leitor possa conhecê-las. Ao agir assim, esse narrador praticamente ausenta-se da narrativa, deixando-nos como expectadores da ação pura, sem intervenções de sua parte, uma vez que o que interessa é o objeto observado. Isso pode ser notado pelo fato de, embora utilizando uma focalização em terceira pessoa, a narrativa privilegiar os diálogos, dando voz às próprias personagens e fazendo que elas expressem seus sentimentos pessoalmente, o que quase anula a presença do narrador.

Procedimento marcante nos textos de Monteiro Lobato, esse recurso pode ser observado por meio da agilidade com que os diálogos se apresentam e se sucedem, demonstrando sagacidade do autor e competência na estruturação de argumentos e personagens. O caráter dialético das confrontações explode numa dinâmica marcada pela vivacidade das colocações em conflito. A atenção do leitor concentra-se no corpo a corpo das palavras, ansiosas pelo desfecho do embate.

Nesse sentido, o texto não apresenta nenhuma intervenção significativa do narrador. As ideias veiculadas não são direcionadas nem promulgadas por um adulto que detém a palavra e a manipula segundo seus interesses. Além do diálogo, uma técnica narrativa utilizada para isso é a representação da fala e/ou pensamento das personagens por meio do discurso indireto livre. De caráter híbrido, esse tipo de discurso permite que a voz da personagem pe-

---

[2] Nelly Novaes Coelho (2000) define como dialógico ou dialético, aquele narrador "que se dirige continuamente a um *tu*, a alguém que, entretanto, não se faz ouvir na superfície da narrativa, mas de certa forma a provoca".

netre a estrutura formal do discurso do narrador, "como se ambos falassem em uníssono fazendo emergir uma voz 'dual'" (Reis & Lopes, 1988, p.277). Ao comentar sobre as particularidades desse tipo de discurso, Reis & Lopes (1988) destacam que:

> O discurso indireto livre, ao proporcionar uma confluência de vozes, marca sempre, de forma mais ou menos difusa, a atitude do narrador em face das personagens, atitude essa que pode ser de *distanciamento irônico ou satírico*, ou de acentuada empatia. (grifo nosso)

Dando voz às personagens-criança, por meio dessa perspectiva narrativa, o autor permite que emerjam dúvidas, reflexões e questionamentos peculiares à criança, o que além de possibilitar maior identificação com o jovem leitor, foge também de todo e qualquer teor doutrinário e alienante que a narrativa possa apresentar.

Além disso, por possibilitar ao leitor uma visão ampla e clara do objeto narrado, ou seja, dos acontecimentos em si sem nenhuma mediação, esse tipo de focalização permite que o leitor possa aderir ou não à matéria ficcional.

Nesse sentido, ele tem a sua disposição uma série de índices e informações que lhe são fornecidos a respeito do processo de construção desse universo ficcional a que ele é convidado a adentrar. Tais índices podem ser explícitos ou implícitos. No caso de serem explicitados, temos as referências ao capítulo, à própria economia interna da escrita literária, ao leitor; enfim, a todo e qualquer dado metalinguístico presente na narrativa, como se pode observar pelos excertos que passaremos a apresentar a seguir:

> Felizmente era tempo de jabuticabas.
> No sítio de Dona Benta havia vários pés [...]
> Sanhaços também, e abelhas, e vespas. Vespas em quantidade, sobretudo no fim, quando as jabuticabas ficavam que nem um mel, como dizia Narizinho. Escolhiam as melhores frutas, furavam-nas com o ferrão, enfiavam meio corpo dentro e deixavam-se ficar muito quietinhas, sugando até caírem de bêbadas.
> – *E não mordiam?*
> – Não tinham tempo. O tempo era pouco para aproveitarem aquela gostosura que só durava uns quinze dias. (Lobato, *Reinações de Narizinho*, 1956a, p.33 – grifo nosso)

Observa-se nesse fragmento que descreve o pomar do sítio de Dona Benta um diálogo estabelecido não entre personagens da narrativa, mas entre o narrador e um narratário,[3] que, por sua intervenção, possibilita prever possíveis indagações feitas pelo leitor real e esclarecê-las.

Além dessa referência a um possível leitor, estabelecendo-se com ele um diálogo, outros dados metalinguísticos são mais incisivos, como ocorre nos exemplos a seguir, que, ao aludirem ao ilustrador da obra, remetem a elementos extratextuais.

Isso pode ser observado, por exemplo, no episódio de *Aritmética da Emília* quando a boneca, ao ver como era representada a antiga unidade monetária no Brasil, assim reage:

> Emília deu uma gargalhada gostosa.
> – Incrível! – disse ela. Para representar um real, que é a quantidade de dinheiro mais pulga que existe no mundo, o *Le Blanc* teve de mobilizar quatro figurões, um charuto, uma cartola, dois chapéus furados e mais um apenas amarrotado. (Lobato, *Aritmética da Emília*, 1956f, p.186 – grifo nosso)

Na mesma aventura, depois de terem se decepcionado ao conhecerem a egoísta dona Quantia, as crianças, ao dormir, têm o seguinte sonho: "Na noite desse dia os meninos só sonharam com os artistas da Aritmética. Narizinho contou o seu sonho ao *Le Blanc* para que ele o desenhasse, e saiu isto: [...]" (idem, p.188 – grifo nosso).

Nesses fragmentos, que se completam pelas ilustrações feitas por Le Blanc, as personagens referem-se de modo explícito ao trabalho do ilustrador da obra em questão[4] cujos desenhos, aos quais as personagens se referem, encontram-se na página seguinte às citações aqui transcritas.

Chamam a atenção ainda os seguintes fragmentos, que fazem referência ao autor e às histórias por ele escritas e das quais as personagens participam:

> 1.Na segunda caixinha [Emília] viu os Advérbios de Tempo – HOJE, AGORA, CEDO, AMANHÃ, ONTEM, TARDE, NUNCA, DEPOIS, AINDA, ENTREMENTES.
> – Oh! – exclamou Emília agarrando o ENTREMENTES pelo cangote. Não sabia que era aqui que morava este freguês. Conheço *um moço* que tem tanta birra

---

3 Segundo Reis & Lopes (1988, p.63), "*narratário* é uma entidade fictícia, um 'ser de papel' com existência puramente textual, dependendo diretamente de outro 'ser de papel' [...] o narrador que lhe dirige de forma expressa ou tácita".

4 Entre os ilustradores das obras de Monteiro Lobato, destacam-se, além de Le Blanc, que ilustra as obras produzidas a partir de 1942, Voltolino, Kurt Wiesel, J. G. Villin, Belmonte, Marguerita Bornstein, J. U. Campos, Gustave Doré e Rodolpho.

deste coitado que risca todos que encontra nas páginas dos livros. (Lobato, *Emília no país da Gramática*, 1956f, p.59)

2. – Tudo quanto você faz e diz, Emília, é logo espalhado, porque *aquele tal sujeito* vive tomando nota de tudo para botar em livros. (idem, p.152 – grifo nosso)

3. Dona Benta olhou para Narizinho, desconfiada.
– Será que [Emília] está ficando louca?
– Louca, nada, vovó! – respondeu a menina. Emília está assim por causa da ganja que lhe dão. No Brasil inteiro as meninas que leem *estas histórias* só querem saber dela – e Emília não ignora isso. É ganja demais. (Lobato, *Aritmética da Emília*, 1956f, p.232 – grifo nosso)

4. Quando Belo Horizonte começou, pouca gente esperava que se desenvolvesse tão depressa e com tanta beleza harmônica. Deve ter hoje uns cinquenta anos, o que é nada, e já está a coisa mais linda que há no Brasil em matéria de cidade. Um verdadeiro encanto.
– Mas como é que *na primeira edição deste livro* a senhora disse que era um "sossego sem fim", um "deserto de gente", etc.? – interpelou Narizinho.
– Disse porque eu tinha na cabeça a Belo Horizonte dos começos. Errei. (Lobato, *Geografia de Dona Benta*, 1956g, p.62 – grifo nosso)

5. Narizinho fez um muxoxo.
– Exigente! Você já anda bem famosinha no Brasil inteiro, Emília, de tanto o *Lobato* contar as suas asneiras. Ele é um enjoado muito grande. Parece que gosta mais de você do que de nós – conta tudo de jeito que as crianças acabam gostando mais de você do que de nós. É só Emília para cá, Emília pra lá, porque a Emília disse, porque a Emília aconteceu. Fedorenta... (Lobato, *Dom Quixote das crianças*, 1956i, p.61 – grifo nosso).

6. – Pare com Emília, vovó! – gritou a menina, furiosa. A senhora até parece o *Lobato*: – Emília, Emília, Emília. Continue a história de D. Quixote. (idem, p.125 – grifo nosso)

Nesses trechos, temos exemplos claros de intertexto por meio da utilização de referências ao conjunto de obras do autor, a sua pessoa e a seu processo de criação. Apresentadas na sequência em que aparecem nas *Obras completas* de Monteiro Lobato, tais referências demonstram um evidente amadurecimento da postura crítica das personagens em relação à construção do universo do qual participam. Aquilo que, inicialmente, era designado de modo vago e genérico como "estas histórias" concretiza-se pela expressão factual "primeira edição deste livro". O mesmo ocorre com a figura do autor que, num primeiro momento, é chamado de "um moço" e "aquele tal sujeito", passando depois a ser designado pelo nome próprio "Lobato" antecedido de um artigo definido (*o* Lobato), recurso que estilisticamente denota maior proximidade/intimidade com relação ao ser ao qual o substantivo se refere. Além disso, essa inclusão de dados reais ao mundo fictício representa também uma opção consciente de eliminação total das fronteiras entre o mundo real e o ficcional. Segundo Azevedo et al. (1998, p.312), citando Lobato, o lugar encantado, onde fantasia e verdade se confundem, não era "realmente nenhum mundo de mentira", como os adultos apregoavam. "De acordo com o próprio Lobato, o que subsistia na imaginação de milhões e milhões de crianças era tão concreto como as páginas dos seus livros" (idem, ibid.).

Quanto aos índices implícitos, esses correspondem à possibilidade que o autor implícito dá ao leitor de perceber que o narrador é falível. Trata-se de certos vazios, certos sinais que possibilitam uma antileitura, uma vez que dão ao leitor condições de observar que por trás do narrador há uma outra voz que lhe permite ver as falhas desse mesmo narrador.

Tomando por base o conceito de autor implícito proposto por Booth, podemos observar que o leitor nem sempre tem conhecimento "somente" daquelas informações que o narrador lhe transmite. Muitas vezes, por meio dos índices fornecidos pelo autor implícito, ele transcende esse nível de conhecimento fornecido pelo narrador, sendo capaz de fazer uma antileitura até mesmo da figura do próprio narrador.

Um dos dados observáveis por meio dessa antileitura é a presença de um teor humorístico não só nas situações e personagens descritas, mas também – e inclusive – nas falas do próprio narrador, como se pode observar pelos exemplos transcritos a seguir.

No primeiro caso, temos um episódio que ocorre na visita que os habitantes do Sítio fazem ao País das Fábulas. Nessa ocasião, as personagens têm a oportunidade de presenciar a desenvoltura e a esperteza de uma ovelha que, com suas respostas às arguições de um lobo que estava prestes a devorá-la, consegue se livrar da morte: "Aquela resposta atrapalhara o lobo, que além de mau *era curto de inteligência, ou para ser franco, burro*" (Lobato, *Reinações de Narizinho*, 1956a, p.262 – grifo nosso).

Outra passagem que se destaca pelo tom humorístico presente nas falas do narrador refere-se à caracterização facial de Emília, num momento em que demonstra certo fastio, marcado pelo enfado e pelo aborrecimento depois de ser advertida por Dona Benta sobre a necessidade da presença de um complemento verbal após a utilização do verbo "achar". Como Dona Benta se demora na explicação dada à boneca, Emília demonstra sua contrariedade, sendo assim caracterizada: "– Basta de verbos, Dona Benta! – gritou Emília fazendo *cara de óleo de rícino*" (Lobato, *Aritmética da Emília*, 1956f, p.160 – grifo nosso).

Na mesma narrativa, ao apresentar como sugestão de nova aventura a ida ao País da Matemática, Visconde, numa clara referência ao período em que passou caído atrás da estante de Dona Benta e foi encontrado todo embolorado, tem sua ideia descrita da seguinte forma pelo narrador: "Todos se entreolharam. A ideia do Visconde não era das mais emboloradas. Bem boa, até" (idem, ibid.).

Em outro episódio, no momento em que Visconde é elogiado por Dona Benta por sua honestidade, Emília desmascara-o lembrando da ocasião em que o sabugo enganou Pedrinho – obrigado pela boneca – fingindo-se de pau falante. Sua reação, ao ser exposto dessa maneira, é descrita também de modo jocoso pelo narrador: "O Visconde avermelhou; e, como era verde, e o vermelho misturado ao verde dá um tom de burro quando foge, ficou por uns momentos o mais esquisito de todos os sabugos do mundo. Até Emília teve dó dele" (idem, p.258).

Exercendo mais uma vez sua verve cômica, o narrador também satiriza o sobrenome de Dona Benta, conforme observa-se na citação:

> Realmente, o seu [de Dona Benta] tataravô tinha um nome levado da breca, de modo que o filho, ao chegar ao Brasil, a primeira coisa que fez foi modificá-lo. Em vez de Joaquim Encerrabodes de Oliveira passou a chamar-se Joaquim de Oliveira Serra. *Soltou os bodes...* (Lobato, *Geografia de Dona Benta*, 1956g, p.428 – grifo nosso)

Ainda tomando Dona Benta como objeto de derrisão, o narrador revela, de modo bastante jocoso, a inabilidade para o desenho demonstrada pela personagem ao tentar reproduzir em papel algumas características da arquitetura grega. Nesse caso, a comicidade estabelece-se em virtude da irreverência do tratamento dispensado a uma pessoa que, por possuir já uma idade considerável, deveria ser merecedora de grande respeito:

> [...] Vou desenhar alguns desses elementos para que vocês vejam com que frequência eles aparecem na frontaria dos nossos prédios.
> Dona Benta *desenhou, como o nariz dela,* umas coisas assim: [...] (Lobato, *O minotauro*, 1956m, p.7 – grifo nosso)

Outro exemplo de registro cômico na fala do narrador ocorre no fragmento a seguir, que retrata a alegria das crianças do Sítio de terem em sua companhia a presença de Pequeno Polegar. Recriando um provérbio popular, por meio da utilização de uma linguagem que se aproxima do discurso infantil, o narrador assim descreve essa alegria:

> Que festa foi aquilo! Até parecia sonho. O célebre Pequeno Polegar, que as crianças do mundo inteiro só conhecem de fama e da história, *eles o tinham ali, em carninha e ossinho – vivinho da silvinha.* (Lobato, *O picapau amarelo*, 1956l, p.162)

Cômica também é a maneira como o narrador refere-se a Hércules, o grande herói grego, em virtude de sua incapacidade de compreender como Pedrinho e Emília poderiam ter vindo do futuro: "Hércules não entendeu. Além de burrão de nascença, como todos os grandes atletas, não podia entender aquela história de 'vir dum século futuro'" (Lobato, Os doze trabalhos de Hércules, 1956p, v.1, p.28).

Essa mesma referência à falta de inteligência de Hércules ocorre no fragmento a seguir, que descreve o momento em que o herói grego apresenta o Visconde a seu amigo Iolau, solicitando que o sabugo demonstrasse sua sabedoria ao novo amigo:

> O Visconde não vacilou, e declarou em muito bom grego:
> – PANTA REI, OUDEN MENEI.
> – Que é isso? – perguntou Hércules, que *em matéria de pensamentos filosóficos era o que no século 20 nós chamamos "uma besta".*
> – Estas palavras querem dizer "tudo passa, nada permanece"... (idem, p.99 – grifo nosso)

Nesses exemplos, percebe-se que o narrador, apropriando-se do tom humorístico e irreverente predominante na fala das personagens, incorpora-o a seu discurso por meio de uma relação simbiótica, ao mesmo tempo, que capta o repertório de seu público de maneira direta e envolvente. Desse modo, os dois discursos entrecruzam-se e refletem-se – o do narrador e o das personagens –, e por meio da incorporação da oralidade que se faz via discurso direto e indireto, essas duas modalidades, muitas vezes, fundem-se, deixando eclodir a comicidade que as une e determina.

Linguagem

Como propõe Bakhtin (1993, p.135), o sujeito que fala no romance é sempre, em certo grau, um ideólogo, sendo suas palavras um *ideologema*. Desse modo, uma linguagem particular no romance representa um ponto de vista igualmente particular sobre o mundo, aspirando a uma significação social.

Se o objeto específico do gênero romanesco é tanto a pessoa que fala como seu discurso que aspira a uma significação social e a uma difusão, então o problema central da estilística do romance pode ser formulado como o da representação literária da linguagem, o da imagem da linguagem.

Sendo assim, podemos compreender a importância delegada à palavra nas obras infantis de Monteiro Lobato e, principalmente, os mecanismos linguísticos utilizados por ele para a construção do humor. Conforme assinalado por Freud, o chiste, uma das técnicas do humor, consiste fundamentalmente numa certa *forma*, e não necessariamente num *conteúdo* ou num sentido (embora esses elementos sejam seu resultado final). Desse modo, torna-se pertinente verificar "como" o humor se processa nos textos de Lobato, descrevendo as chaves linguísticas que constituem o meio desencadeador do riso. Para tanto, a definição dada à língua emiliana pelo narrador em "O centaurinho" (Lobato, Histórias diversas, 1956o) torna-se imprescindível:

> Apesar da estranheza que era a presença de um centauro no sítio de Dona Benta, uma semana depois já estavam tão familiarizados com ele como se ali tivesse nascido e vivido a vida inteira.
> – Em que língua se entendiam?
> – Ora, "na língua da Emília", que era a "língua geral" de todos ali – o rinoceronte, a vaca mocha. A "língua da Emília" era uma mistura de português, castelhano, gíria, expressões inglesas como "All right", "Okay" e "Mind your business" (cuide de seu nariz) tudo misturado com caretas, micagens e gestos de todos os tipos, pinotes, botamentos de língua, espirros e até pontapés. A palavra "atenção", por exemplo, fora substituída por um pontapé na canela. Era tão expressiva a "língua da Emília", que um filólogo inglês, que pousou [sic] uma noite no Picapau Amarelo, disse mais tarde a Bernard Shaw: "A língua universal, com que tanto tempo a humanidade sonha, não é em nenhuma universida-

de que se está formando, e sim no maravilhoso sítio de Dona Benta" – e consta que Bernard Shaw tomou a seguinte nota em sua carteira: "Descobrir Emília e conversar com ela. (idem, p.280)

Assim, conforme demonstrado pelo fragmento, ao atentarmos para a linguagem nos textos lobatianos, verificamos que essa se caracteriza pela incorporação da "língua de Emília", ou seja, pela presença de inúmeros elementos entre os quais se destacam certos recursos que contribuem para a construção humorística como o neologismo, a oralidade, a gíria e o uso de referências metalinguísticas. Tais recursos, analisados do ponto de vista estritamente linguísticos (observando-se os níveis fonológico, morfológico e sintático), tornam-se profícuos para o estudo da construção do humor nas obras infantis de Lobato.

Tendo isso em vista, a primeira ocorrência da utilização da linguagem como recurso humorístico presente na literatura escrita por Lobato para o público jovem encontrasse em *Reinações de Narizinhos*, na passagem que se refere à festa dada por Príncipe Escamado em homenagem à visita de Narizinho ao Reino das Águas Claras, conforme apresentado no relato a seguir:

> Narizinho correu os olhos pela assistência. Não podia haver nada mais curioso. [...] canários cantando, e beija-flores beijando flores, e camarões camaronando, e caranguejos caranguejando, tudo o que é pequenino e não morde, pequeninando e não mordendo. (Lobato, *Reinações de Narizinho*, 1956a, p.21)[5]

Presente na fala do narrador, o humor nessa citação se dá pela ativação do fator epilinguístico que pressupõe qualquer operação ativa que o intérprete efetua sobre dados linguísticos, analisando-os de certo modo. Nesse caso, tais operações destinam-se a descobrir morfemas ou formas de alguma maneira semelhantes a eles, ou seja, partes da cadeia às quais usualmente se atribui ou se pode atribuir um sentido (Possenti, 1998, p.72).

O que se observa nessa construção é que, partindo de uma relação de semelhança formal entre as palavras, o narrador cria expressões cujo significado pode ser depreendido por meio de uma dedução baseada na proximi-

---

5 Vale ressaltar que, na primeira versão dessa obra publicada em 1920, essa construção inexiste.

dade entre os vocábulos. Para a manutenção da cadência rítmica, o narrador associa os termos em razão de sua sonoridade (*canários* / *cant*ando; *beija-flores* / *beijan*do *flores*; *camarões* / *camaron*ando; *caranguejos* / *caranguej*ando; *pequenino* / *pequenin*ando e *morde* / *morden*do).

No primeiro par (*canários* / *cant*ando), a semelhança é estritamente formal, uma vez que não há nenhuma relação semântica entre "canário", nome atribuído a uma ave assim chamada por ter sido, originalmente, encontrada nas Ilhas Canárias (em latim *Canarìae Insulae, árum,* ilhas dos cães). Trata-se também de uma relação metonímica por contiguidade, pois, ao associar a ave ao verbo "cantar", estabelece-se uma proximidade entre o produtor e o produto, ou seja, entre o canário e o canto. Essa relação explica-se pela segunda associação feita pelo narrador (*beija-flores* / *beijan*do *flores*), que também serve como base para as outras associações. Visto que nesse exemplo há uma relação semântica lógica entre o substantivo "beija-flores" e a construção "beijando flores" que, embora de forma metafórica, representa a ação praticada pelo ser nomeado pelo substantivo, o narrador, valendo-se dessa aproximação, estende-a aos outros pares, criando expressões inusitadas. Assim, se um beija-flor caracteriza-se por "beijar" flores (beij + ar), um camarão irá *camaronar* (camaron + ar), um caranguejo irá *caranguejar* (caranguej+ ar), e assim sucessivamente. É, pois, justamente esse efeito inusitado das aproximações, segundo Freud, baseado na condensação com ligeiras modificações, dando origem a uma palavra mista em si, mas cujo sentido pode ser depreendido pelo contexto, que garante o teor humorístico da passagem.

Outro episódio que merece destaque é o que se refere à primeira ocasião em que Emília fala, após engolir a pílula fornecida pelo Doutor Caramujo. Depois de medicada, a boneca descreve o rapto de pequeno Polegar da seguinte maneira:

– Pois foi aquela diaba da dona Carocha. A coroca apareceu na gruta das cascas...

– Que cascas, Emília? Você parece que ainda não está regulando...

– Cascas, sim – repetiu a boneca teimosamente. Dessas cascas de bichos moles que você tanto admira e chama conchas. A coroca apareceu e começou a procurar aquele boneco...

– Que boneco, Emília?

– O tal Polegada que furava bolos e você escondeu numa casca bem lá no fundo. Começou a procurar e foi sacudindo as cascas uma por uma para ver qual

tinha boneco dentro. E tanto procurou que achou. E agarrou na casca e foi saindo com ela debaixo do cobertor...
— Da mantilha, Emília!
— Do COBERTOR.
— Mantilha, boba!
— COBERTOR. Foi saindo com ela debaixo do COBERTOR e eu vi e pulei para cima dela. Mas a coroca me unhou a cara e me bateu com a casca na cabeça, com tanta força que dormi. Só acordei quando o Doutor Cara de Coruja...
— Doutor Caramujo, Emília!
— Doutor CARA DE CORUJA. Só acordei quando o Doutor CARA DE CORUJÍSSIMA me pregou um liscabão.
— Beliscão — emendou Narizinho pela última vez, enfiando a boneca no bolso [...] (Lobato, *Reinações de Narizinho*, 1956a, p.28)

Nesse fragmento, o humor resulta do modo irreverente com que Emília usa a linguagem. Recusando-se a utilizar a língua no seu padrão formal, a personagem substitui expressões padronizadas por designações mais comuns e usuais, como "casca" no lugar de "concha" e "cobertor" no lugar de "mantilha". Nos dois casos, o que prevalece na substituição é o valor semântico do vocábulo. Assim, embora possam designar objetos diferentes, tanto "casca" como "cobertor" apresentam um conteúdo nocional muito próximo daqueles aos quais as expressões originais se referem. Nesse sentido, tanto "cobertor" como "mantilha", como quer Narizinho, são objetos utilizados para "cobrir", essa é sua base semântica. Do mesmo modo, "casca" e "concha" têm por base um significado também comum, qual seja, cobertura ou envoltório rígido. Processo semelhante ocorre com as expressões "cara", forma coloquial para se referir à face, e "coroca", regionalismo de uso informal para designar indivíduo velho e feio.

Outros exemplos que levam ao extremo essa irreverência e liberdade no uso da linguagem, ao mesmo tempo que priorizam a cadência rítmica do discurso, são as expressões "Cara de Coruja" em substituição a Caramujo, e "liscabão" no lugar de beliscão. No primeiro caso, percebe-se claramente a opção pela valorização dos recursos fonológicos das expressões (*Cara* de *Coruja* = *Caramujo*), bem como o sentido pejorativo da derrisão contida nas expressões populares formadas pelos vocábulos "cara-de", como ocorre, por exemplo, em formas como "cara de pau". Percebe-se também, nessa designação bastante peculiar dada por Emília, o caráter subversor e desmistificatório do humor, já que toma por objeto de ridicularização uma pessoa eminente e detentora de certo prestígio e poder. Quanto à expressão "liscabão", trata-se da introdução de algo simples e desatinado cujo sentido, segundo Freud, é a revelação de um outro desatino, no caso da narrativa, o fato de uma boneca de pano ganhar voz, "processo de mecanização que revela uma substituição do natural pelo artificial" (Bergson, 2001, p.36), o que se observa pela própria fala de Narizinho, na sequência: "Viu que a fala da Emília não estava bem ajustada, coisa que só o tempo poderia conseguir" (Lobato, *Reinações de Narizinho*, 1956a, p.29).

Ainda no que diz respeito à linguagem, é também bastante expressivo o que se observa na seguinte passagem: "Depois que Narizinho deixou o Reino-das-Águas-Claras, o Príncipe Escamado caiu em profunda depressão, e, chamado para consultá-lo, o Doutor Caramujo disse que sua doença era 'narizinhoarrebitabite'" (idem, p.97). Formado a partir da junção das expressões "narizinho" + "arrebitado" + o sufixo – *ite*, que é utilizado "numa larga faixa de nomes médicos, em que o sufixo vale por 'inflamação'" (Houaiss, 2001, p.1660), a expressão torna-se humorística pela condensação operada, equivalendo a "doença provocada pela falta de Narizinho Arrebitado".

O mesmo ocorre com a expressão "asnática" (Lobato, *Reinações de Narizinho*, 1956a, p.188), utilizada por Narizinho para caracterizar a doença sofrida por Emília. Assim, por analogia, se quem manifesta sintomas de "asma" é asmático, quem profere "asneira" só pode ser "asnático". Partindo da junção de asm(at) + tico, sufixo que designa relação (ou seja, quem é asmático é porque está relacionado / ligado à doença asma), propõe-se a mesma construção para "asnático", indicando aquele que é marcado pela asneira.

Um outro exemplo de uso bastante peculiar da linguagem ocorre nos comentários feitos pelas personagens crianças em relação à adaptação feita por Dona Benta, que, ao recontar a fábula d'"O veado e a moita", substitui expressões como "ouviu latir ao longe os cães" por "ouviu latir ao longe o perigo", e "pastou a moita" por "pastou a benfeitora". Sobre essas mudanças, Narizinho comenta:

– Bravos, vovó! .... A senhora botou nessa fábula duas belezas bem lindinhas.
– Pois essas "belezinhas" são uma figura de retórica que os gramáticos xingam de *sinédoque*...
– Eu sei o que é isso – berrou Emília. É "sem" com um pedaço de bodoque. Ninguém entendeu. Emília explicou:

– *Sine* quer dizer "sem". Quando o Visconde quer dizer "Sem dia marcado", ele diz *sine die*. É um latim. E "doque" é um pedaço de bodoque... (Lobato, Fábulas, 1956o, p.50-1)

Nesse exemplo, observamos um processo de atribuição de sentido bem peculiar. Para chegar à compreensão do significado do vocábulo "sinédoque", Emília vale-se de dois sistemas linguísticos, a língua latina e a língua portuguesa que tem na primeira sua origem. Segmentando a palavra em duas unidades (sine + doque), a personagem realmente atribui significado à primeira parte da segmentação, relacionando-a à expressão latina "sine", preposição cujo sentido é "sem". Porém, ao partir para a segunda parte da divisão, atribui-lhe um sentido inusitado, ou seja, diz que a estrutura "doque" refere-se a uma parte constitutiva da palavra "bo*doque*".

O mesmo procedimento ocorre na seguinte passagem, que expressa a contrariedade de Emília em relação à moralidade da fábula "Mal maior", que, ao criticar o casamento entre a Lua e Sol, condena a alteração da ordem das coisas como sinônimo de calamidades:

– Não gostei! – berrou Emília. Se nada mudar, o mundo fica sempre na mesma e não há progresso.
– Espere, Emília – disse Dona Benta. O que a fábula quer dizer é que qualquer mudança nas coisas prejudica alguém.
– Pode prejudicar a um e fazer bem a dois – insistiu Emília. As coisas não são tão simples como as fábulas querem. *Est modus...* como é aquele latim que a senhora disse outro dia, dona Benta?
– *Est modus in rebus...*
– Isso mesmo. Nos modos está o rébus...
– Não, Emília. Esse latim quer dizer que em tudo há medidas.
– Eu sei. É como nos verbos. Todos os verbos têm uma porção de modos. A gente também tem modos. As coisas têm modos. (idem, p.178-9)

Aqui, a personagem, num primeiro momento, parece criar uma expressão completamente destituída de sentido (*Nos modos está o rébus*), associando numa mesma construção vocábulos da língua latina e da língua portuguesa. Ao assim proceder, atribui à palavra "modus" o sentido de "modos" que, realmente, junto com "medida" é uma das acepções dessa palavra. Porém, a correspondência, nesse primeiro momento, para aí, já que o vocábulo "est" na expressão "est modus" é uma forma verbal, não correspondendo, portanto, à combinação da preposição "em" com o artigo "os" (nos) presente na sequência "nos modos" proposta por Emília. Dessa maneira, a tradução de "est modus" deveria ser "*está* a medida" ou "*está* o modo" e não "*nos* modos" como propõe Emília. Quanto à palavra "rebus" (ablativo plural de *res*), seu significado remete à palavra "coisa". Desse modo, a correspondência correta seria "A medida está nas coisas".

O que se observa por meio desses exemplos é que, ao estabelecer entre as palavras uma relação sem nenhum sentido lógico aparente, a personagem transforma a língua em um jogo em que as peças podem ser dispostas de maneira diversa, mas sempre obedecendo a uma lógica interna de trabalho com a linguagem, processo semelhante ao que ocorre com o texto poético.

A esse respeito, diz Johan Huizinga (2000) que a poesia se manifesta no interior da região lúdica do espírito, num mundo próprio para ela criado pelo espírito, no qual as coisas possuem uma fisionomia inteiramente diferente da que apresentam na vida comum e estão ligadas por relações diferentes das da lógica e da causalidade. Ela está além da seriedade, naquele plano mais primitivo e originário a que pertencem a criança e o visionário, na região do sonho, do encantamento, do êxtase, do *riso*.

Para Propp (1992, p.107-14), essa falta de lógica – segundo ele, a forma mais comum de comicidade – pode ser manifesta ou aparente. No primeiro caso, é um procedimento cômico em si mesmo para aqueles que observam sua manifestação. No segundo caso, exige um desmascaramento e o riso surge no momento desse desnudamento, ou seja, no momento em que a "ignorância" oculta se manifesta repentinamente nas palavras ou nas ações do "tolo", tornando-se evidente para todos, ao encontrar sua expressão em formas perceptíveis sensorialmente.

No que diz respeito às crianças, esse processo, na verdade, manifesta o ilogismo da criatividade verbal, traço caracterizador da infância e, paradoxalmente, aquilo que na criança é prova de suas primeiras e ingênuas indagações mentais, de suas tentativas de ligar um fenômeno a outro e de orientar-se no mundo, o que na lógica dos adultos torna-se apenas um engano ridículo.

Assim como ocorre, portanto, com a poesia, para compreender o aparente ilogismo das construções emilianas, precisamos ser capazes de nos revestir da alma da criança como se fosse uma capa mágica e admitir a superioridade da sabedoria infantil sobre a do adulto (Huizinga, 2000).

Outro exemplo bastante interessante do uso da linguagem nas narrativas de Monteiro Lobato ocorre no fragmento a seguir, que apresenta a adaptação proposta por Emília para a fábula "As duas panelas". Como esse texto narra as desventuras sofridas por uma panela de barro, ao querer se igualar a uma panela de ferro, Pedrinho sugere que a moralidade dessa fábula deveria ser "Lé com lé, cré com cré", corruptela de um provérbio popular que corresponde a "leigo com leigo, clérigo com clérigo". Desse modo, segundo a personagem, o texto daria a ênfase necessária ao fato de se buscar união entre elementos semelhantes e não diferentes. Aproveitando-se da sugestão dada por Pedrinho, Emília apresenta sua proposta de adaptação:

– Se eu fosse escrever essa fábula – berrou Emília – eu punha uma moralidade diferente.
– Qual?
– Fé com fé, bá com bá, isto é, ferro com ferro, barro com barro.
Todos acharam engraçadinho. (Lobato, *Fábulas*, 1956o, p.183).

Modernizando linguisticamente a moralidade da fábula, nesse exemplo, Emília propõe a mudança da expressão "Lé com lé, cré com cré" para algo que expresse de modo mais direto o enredo da narrativa em questão. Como a história se refere ao desastre ocorrido pelo fato de duas panelas de constituição diferente, uma de ferro e uma de barro, andarem juntas, Emília sugere a alteração do provérbio para "Fé com fé, bá com ba", em que "fé" corresponde à sílaba inicial da palavra "ferro" e "bá" remete à palavra "barro". Desse modo, tem-se a modernização da fábula que se torna para os leitores mais significativa.

Merecem destaque também os "voos" semânticos propostos por Emília a partir das construções lingüísticas por ela apresentadas. Em *O poço do Visconde*, isso pode ser observado na intervenção feita pela boneca à aula do Visconde, no momento em que o sabugo fala sobre os efeitos do oxigênio sobre o ferro:

Os minérios de ferro, ou as pedras de ferro, como o povo diz, não passam dessa combinação – são óxidos de ferro. Mas vai o homem e derrete a pedra e fabrica o ferro... Mas o Senhor Oxigênio, que não concorda com a mudança, trata logo de desfazer a obra do homem – e enferruja o ferro. Sabem o que é ferrugem?
– É o ruge do ferro – disse Emília. (Lobato, *O poço do Visconde*, 1956j, p.33)

Segmentando a palavra "ferrugem" nas unidades "fer + rugem", Emília cria uma explicação própria para o significado da palavra. Obviamente, trata-se de mais uma construção emiliana dissociada da lógica natural das relações estabelecidas pela estrutura da língua. Mas não se deve deixar de considerar uma "certa lógica" em sua proposição, se levarmos em conta que ruge se refere à cor vermelho-alaranjada que também está presente no ferro quando o metal é acometido pela ferrugem. Daí uma possível justificativa para a associação feita por Emília. Desse modo, a surpresa causada pela constatação da existência da lógica do absurdo, do equilíbrio entre situações díspares leva ao riso, que surge como reflexo de uma revelação inesperada.

Exemplo semelhante ocorre no fragmento transcrito a seguir, que se refere a um momento da expedição dos habitantes do Sítio ao Sul do Brasil. Ao passarem pela ilha de Santa Catarina, Dona Benta chama atenção para o fato de essa cidade já ter tido como nome a palavra "Desterro", e aproveitando-se da situação, Pedrinho pergunta:

> E como se chamavam os moradores da antiga cidade de Desterro? – quis saber Pedrinho. Desterrados! – gritou lá do leme a Emília.
> Quindim deu uma risada, *quó, quó, quó...*
> – Chamavam-se *desterrenses* – disse Dona Benta. (Lobato, *Geografia de Dona Benta*, 1956g, p.45)

Nesse fragmento, o humor resulta da praticidade com que Emília usa a língua no que diz respeito a sua estrutura. Embora sejam estruturas presentes na língua portuguesa, os sufixos "-ense" e "-ado" possuem significados distintos, aquele sendo usado na formação de adjetivos e substantivos gentílicos e este de uso corrente como sufixo formador de adjetivos, a partir de substantivos, com a acepção de "provido de", "que possui" aquilo indicado pelo elemento base da palavra. Por esse princípio, enquanto "desterrense" designa o habitante ou natural da cidade chamada Desterro, "desterrado" indica aquele que foi tirado de sua terra, expatriado. Desse modo, ao usar a forma "desterrado" no lugar de "desterrense", Emília parte do princípio, até certo ponto lógico, de que quem é de Desterro caracteriza-se por "possuir" algo em comum com aquilo que a palavra designa. Eliminando a diferença entre o substantivo comum (desterro) e próprio (Desterro), a personagem provoca uma subversão da ordem natural das coisas, cujo resultado inusitado provoca o humor.

Processo semelhante ocorre com a expressão "cinquentaneto" (Lobato, *Reinações de Narizinho*, 1956a, p.150), utilizada pelo Gato Félix para se referir ao seu grau de parentesco com o Gato de Botas. Superando em grau de importância as expressões "bisneto" e "tataraneto" (ou tetraneto) sugeridas por Narizinho, a expressão "cinquentaneto" parte da dedução lógica, segundo a qual, se "bisneto" corresponde a ser neto de segundo grau (filho do neto), trineto corresponde a ser neto de terceiro grau (filho do bisneto), tataraneto ou tetraneto corresponde a ser neto de quarto grau (filho do trineto), *cinquentaneto* corresponderia a ser neto de quinquagésimo grau. Trata-se, na verdade, de um neologismo criado pelo autor, que o coloca propositalmente na fala da personagem, para dar mostras do caráter insólito da situação, provocando um estranhamento e fornecendo pistas ao leitor a respeito das mentiras proferidas pelo Gato Félix que, na narrativa, se revelará um grande mentiroso e assassino.

Outras expressões interessantes são "Serência" (Lobato, *Emília no país da Gramática*, 1956f, p.54), referindo-se ao verbo "Ser", "Vossa Cavalência" e "Senhor Barão Cavalgadura Cavalcanti Cavalete da Silva Feijó" (Lobato, *Reinações de Narizinho*, 1956a, p.204-6), as duas últimas usadas por Emília para se referir ao cavalo de pau sem rabo que ganhou de Pedrinho em troca da divulgação de uma grande ideia. Nessas expressões, o que se observa é, mais uma vez, a junção de palavras e significados para compor uma nova expressão e a exploração dos recursos sonoros dos vocábulos utilizados. Assim, unindo a expressão "Vossa Excelência" com os vocábulos "ser" (forma do infinitivo do verbo) e depois com o vocábulo "cavalo", Emília cria, respectivamente, "Serência" e "Vossa Cavalência", expressões que, reunindo em si seus significados originais (do verbo "ser" e do substantivo "cavalo") e de um tratamento cerimonioso que se confere a pessoas das camadas mais altas da hierarquia social, expressam a importância que a boneca dá aos seres a que se refere. Isso é reiterado, no segundo exemplo, pela expressão "Senhor Barão Cavalgadura Cavalcanti Cavalete da Silva Feijó" que, além de proporcionar um jogo sonoro interessante pela repetição da forma "caval", presente na maior parte dos vocábulos, é também indicativa do mesmo tratamento cerimonioso dado ao objeto. Nesse caso, ao se atribuir um grau de importância elevado a elementos que, originariamente, não o possuem, estabelece-se um processo de inversão,[6] tão comum às situações cômicas, conforme ressalta Bakhtin.

---

6 Essa inversão ocorre também em Lobato de modo contrário, ou seja, por meio da dimnuição do respeito em relação a um ser ilustre. Esse efeito é obtido por uma série de recursos que estabelecem a aproximação ou familiaridade como é o caso do uso de abreviações e diminutivos. Usando esse artifício, Emília torna familiar a figura lendária e mitológica do herói grego Hércules, chamando-o de "Lelé" (Lobato, *Os doze trabalhos de Hércules*, 1956p, v.1, p.109).

Exemplo também da exploração dos recursos sonoros das palavras para fins humorísticos é a passagem em que Dona Benta fala a respeito de Ciro, um grande rei persa:

> Agora é preciso que vocês saibam que os persas daquele tempo eram governados por um grande rei de nome Ciro.
> – Casado com a rainha Cera, filha da princesa Sara, neta do imperador Sura – disse Emília lá do seu canto. (Lobato, *História do mundo para as crianças*, 1956d, p.64)

Temos nesse exemplo a utilização do fonema /s/, representado graficamente pelas consoantes "c" e "s" classificadas, nas palavras "*C*iro", "*C*era" e "*S*ura", como fricativas por apresentarem, ao serem pronunciadas, um ruído característico de fricção. Além desse resultado sonoro das construções, o humor nesse trecho advém também do ilogismo das nomeações feitas por Emília, que se preocupa mais com o caráter lúdico (sonoro) das construções do que com sua significação real que, na verdade, inexiste.

Na mesma narrativa, outro exemplo bastante curioso de atribuição de significados pode ser observado na intervenção de Emília, no momento em que Dona Benta fala a respeito de Clístenes, um dos inúmeros governantes de Atenas:

> Entre [os atos de Clístenes] há um interessante – a instituição do ostracismo. Sabem o que é ostracismo?
> Ninguém sabia, exceto Emília, que veio logo com uma explicação muito boba, onde havia uma "ostra cismando" num rochedo à beira-mar. (idem, p.73)

Procedendo a uma junção das palavras "ostra" e "cismo", Emília cria um novo significado para a palavra "ostracismo", a partir do processo de composição por justaposição. Segundo sua lógica particular, se palavras como "passatempo", formadas por dois radicais, guardam em si a base de significado de cada um dos termos que entram em sua composição (no caso do exemplo citado, passar + tempo), o mesmo processo ocorreria com o vocábulo "ostracismo". Segundo o *Dicionário Houaiss*, "ostracismo" significa repelir, afastar, excluir. Trata-se de um termo utilizado, na antiga Grécia, para se referir a

> desterro político, que não importava ignomínia, desonra nem confiscação de bens, a que se condenava, por período de dez anos, o cidadão ateniense que, por

sua grande influência nos negócios públicos e por seu distinto merecimento ou serviços, se receava que quisesse atentar contra a liberdade pública. (Houaiss, 2001, p.2090)

Sua origem vem do termo grego *óstrakon* (concha) e remete ao fato de os votos do desterro serem escritos sobre cascas de ostra, untadas de cera.

Isso prova que a alusão à palavra "ostra" observada na primeira parte da segmentação feita por Emília (ostra + cismo) tem um fundamento lógico. Ocorre, porém, que a personagem atribui ao termo "cismo" o significado de "cismando", vocábulo que, proveniente do verbo "cismar", possui como substantivo correspondente à palavra "cisma" e não "cismo", como propõe a personagem.

Procedimento semelhante ocorre com a palavra "ovação" usada por Emília na mesma narrativa. No fragmento transcrito a seguir, Dona Benta refere-se à recepção obtida por Horácio, herói romano que luta bravamente contra um exército etrusco comandado por Tarquínio, antigo rei de Roma que tentava restituir seu poder. Vejamos:

> Tal bravura [de Horácio na guerra contra os etruscos] impressionou aos próprios etruscos, que lhe fizeram uma grande ovação.
> – Com que ovos? – perguntou Emília. (Lobato, *História do mundo para as crianças*, 1956d, p.75)

Nesse exemplo, Emília vale-se da semelhança gráfica e fônica entre os vocábulos "ovação" e "ovos", para estabelecer entre eles pontos de semelhança.[7] Contudo, na palavra "ovação", cujo significado refere-se à aclamação pública, o antepositivo "ovo" não se relaciona ao vocábulo "ovo" (em alguns animais, estrutura expelida do corpo da mãe, que consiste no óvulo fecundado juntamente com as reservas alimentares e os envoltórios protetores) cuja origem remonta à expressão latina *óvum, i,* mas remete ao grego *euoî* ["evoé"] aludindo ao grito de alegria que se proferia nas festas de Baco. É, pois, desse rebaixamento provocado por se associar um episódio ligado

---

7 A mesma situação ocorre na passagem: "Boi é gado bovino, cavalo é gado cavalar, carneiro é gado ovino. – Ovino? – admirou-se lá no leme a Timoneira Emília. Mas carneiro então põe ovo?" (Lobato, *Geografia de Dona Benta*, 1956g, p.34). Nesse caso, a personagem retém apenas o aspecto gráfico e sonoro do vocábulo, desconsiderando, por exemplo, que a origem da palavra "ovino" remete à forma latina *ovicùla, ae* correspondente a "ovelha pequena" e não a "ovo" (do latim *óvum, i*).

ao sagrado a um elemento que evoca uma imagem grotesca do corpo, propensa à escatologia, relacionada, segundo Bakhtin (1999), ao "baixo corporal", que o riso surge.

Nessa mesma obra, observamos uma outra construção emiliana bastante curiosa. Ao narrar o conflito entre a Grécia e a Pérsia, Dona Benta detém-se na descrição dos preparativos dos persas para a guerra, o que incluía a construção de um grande número de trirremes, e assim comenta:

> – Pois é, continuou depois [Dona Benta]; os persas construíram 600 trirremes, que levavam, cada uma, 200 soldados, além dos remadores. O exército inteiro tinha – quantos homens, Pedrinho? Depressa, de cabeça ...
> – Doze mil! – respondeu o menino.
> – Cento e vinte mil! – emendou Narizinho, que era muito boa no cálculo rápido.
> – Um milhão e duzentos *milhinhos*! – gritou lá do fundo a boneca. (Lobato, *História do mundo para as crianças*, 1956d, p.78)

Como se sabe, a quantia designada pelo numeral "um milhão e duzentos mil" é composta por duas ordens de algarismos: o milhão e a centena de milhar, em que aquele representa o número maior e esta o número menor. Partindo desse princípio, Emília lê a expressão "milhão" como se fosse composta da seguinte forma: mil + ão, considerando o sufixo "ão" não como, por extensão de sentido, indicativo de quantidade muito grande, correspondendo a mil milhares, mas como se fosse um sufixo aumentativo que designasse tamanho (mil grande). Nesse sentido, se a forma "milhão" corresponde ao número maior e esse número, para Emília, é o número grande do ponto de vista da grandeza física, por dedução, a forma "duzentos mil", que corresponde ao número menor, seria aquele caracterizado por sua "pequenez" de acordo com o aspecto físico. Daí a construção "milhinho" proposta por Emília. Percebe-se, por meio desse processo empreendido pela lógica emiliana, que o humor resulta do acréscimo de uma estrutura mórfica (o sufixo diminutivo "-inho") a uma estrutura que, em princípio, não a admite, gerando, assim, o estranhamento.

Exemplo especialmente interessante da criação do tom humorístico como resultado de associações inusitadas pode ser observado mais uma vez nas afirmações de Emília em *História do mundo para as crianças*, quando Dona Benta fala a respeito da destruição de Pompeia pelo vulcão Vesúvio:

No tempo de Tito aconteceu um desastre célebre. Com certeza vocês sabem o que é Vesúvio...
— Sei! — gritou Emília, que acabava de entrar da cozinha onde estivera atropelando tia Nastácia. Vesúvio quer dizer: Tu *vês*, mas o *u* viu. (Lobato, *História do mundo para as crianças*, 1956d, p.129)

Para que o leitor entenda o efeito humorístico dessa construção exigem-se dele, conforme propõe Sírio Possenti, as mesmas operações epilinguísticas efetuadas pela personagem, quais sejam, a segmentação da palavra "Vesúvio" em "Vês", "U" e "viu"; a hipótese de que "U" seja uma pessoa ou um ente personificado qualquer dotado da capacidade de visão; "Vês" seja a segunda pessoa do singular do Presente do Indicativo do verbo "ver" e "vio" (cuja pronúncia é /viu/, por ser uma palavra formada por um ditongo decrescente) seja a terceira pessoa do singular do Pretérito Perfeito do Indicativo desse mesmo verbo. Daí resulta a construção cujo sentido pretendido é "Hoje, tu vês, ontem foi U que viu" ou, como proposto pela personagem, "Vês, U viu" ("Tu *vês*, mas o *u* já *vio*"). É a percepção da criatividade demonstrada pela boneca com sua construção que torna o episódio engraçado.

Na mesma narrativa, Emília revela mais uma vez sua propensão para o tratamento lúdico da língua quando, ao ouvir o relato de Dona Benta sobre o povo árabe e a construção de Bagdá, assim se manifesta:

Ao ouvir a palavra Bagdá, Emília assanhou-se. Já conhecia as histórias das *Mil e uma noites* e andava com a cidade de Bagdá na cabeça.
— Viva, viva Bagdá! — exclamou ela. Quando eu crescer é onde vou morar. Hei de ter um tapetinho mágico para voar daqui para ali, dali para lá, de lá para ló, de ló para lu... (idem, p.163)

Valendo-se da sonoridade das palavras utilizadas, Emília estabelece um jogo vocálico em que a distância do percurso que pretende seguir é evocada pela sequência na ordenação das vogais (a, e, i, o, u). Sendo assim, da mesma maneira que ocorre com a pronúncia das vogais que são classificadas, quanto ao timbre, como abertas, intermediárias e fechadas, caracterizandose, portanto, pela gradação, a distância percorrida pela personagem vai se alongando cada vez mais (ali, lá, ló e lu), partindo do local mais próximo (ali) e chegando ao mais distante (lu).

O mesmo processo de exploração dos recursos sonoros dos vocábulos pode ser notado no seguinte fragmento em que Emília discorre sobre o que determina a diferença na utilização dos graus aumentativo e diminutivo:

[...] As palavras quando querem significar uma coisa grande, *latem*; e quando querem significar uma coisa pequena, *choramingam*.
Ninguém entendeu.
– Sim – insistiu ela. Botar um ÃO no fim duma palavra é latir, porque latido, de cachorro é assim – ÃO, ÃO ÃO! E botar um INHO, ou um ZINHO no fim das palavras é choramingar como criança nova. Panela, por exemplo; se *late*, vira PANELÃO e se choraminga, vira PANELINHA... (Lobato, *Emília no país da Gramática*, 1956f, p.31)

Como já apontado, nesse fragmento pode-se observar mais uma exploração dos recursos fonológicos da palavra utilizados como critérios para atribuição de sentido. Tomando como base a oposição de timbre (aberto e fechado), a personagem associa o timbre aberto ao grau aumentativo, que, segundo ela, corresponde ao "latido", e o timbre fechado, ao grau diminutivo associado ao "choramingo". Desse modo, a partir de uma lógica própria cria relações inusitadas e curiosas, garantindo o tom peculiar de seu discurso.

Em *Emília no país da Gramática*, outro exemplo das associações emilianas pode ser notado quando a boneca atribui um significado bastante particular à palavra Barbarismo, depois da explicação dada por Quindim:

São palavras exóticas, isto é, de fora – imigrantes a que os gramáticos puseram o nome de *Barbarismos* [disse o rinoceronte].
– Querem significar com isso que elas dizem barbaridades? – indagou Emília.
– Não; apenas são de fora. Esse modo de classificá-las veio dos romanos, que consideravam bárbaros a todos os estrangeiros. (idem, p.15)

O humor nessa citação resulta das aparentes simplificação e ingenuidade observadas na explicação dada por Emília ao associar o termo em questão ("barbarismo") a uma palavra de uso mais corrente, cujo significado é comum à maior parte dos falantes da língua. Embora repreendida por Dona Benta, que representa aqui o papel do adulto, aquele que domina a língua e conhece todas as nuanças dos significados, Emília, mais uma vez, prova que não está totalmente equivocada em sua explicação. Se confrontarmos os dois vocábulos, veremos que os sentidos a eles atribuídos não são completamente dissonantes: ambos possuem em sua raiz a palavra "bárbaro" cujo significado remete *àquilo que não pertence aos costumes do observador*, sendo, portanto, incomum. Desse ponto de vista, tanto "barbarismo" como "barbaridade" representam aquilo que está fora do padrão usual. Nesse caso, como já mencionado, o humor resulta da constatação surpreendente da existência de uma certa lógica naquilo que aparentemente era absurdo, ou, pelo menos, impensado.

Procedimento semelhante pode ser observado em outra intervenção da boneca. Em visita ao país da Gramática: chegando à casa dos advérbios, Emília surpreende-se com o que vê:

> Emília notou que em quase todas as caixinhas havia Advérbios terminados em MENTE, e depois viu que a um canto estava uma grande caixa cheia dessas palavrinhas.
> – Que mentirada é esta aqui? – perguntou. Que tanto MENTE, MENTE?... (idem, p.60)

Nesse fragmento, a associação feita por Emília entre o sufixo formador de advérbio (-mente) e a forma da terceira pessoa do singular do Presente do Indicativo do verbo "mentir" (ele mente) como se fossem correspondentes causa o estranhamento, responsável pelo efeito humorístico aqui presente. Isso é intensificado quando a personagem atribui ao agrupamento desses sufixos presentes na caixa a designação "mentirada", substantivo coletivo de "mentira". Partindo do fato de que um substantivo coletivo é aquele que se refere a um conjunto de seres ou de coisas da mesma espécie tomados como um todo, Emília considera que o conjunto presente na caixa seja formado por uma série de "mentiras", expressas pela repetição das sequências "ele *mente* + ele *mente* + ele *mente*" e assim sucessivamente. Daí a designação "mentirada".

O mesmo se observa no fragmento que segue, quando Emília propõe uma explicação bastante peculiar para a origem do nome "enxada":

> – Acha a senhora que também a enxada seja uma grande invenção?
> – Sem dúvida, minha filha. E com certeza foi invenção feminina, porque naqueles tempos as mulheres tinham sobre si os trabalhos mais pesados ...
> – Se a gente pudesse saber o nome dela... – murmurou Narizinho.
> – Havia de chamar-se Enxadia – lembrou Emília. Enxadia da Silva. (Lobato, *História das invenções*, 1956h, p.254)

Associando o nome do invento a sua inventora, associação que muitas vezes ocorre, Emília propõe de modo bastante simplório uma explicação ou justificativa para o nome atribuído ao objeto. Além disso, a personagem traz essa associação para o momento presente ao atribuir como sobrenome da inventora a expressão "da Silva", encontrada em grande escala como nome de famílias brasileiras, criando assim o efeito humorístico em virtude da aproximação inesperada. Com isso, cria uma relação bastante inusitada ao aproximar conceitos pertencentes a realidades diferentes.

Procedimento semelhante ocorre na mesma narrativa quando Dona Benta, ao descrever a utilidade da roda, chama a atenção para o que ocorre no interior de uma fábrica composta de grande número de máquinas (como as geradoras de vapor, fornalha, caldeira), sendo mais uma vez interrompida por Emília com seus comentários originalíssimos:

> Saindo da caldeira o vapor penetra num cano onde está o pistão. Sabem o que é pistão?
> – É uma pista grande – respondeu Emília. (idem, p.300)

Utilizando um processo de associação muito comum em piadas, Emília segmenta a palavra "pistão" em duas unidades: "pista" e "ão". Ao assim proceder, considera a primeira parte do vocábulo ("pista") como um substantivo que designa caminho especialmente demarcado, e à parte final ("ão") atribui o sentido de sufixo aumentativo. Isso faz que a personagem, não tomando o vocábulo como um todo significativo, lhe atribua um significado diverso daquele estabelecido pelo contexto; dessa incongruência nasce o humor.

Outra construção também bastante peculiar na língua emiliana resulta do comentário feito pela boneca a respeito do sobrenome de Dona Benta por ocasião da visita dos habitantes do Sítio ao túmulo do patriarca da família em Portugal:

> O túmulo do [tataravô de Dona Benta] estava em ruínas ... Mesmo assim Dona Benta ajoelhou-se ao lado e rezou uma rezinha curta. Depois disse:
> – Está aqui a raiz, está aqui o tronco. Um galho mudou-se para o Brasil, dando origem aos Encerrabodes de Oliveira lá da nossa zona. Se não fosse este velhinho aqui enterrado, vocês não existiriam...
> – E como se chamava o filho desse velhinho que foi para o Brasil? – quis saber a menina.
> – Encerracabritos! – gritou Emília. (Lobato, *Geografia de Dona Benta*, 1956g, p.249)

Nesse caso, Emília parte do princípio de que se a figura antecessora e, portanto de maior valor, chamava-se Encerrabodes (Encerra + bodes), seu descendente, de prestígio menor porque veio depois, só poderia se chamar Encerracabritos (Encerra + cabritos). Conservando o elemento comum aos dois vocábulos (a estrutura "encerra"), a personagem se detém e propõe modificações na parte posterior das palavras, ou seja, nas expressões "bode" e "cabrito". Do confronto entre essas sequências finais, percebe-se que elas são dois substantivos que designam animais da mesma espécie, dos quais "bode" seria a designação do animal adulto e "cabrito", o nome dado ao seu filhote, portanto, o animal menor. É, pois, partindo desse princípio, que a personagem atribui o nome Encerracabritos ao descendente de Encerrabodes. Além do caráter inusitado da comparação, chama a atenção também o tom jocoso e derrisório resultante da aproximação de elementos que, por pertencerem a níveis diversos (como a solenidade e respeito à hierarquia familiar em oposição à rudeza de um animal destituído de qualquer nobreza), aparentemente se excluem.

Em outro episódio nessa narrativa, Emília novamente surpreende o leitor com mais uma de suas construções. Isso ocorre pelo comentário feito pela boneca no momento em que as crianças do Sítio, navegando pelos mares da Europa, avistam Budapeste:

> Estou vendo Budapeste! – gritou a menina, que não largava a luneta. Cidade linda... dividida em duas...
> – Sim, duas. Uma se chama *Buda* e outra, *Peste*.
> Emília quis fazer graça com o nome da capital húngara mas Pedrinho tapou-lhe a boca. (idem, p.231)

Também resultado de uma segmentação, porém mais simples, o processo efetuado por Emília, nesse exemplo, estende a divisão geográfica da referida cidade à estrutura formal do vocábulo. Assim, ao ouvir de Pedrinho que a cidade era dividida em duas, Emília processa essa segmentação no nível linguístico, o que provoca o humor.

Tais procedimentos de construção de sentido também são utilizados em larga escala em *Memórias da Emília*. Um episódio dessa narrativa deixa isso bastante claro. Trata-se do momento em que a boneca discute com Visconde os processos de impressão das memórias por "ela" escritas, conforme pode-se notar pelo fragmento transcrito:

> – Esse papel não serve, Senhor Visconde. Quero papel cor do céu com todas as suas estrelinhas. Também a tinta não serve. Quero tinta cor do mar com to-

dos os seus peixinhos. E quero pena de pato, com todos os seus patinhos. (Lobato, *Memórias da Emília*, 1956e, p.6)

Partindo da relação de posse *versus* pertencimento existente entre os seres evocados (céu / estrela, mar / peixes) – considerando-se o fato de que o céu é o elemento que possui estrelas, que, por sua vez, pertencem ao céu –, a personagem estende essa relação ao par "pena de pato / patinhos". Vale notar que se essa proximidade fosse estabelecida da mesma maneira como se procedeu com os dois pares anteriores, teríamos a sequência "pena com todos os seus vexilinhos".[8] Ocorre que, para o efeito de sentido pretendido, o par "pena / vexilo", por se tratar de uma correspondência incomum aos falantes da língua, não deixa clara aquela relação de posse *versus* pertencimento a que aludimos. Em virtude disso, a personagem, de modo bastante criativo, insere na sequência a palavra "pato", permitindo, assim, que a relação pretendida se estabeleça de modo lógico e mais facilmente apreensível. Quanto ao humor, ele resulta aqui desse estranhamento provocado pelo caráter inusitado das aproximações, procedimento de construção humorística que percorre todo o texto lobatiano.

Outro exemplo de aproximação semântica entre dois vocábulos que, originalmente, não apresentam entre si nenhum ponto de contato ocorre nos *Serões de Dona Benta*. Num capítulo destinado à água, quando Dona Benta está no meio de sua exposição sobre as características e qualidades desse líquido, é interpelada por Emília. Vejamos:

– Tenho de dizer alguma coisa sobre duas qualidades de água: a potável e a salobra. [– disse Dona Benta]
– Água potável não é água do pote? – perguntou Emília. (Lobato, *Serões de Dona Benta*, 1956h, p.56)

Partindo da semelhança gráfica e fônica entre as palavras "potável" e "pote", Emília associa-as também quanto ao sentido. Do latim *potabìlis,* a palavra "potável" refere-se àquilo "que pode ser bebido"; já a palavra "pote", segundo o *Dicionário Houaiss*, possui origem controversa, apresentando como referência a expressão latina *pottus* ou *pòtus, i*, cujo significado é "vaso de beber". O que se percebe por meio desse recuo etimológico é que, coin-

---

8 Segundo o *Dicionário Houaiss da língua portuguesa* (2001, p.2854), "vexilo" refere-se a cada uma das duas lâminas laterais da pena de uma ave, formadas pelas barbas.

cidentemente, ou não, Emília, mais uma vez, não está de todo errada, tendo em vista que nos dois casos o que se encontra na base do significado dessas expressões é o verbo "beber".

Embora utilizado de maneira bastante peculiar, esse procedimento de recorrência à etimologia, observável também em outros trechos de conotação humorística, corresponde a um indício da postura pedagógica de Lobato, que via na difusão do conhecimento o instrumento para a construção de um mundo mais justo. Porém, o que chama a atenção é que, apesar de o desejo de contribuir para a formação intelectual de seus leitores tenha sido um compromisso assumido pelo autor, a inserção do humor faz que suas narrativas destinadas ao público jovem transcendam o pedagogismo puro de caráter utilitário. Isso pode ser observado por meio da análise do excerto transcrito em que a associação (pote / potável) feita pela personagem, embora etimologicamente tenha sua validade, corresponde, à primeira vista, a um procedimento não usual e bastante simplista, provocando o estranhamento e, consequentemente, o riso.

Narrativa que também propicia um grande número de situações jocosas é *O picapau amarelo*. Isso ocorre pelo fato de o texto possuir como personagens os famosos Dom Quixote e Sancho Pança, seres que se caracterizam na literatura mundial por seus acentuados traços caricatos.[9] Em visita ao Sítio de Dona Benta, esses personagens são responsáveis por uma série de episódios engraçados, entre os quais se destaca o diálogo entre Sancho e Tia Nastácia transcrito a seguir:

> Sancho andava pelo quintal cuidando dos arreios. Concluindo o serviço, apareceu muito lampeiramente na cozinha. A negra olhou-o desconfiada; mas o escudeiro era desses malandros que sabem agradar às cozinheiras, de modo que dali a minutos estavam amigos. Sancho contava-lhe casos cômicos, um atrás do outro, sempre recheados de provérbios da sabedoria popular. Em troca a preta ia lhe dando coisas de comer, até entupi-lo completamente.
> – E vinho? Não há por aqui algum verdasco da Andaluzia? – perguntou o guloso.
> – A *Luzia* aqui não *anda* não, seu Sancho – nosso vinho é a água do pote...
> (Lobato, *O picapau amarelo*, 1956l, p.34)

---

9 Vale ressaltar que o único texto pertencente ao cânone da literatura mundial adaptado por Lobato para constar entre suas obras destinadas ao público infantil é *Dom Quixote*, obra que se caracteriza pelo tom predominantemente cômico.

Agora presente na fala de Tia Nastácia, o humor aqui se estabelece pelo confronto entre o formalismo da linguagem lusitana, conforme exemplificado pela palavra "verdasco" e a linguagem coloquial do povo, representado na obra lobatiana pela personagem da cozinheira. Não conhecendo a expressão "Andaluzia", que se refere a uma região do Sul da Espanha, a personagem segmenta-a nas unidades mínimas significativas por ela conhecidas, quais sejam "anda" (como terceira pessoa do singular do Presente do Indicativo do verbo "andar") e "Luzia" (substantivo próprio de gênero feminino). Da relação entre esses dois termos tem-se a construção em ordem inversa "Anda Luzia", correspondente a uma oração formada por um verbo e um sujeito representado pelo substantivo "Luzia". Nesse exemplo, é importante observar que, embora as personagens responsáveis pelo riso sejam Tia Nastácia e Sancho Pança, os procedimentos utilizados para a construção do humor por eles evocados aproximam-se daqueles já utilizados por Emília, quais sejam, a inversão e transposição de sentidos por meio da qual se atribui um significado inusitado a uma expressão que, originalmente, o exclui.

O mesmo processo ocorre no trecho a seguir, que descreve a surpresa de Emília, em sua aventura na Grécia com Hércules, ao se ver rodeada de muitas cabeças (de gado, de seres mitológicos ou de monstros): "– Na ilha do Minotauro eram bois, aqui são cabeças... comentou Emília. Três no rei, duas no pastor, sete no dragão. Que cabeçada!..." (Lobato, Os doze trabalhos de Hércules, 1956p, v.2, p.150). Nesse exemplo, Emília utiliza o substantivo "cabeçada" como coletivo de cabeça, desconsiderando, assim, o fato de esse substantivo ter uma acepção diferente, qual seja, "pancada voluntária ou involuntária que se dá com a cabeça" e não conjunto de cabeças consideradas como um todo. É, pois, a desconsideração da existência desses matizes diferentes que provoca no texto o efeito engraçado.

Como se pôde observar pelos exemplos citados, caracterizada por um estilo ágil, irreverente e predominantemente lúdico, numa época dominada pelo academicismo e convencionalismo, a linguagem nos textos lobatianos reflete seu produtor múltiplo, contraditório e autêntico, contribuindo para o florescimento de "um dos mais manifestos e valorosos predicados de Lobato: o humor" (Nunes, 1984, p.64). Segundo afirma Nilce S. Martins (1972, p.34), não há, provavelmente, recurso humorístico compatível com o gênero adotado que Lobato não tenha utilizado. Desse modo, a escolha do vocabulário, a fraseologia, os jogos de palavras presentes em seus textos são habilmente manejados, oferecendo sempre uma possibilidade espirituosa que redunda em surpreendentes efeitos jocosos, o que prova que, embora o autor não tenha aderido ao modernismo, foi portador da modernidade[10] em seus textos.

Neologismos

> *A língua é um meio de expressão. Modifica-se sempre no sentido de aumentar o poder da expressão. A variedade de coisas novas que tivemos necessidade de expressar, num mundo novo como o Brasil, forçou e força no povo um surto copiosíssimo de vocábulos. Eles brotam por aí como cogumelos durante a chuva.*
>
> (Lobato, *Gramática portuguesa*, apud Landers, 1988, p.146)

Consciente de que a escrita é um jogo criador e estimulador das potencialidades da língua, um dos ingredientes originais e característicos da linguagem de Monteiro Lobato, utilizado em sua obra para o público jovem, é a invenção de palavras. A necessidade dessa inovação na língua é justificada até mesmo no âmbito de seu universo ficcional, conforme se observa pelo fragmento transcrito a seguir que descreve um curioso encontro de Emília em *Emília no país da Gramática*:

Emília passou ao décimo cubículo, onde estava preso um moço muito pernóstico.
– E este aqui, tão chique? – perguntou.
– Este é o *Neologismo*. Sua mania é fazer as pessoas usarem expressões novas demais, e que pouca gente entende.
Emília, que era uma grande amiga de Neologismos, protestou.
– Está aí uma coisa com a qual não concordo. Se numa língua não houver Neologismos, essa língua não aumenta. Assim como há sempre crianças novas no mundo, para que a humanidade não se acabe, também é preciso que haja na

---

10 Segundo L. Starobinas (1992, p.11), "a modernidade se encontra em qualquer momento quando se opera uma opção fundamental de transformação do cotidiano, assimilando o risco dos novos passos à ruptura das próprias amarras".

língua uma contínua entrada de Neologismos. Se as palavras envelhecem e morrem como já vimos, e se a senhora [Dona Sintaxe] impede a entrada de palavras novas, a língua acaba acabando. Não! Isto não está direito e vou soltar este elegantíssimo Vício, já e já...

— Não mexa, Emília! — gritou Narizinho. Não mexa na Língua, que vovó fica danada...

— Mexo e remexo! — replicou a boneca batendo o pezinho — e foi e abriu a porta e soltou o NEOLOGISMO, dizendo: Vá passear entre os vivos e forme quantas palavras novas quiser. E se alguém tentar prendê-lo, grite por mim, que mandarei o meu rinoceronte em seu socorro. (Lobato, *Emília no país da Gramática*, 1956f, p.118)

Seguindo esse manifesto em prol das novas criações linguísticas, numerosos são os neologismos por ele criados, que vão desde vocábulos universais e permanentes até vocábulos novos que podem ser chamados de *neologismos ad hoc* (Barbosa, 1996, p.76), válidos apenas para o contexto em que se encontram inseridos. De qualquer modo, o que é interessante notar é que, conforme aponta Nilce S. Martins (1972, p.73), "a maioria dos seus neologismos tem uma função humorística, quer se utilizem de elementos formadores usuais, quer se empreguem elementos eruditos". Criando uma brincadeira inteligente entre palavras, ideias e imagens, tais criações, além de infundirem à linguagem um sabor de novidade, originalidade, expressividade e brasilidade — opondo-se assim ao ranço da linguagem acadêmica predominante nos textos para crianças no início do século XX —, levam também o jovem leitor a interagir com a história graças a seu caráter inusitado e o consequente tom humorístico por elas apresentado.

No primeiro exemplo escolhido para ilustrar esse procedimento inventivo, temos uma interessante criação emiliana que aparece na fala do narrador no momento em que esse descreve a falta que a boneca começa a sentir de Visconde, que, por ter caído no mar na aventura final de *Reinações de Narizinho*, já não mais existia:

Emília estava no repouso, como os outros, no momento em que o grande suspiro veio. Imediatamente levantou-se e foi para aquele canto da sala onde guardava os seus "bilongues" (1) abriu a famosa canastrinha e de dentro tirou um embrulho em papel de seda roxo. Desfazendo o embrulho, apareceu um toco de sabugo muito feio, depenado das perninhas e braços, esverdeado de bolor. Eram os restos mortais do Visconde de Sabugosa! (Lobato, *Viagem ao céu*, 1956b, p.6)

No contexto das *Obras completas* de Monteiro Lobato, essa é a primeira ocorrência de um vocábulo cujo sentido é inteiramente novo para o leitor. Embora outras criações já tenham aparecido no primeiro volume dessa coleção (*Reinações de Narizinho*), essas ainda mantinham como referência estruturas e significados presentes na língua portuguesa.[11] Sendo assim, nesse volume, pelo ineditismo dessa inclusão, o autor sente-se na obrigação de prevenir e orientar o leitor para futuras ocorrências semelhantes, o que faz por meio do destaque dado à palavra "bilongues" – que aparece entre aspas – e da seguinte nota explicativa que a acompanha:

> Emília tinha palavras especiais para tudo, que ela mesma ia inventando. As coisinhas dela, os guardadinhos, as curiosidades do seu museu, etc., eram os seus "bilongues". Talvez essa palavra viesse do inglês "belonging", que quer dizer propriedade, coisa que pertence a alguém. (Lobato, *Viagem ao céu*, 1956b, p.6)

Esse recurso explicitamente didático, que aparece até em sua disposição gráfico-espacial isolado da narrativa, visando à compreensão do jovem leitor ainda não acostumado com esse procedimento, não volta a ocorrer nos volumes posteriores. Nesses, se há alguma orientação ao leitor no que diz respeito a construções linguísticas incomuns, essa é incorporada ao enredo, sendo incluída ao universo ficcional como se observa nos fragmentos a seguir presentes na mesma obra:

> – Havemos de tapear todos estes marcianos com todos os seus crocotós.
> – Que tantos crocotós são esses, Emília? – volveu Narizinho.
> – São as coisas esquisitas que eles têm pelo corpo e não posso adivinhar o que sejam. Crocotó é tudo o que é empelotado, ou espichadinho como os tais chicotes. Os marcianos são crocototíssimos. (idem, p.86)

O mesmo acontece no seguinte exemplo:

> São Jorge não sabia o significado de "crocotó" e a menina teve de explicar que era uma das melhores palavras do vocabulário da boneca.
> – A Emília gosta de usar termos de sua invenção e às vezes saem coisas boas. Esse crocotó é ótimo.
> – Mas, afinal de contas, que é crocotó? – indagou o santo.

---

11 Exemplo disso ocorre com as expressões "cinquentaneto", "Cavalência" e outras anteriormente descritas.

– Crocotó é uma coisa que a gente não sabe o que é. Crocotó é tudo que sai para fora de qualquer coisa lisa. O seu nariz, por exemplo, é um crocotó da sua cara – mas como sabemos que nariz é nariz, não dizemos crocotó. Mas se nunca tivéssemos visto o seu nariz, nem soubéssemos o que é nariz, então poderíamos dizer que o seu nariz era um crocotó... (idem, p.150)

Como se pode notar, o neologismo aparece aqui como elemento constitutivo da peculiar linguagem da personagem e a elucidação de seu significado obedece a uma lógica interna ao universo ficcional, o que torna o vocábulo perfeitamente aceitável. Porém, como para o leitor trata-se ainda de uma construção inusitada, por não apresentar nenhum fundamento lógico ou formal, causa estranhamento e provoca o humor.

Embora o exemplo citado chame a atenção pelo seu ineditismo, o autor também faz uso de estruturas presentes no sistema linguístico como elementos constitutivos de suas construções. Desse modo, ao mesmo tempo que obedece a esse sistema, propõe-lhe uma renovação por meio da incorporação de formas até então impensadas. Tal procedimento é observável na mesma narrativa, mais uma vez, na fala de Emília no momento em que, ao usar o telescópio construído por Pedrinho, a boneca insiste no fato de que está vendo algo que até então ninguém tinha visto, São Jorge e seu dragão:

– Você está sonhando, Emília. Não se vê nem Lua, quanto mais dragão [disse Pedrinho].
– Pois eu vejo tudo com o maior "perfeiçume" – insistiu Emília voltando ao telescópio. (idem, p.32)

Em vez de utilizar aqui o vocábulo "perfeição", conhecido e, portanto, esperado pelo leitor, o que tornaria o texto mais previsível, Emília cria "perfeiçume", palavra engraçada pelo ineditismo da junção de estruturas por ela proposta. Partindo da associação entre o adjetivo "perfeito" e o sufixo "ume" (presente em substantivos derivados de adjetivos como "azedume"), Emília cria "perfeiçume", palavra em que o sufixo "-ume" (do latim –*umine*) funciona como designativo de condição. Observando esse tipo de construção, chama a atenção o fato de que o humor não é gerado simplesmente pela criação de uma palavra nova, mas resulta de uma ação que se fundamenta em dois processos: um conhecido pelo leitor (como é o caso da existência na língua portuguesa do vocábulo "perfeito" e do sufixo "-ume") e uma cuja possibilidade de manifestação até então era imprevista (a junção desse sufixo com um adjetivo que, em princípio, não o admite). Da conjugação desses dois procedimentos é que surge o humor, que, embora se caracterize pela quebra de expectativa, carece sempre de uma base comum entre receptor e produtor para que haja compreensão da mensagem e de seu efeito humorístico.

Em outro momento dessa narrativa, quando Pedrinho fala a Emília sobre a grande extensão do universo do qual a terra é apenas "um espirro de espirro de espirro de pulga" (idem, p.94), vemos também um exemplo curioso de construção vocabular:

— Então é a isto que Dona Benta chama de "massa cômica"? — perguntou Emília.
Pedrinho riu-se.
— Massa cósmica — bobinha. Cômico quer dizer outra coisa. Cômico é o que é engraçado. Cósmico quer dizer relativo ao mundo, ou aos mundos, ou ao universo, que é o conjunto dos mundos.
— Mas que tem a palavra cósmico com mundo? Devia ser "múndica" e não massa cósmica. (Lobato, *Viagem ao céu*, 1956b, p.94-5)

Embora a citação comece por uma confusão feita pela boneca entre o binômio cômica/cósmica, o que se destaca no exemplo citado é a construção "múndica" proposta por Emília como adequada substituição de "cósmica". Flagrante proposta de abrasileiramento da linguagem, a sugestão feita por Emília revela também a necessidade de simplificação (e, de certo modo, de rebaixamento,[12] segundo o conceito bakhtiniano) da língua cujas estruturas, visando à compreensão comum, devem ser formadas a partir da utilização de elementos intrínsecos a ela e acessíveis a todos os seus usuários.

Em *Fábulas* temos também um campo profícuo para essas construções. O episódio a seguir transcrito refere-se ao momento em que Emília comunica a Narizinho que o Príncipe Escamado, marido da menina, havia se casado também com outra pessoa. Ao narrar esse acontecimento, o narrador — numa construção tipicamente emiliana — refere-se a essa dupla união de modo bastante peculiar:

---

12 Segundo Bakhtin (1999), o humor é resultado da aproximação de dois universos díspares: um alto, solene, e outro baixo, degradante. Quando há uma inversão entre os seres que os habitam, ou seja, quando esses indivíduos trocam de posições seja pelo enaltecimento do baixo, seja pelo rebaixamento do alto, tem-se o efeito cômico.

[...] Emília já estava longe atrás de Narizinho. Encontrou-a diante do guarda-comida da copa, onde tia Nastácia acabava de botar um prato de queijadinhas. Sabe quem se casou, Narizinho? O príncipe!...
– Que príncipe?
– Escamado, o peste. Virou bígamo. Era casado com você e agora desposou uma lampreia, imagine! e [sic] explicou à menina o horror que eram as tais lampreias.
Narizinho arrepiou-se toda. Tinha sido noiva do príncipe e chegara mesmo a casar-se com ele, num casamento interrompido por um grande estrondo. Não foi um casamento completo – só meio casamento. Ainda assim considerava-se ligada ao peixinho e não podia admitir que ele "bigamasse" com outra, e logo com quem, santo Deus: com uma lampreia! (Lobato, *Fábulas*, 1956o, p.238)

No exemplo citado, temos mais um caso de simplificação, cujo efeito é garantir a fluência da leitura ao mesmo tempo que se conquista a adesão do leitor, propondo-lhe a participação no jogo linguístico criado. Isso no texto ocorre com a utilização da forma "bigamasse" como sinônimo de "tornasse bígamo". Embora realmente exista uma forma verbal derivada do substantivo ou adjetivo "bígamo", essa não é "bigamar" como faz supor a forma expressa no texto, mas "bigamizar", que, comparada à expressão que a substitui na narrativa, é extremamente rançosa e pouco atrativa.

Outro exemplo curioso de neologismo pode ser notado em *Emília no país da Gramática* no momento em que a boneca tenta convencer Dona Etimologia do caráter inofensivo de Quindim e cria um substantivo bastante interessante:

– Socorro! – continuou [Dona Etimologia], a berrar, no maior pavor de sua vida. [...]
– Não se assuste. Dona *Eulália*! – gritou Emília. Este paquiderme é mansíssimo, e até se chama Quindim, nome dum doce muito delicado [...] Lá no sítio, Dona Benta e tia Nastácia, quando não há gente grande perto para espiar, não saem do lombo de Quindim. Venha. Deixe de *fedorências*... (Lobato, Emília no país da Gramática, 1956f, p.91 – grifos nossos)

Estabelecendo a junção entre o substantivo "fedor" e o sufixo "-ência", Emília concebe uma palavra duplamente criativa: no nível formal e no nível semântico. Quanto à forma, o processo utilizado pela personagem foi o mesmo demonstrado em exemplos anteriores, ou seja, a junção de duas estruturas que, aparentemente, não se combinam. Além disso, observa-se também a extensão do campo semântico da palavra "fedor". Como se sabe, esse vocábulo designa cheiro *repugnante* exalado por um determinado ser. Trata-se, portanto, de algo desagradável, evitado, repelido; em suma, possui conotação *negativa*. É, pois, por esse último dado que a personagem se pauta para estabelecer a relação entre "fedor" e o medo sentido por Dona Etimologia. Visto que, segundo Emília, Quindim é um animal extremamente dócil, esse medo torna-se um sentimento infundado, injustificável, e que deve, portanto, ser repelido como algo *negativo*. Fundamenta-se aí o sentido da construção "fedorência", que se refere de modo pejorativo ao sentimento expresso por Dona Etimologia.

Procedimento semelhante ocorre em *O picapau amarelo* quando Emília sugere um nome para o livro que narrará as aventuras dos habitantes do Sítio à Grécia:

– Pois bem – declarou Dona Benta. Nossa próxima viagem de aventuras será pela Grécia – e dará um livro.
– Que lindo livro vai ser! – exclamou Emília. VIAGEM DO SÍTIO PELO OCEANO DA IMAGINAÇÃO GREGA.
– Comprido demais, Emília. Os títulos devem ser curtos, se não ninguém decora. Veja: OS LUSÍADAS, A ILÍADA, A ODISSEIA, O INFERNO, A ENEIDA...
– Então fica sendo A EMILEIDA, propôs a diabinha – mas ninguém concordou por ser desaforo: a viagem não era só dela, era de todos.
– Pois então que seja A SITIEIDA...
– E por que não A ASNEIREIDA? – lembrou Narizinho. (Lobato, *O picapau amarelo*, 1956l, p.135)

Nesse fragmento, o efeito humorístico resulta do caráter inusitado da construção proposta por Emília. Aproveitando um modelo já existente, a palavra "Eneida", a personagem o segmenta, apropria-se da parte que lhe convém e cria um vocábulo novo. Supondo que "Eneida" seja uma palavra formada pelas estruturas "En + eida", em que "En" refere-se ao nome do protagonista da aventura, como acontece com Eneida cuja personagem principal é Enéas, e "neida" corresponda a "aventuras vividas por"; Emília toma como elemento constitutivo de seu processo de criação a parte final do vocábulo e a ela antepõe os substantivos desejados.

Outra construção bastante peculiar aparece no fragmento a seguir, que se refere ao momento em que Emília, abaixando a chave do tamanho, começa a sentir os efeitos de sua ação:

Emília sentiu-se rodeada de pano ... E com o peso de tanto pano nem podia conservar-se de pé. Ficou deitadinha, como achatada. ... E começou a engatinhar debaixo da panaria, numa cega tentativa de fuga. ... Emília lembrou-se de Creta, onde morava o Minotauro. ... Emília teve a impressão de ter passado um século naquele engatinhamento labiríntico. (Lobato, *A chave do tamanho*, 1956n, p.10-11)

Nesse exemplo, valendo-se do processo de formação de substantivos a partir de verbos, o narrador por meio do discurso indireto-livre descreve a situação em que Emília se encontra utilizando a expressão "engatinhamento labiríntico". Formada pela junção do verbo "engatinhar" acrescido da forma "-mento" (sufixo – cuja origem remonta à forma do latim vulgar -*mentu* – formador de substantivos derivados de verbos e tornado extremamente fecundo com as terminações -*amento* em verbos da primeira conjugação), a palavra "engatinhamento" surge como forma de nomear o ato de engatinhar, para o qual a língua portuguesa não fornece nenhum substantivo equivalente. Mais do que a palavra em si, o que provoca humor nessa passagem é a expressão "engatinhamento labiríntico" composta por dois vocábulos que remetem a campos semânticos diferentes e, de certa forma, excludentes. De um lado, temos uma ação própria da criança, o engatinhar, termo que significa "andar de gatinhas", ou "andar como gatos". Trata-se, portanto, de um ato instintivo, não racionalizado, próprio dos seres que se encontram em processo de desenvolvimento de suas faculdades cognitivas.

Por sua vez, a expressão "labiríntico" possui como uma de suas acepções o sentido de "complexidade inextricável", o que, por sua vez, remete a seres em que o processo de intelectualização está plenamente desenvolvido. Assim, ao aproximar esses dois termos, obtém-se um alto grau de estranhamento, responsável pelo humor.

Na mesma narrativa, após mexer na chave do tamanho, Emília percebe que, ao ter sua estatura diminuída, suas roupas ficaram grandes demais e que ela agora se encontra nua. Na tentativa de solucionar o problema, procura formas de criar novas vestimentas, o que é assim descrito pelo narrador:

[...] Emília só pensou em ir puxando uma por uma as fibras do algodão para enrolá-las ao redor do corpo [...]
– Que ótimo! – exclamou. Estamos quentinhos aqui dentro, e tão bem disfarçados em chumaço que bicho nenhum irá preocupar-se conosco [...]

[...] Temos [...] de nos defender [...] Uma das melhores defesas, por exemplo, se chama mimetismo...Uns imitam a cor dos lugares onde moram...
— Eu já vi um desse — lembrou Juquinha. O Totó apareceu lá em casa com um galhinho seco na mão. "Que é isto?" me perguntou. Eu olhei e respondi: "É um galhinho seco." Totó riu-se e largou o galhinho no chão [...] O galhinho começou a andar! Era um bicho cascudo, pernudo, que imitava galho seco.
— Pois é. Estava "mimetando" um galho seco...
[...] O que sei é que os bichinhos vão aprendendo e passando a ciência aos filhos. E os que não fazem isso, vão para o beleléu. Nós três estamos usando um recurso do mimetismo. Estamos usando o processo do "chumacismo". Estamos fingindo ser o que não somos. (Lobato, *A chave do tamanho*, 1956n, p.65-77)

Duas palavras em particular nos interessam nesse exemplo: "mimetando" e "chumacismo". Com a primeira, ocorre um processo de simplificação, ao se substituir a forma "mimetizar" por "mimetar". Obedecendo à estrutura da língua, a forma do gerúndio correspondente ao verbo "mimetizar" deveria ser "mimetizando". Como, porém, a personagem opera uma redução no vocábulo, facilitando, aliás, sua pronúncia, a forma apresentada é "mimetando".

Em "chumacismo", de modo contrário, o que ocorre é um acréscimo. Tomando como base o verbo "chumaçar" (dar forma de chumaço), a personagem cria a expressão "chumacismo" formada pelas estruturas "chumaç" acrescida do sufixo "ismo" originário do grego *-ismós, ou* e formador de nomes de ação principalmente de verbos em *-ízó* (como ocorre com catequi*zar* – catequ*ismo*). Mantendo o sentido de "ação", a expressão "chumacismo" é usada pela personagem com o sentido de "processo de transformação em chumaço". Em ambos os casos, o que predomina é a opção pela fluidez da língua, o que justifica a manipulação de seus elementos em razão das opções e objetivos do falante que, nesse caso especialmente, não está preocupado com nenhuma obediência às normas impostas pelo sistema linguístico.

Resolvido o problema das roupas, Emília confronta-se com outro empecilho: os sapatos. Para eliminá-lo, tem uma grande ideia:

Veio-lhe [a Emília] uma ideia ótima.
— E se moldássemos de clara as nossas botas de algodão?
— Para quê?
— Bobinho. A clara é al-bu-mi-na. Repita! Seca num instante e une as fibras. Ficaremos assim com verdadeiras botas, de forma exata de nossos pés.

E deu o exemplo. Ensopou de clara o algodão enrolado nos pés e espichou-os para um raio de sol a fim de que secassem. Juquinha gostou da ideia e fez o mesmo – e depois, à força, também "albuminou" os pés de Candoca. (idem, p.82)

Presente na língua portuguesa apenas sob a forma de substantivo, a palavra "albumina" sofre no exemplo citado um processo de derivação imprópria, mudando de classe morfológica.[13] Desse modo, vemos a criação do verbo "albuminar" que aparece no texto sob a forma "albuminou", correspondendo, quanto ao sentido, ao "ato de se revestir com albumina". Tal construção, além de original, atende a objetivos práticos na utilização da língua, quais sejam, apresentar uma forma verbal que, por estabelecer uma proximidade com o substantivo do qual se origina, é mais facilmente apreendida pelo usuário da língua; e propiciar uma certa economia linguística que facilita também sua utilização pelo falante.

Procedimento semelhante ocorre no fragmento a seguir transcrito, que se refere às conclusões que Emília e Visconde tiram, em seu passeio pela cidade de Berlim, sobre a situação da humanidade depois da diminuição do tamanho:

Foi isso o que se deu: a completa extinção da Humanidade, porque os insetos de dois pés que a substituíram já não eram propriamente a Humanidade – eram a Bichidade, como Emília os classificou. (Lobato, *A chave do tamanho*, 1956n, p.156)

Embora, nesse exemplo, o narrador por meio do discurso indireto use como elemento para sua criação linguística tipicamente emiliana estruturas existentes na língua, a utilização feita, mais uma vez, aproxima elementos que não se relacionam. Enquanto a palavra "humanidade", formada a partir da junção do adjetivo "humano" e do sufixo "-dade", significando conjunto de seres que apresentam características específicas à natureza humana, baseia-se num processo de formação perfeitamente admissível pelo sistema linguístico, o mesmo não ocorre com a expressão "bichidade". Do ponto de vista lógico, o processo utilizado pela personagem é perfeitamente coerente, sendo

---

13 O mesmo se observa em relação à palavra "heurecado", que de interjeição passa a verbo (na sua forma de particípio), conforme se pode observar no seguinte trecho: "Todos ficaram curiosos e saber o que ela [Emília] havia "heurecado"" (Lobato, *Os doze trabalhos de Hércules*, 1956q, p.162).

semelhante ao que foi anteriormente descrito. Ou seja, baseia-se na junção do substantivo "bicho" com o mesmo sufixo "-dade", formando um substantivo abstrato que designa um conjunto de seres que se caracterizam por apresentarem traços comuns aos seres denominados "bichos", isto é, não humanos. Trata-se, portanto, de um processo de inversão que atribui aos animais irracionais uma designação semelhante à que caracteriza seus superiores humanos. Dessa incongruente aproximação é que resulta o tom jocoso.

Discutindo com Doutor Barnes, um cientista americano que, depois da diminuição do tamanho da humanidade, havia feito inteligentes adaptações na nova sociedade por ele dirigida, provando que era perfeitamente possível sobreviver naquelas novas condições, Emília utiliza em sua fala uma outra construção bastante curiosa:

> [...] Elegeram-me chefe, porque acham que tenho muito boa cabeça.
> – E tem?
> O Doutor Barnes riu-se.
> – Sei que tenho minha cabeça no lugar, e vou conduzindo como posso este curioso trabalho de adaptação dum grupo de pessoas altamente civilizadas. Perdemos o tamanho e...
> – *Perderam o tamanho?* ótimo! – exclamou Emília com entusiasmo. Estou encantada de ouvir um sábio como o senhor falar assim, porque os ignorantes pensam de modo contrário. Acham que se conservam tamanhudos como sempre e que as coisas em redor é que aumentaram.
> – Absurdo! – exclamou o sábio de Princeton, depois de rir-se do "tamanhudo". (idem, p.172)

Baseando-se num processo possível na língua portuguesa, qual seja, a utilização da forma "-udo", sufixo que expressa "abundância, excesso, característica aumentada", no processo de formação dos substantivos (como ocorre, por exemplo, com o vocábulo "barbudo", formado a partir da junção do substantivo "barba" acrescido do sufixo "-udo", significando "aquele que se caracteriza por apresentar um excesso de barba"), Emília cria a expressão "tamanhudo". Ao procedermos à segmentação desse vocábulo, encontramos em sua estrutura formas semelhantes àquelas anteriormente descritas: um substantivo ("tamanho") ao qual se junta o sufixo "-udo", dando origem à expressão "tamanhudo", cujo significado é "aquele que apresenta um excesso de tamanho". Ignorando a opção dada pela língua para representar esse mesmo sentido, ou seja, o vocábulo "tamanhão", o autor deixa seu texto mais expressivo. Enquanto seu neologismo parece concretizar a noção de grandeza não somente física, mas também referente à detenção do poder a que o texto remete,[14] ironizando-a; a opção dada pelo sistema linguístico não transcende os limites do usual, tornando-se uma expressão abstrata de sentido muito vago e pouco expressivo.

Em outro episódio temos o relato da visita de Emília e Visconde aos Estados Unidos. Lá, Emília lembra ao presidente norte-americano e a seus ministros que os habitantes do Sítio já lhes eram conhecidos e tem a oportunidade de conversar com esses dirigentes sobre a nova condição da humanidade. Nesse momento, Emília mais uma vez nos apresenta um exemplo de suas construções:

> O Presidente franziu a testa. Começou a lembrar-se.
> – Sim, lembro-me da visita de Dona Benta e seus netos. Veio também uma bonequinha falante e um milho de cartola. Mas aquele Visconde era um sabugo de pernas e não esse tremendo gigante que agora surge diante de nós.
> – Pois fique sabendo que é o mesmo. O Visconde que é um vegetal, não diminuiu como nós, que somos gente – e por isso parece agora um verdadeiro gigante. E eu sou a "evolução gental" daquela bonequinha pernóstica. (Lobato, *A chave do tamanho*, 1956n, p.193)

Engraçado porque inusitado, o adjetivo "gental" utilizado pela personagem não representa um processo de formação de palavras completamente incomum. O que se observa nesse neologismo é a junção do substantivo "gente" com o sufixo "-al", utilizado na formação de adjetivos como "qualificativo de algo ou alguém que apresenta como traço distintivo certa característica", geralmente expressa pela forma que o antecede. Por esse princípio, assim como "dental" (dente + -al) expressa algo referente ou relativo aos dentes, "gental" indica algo que se relaciona à condição de "gente", no caso da narrativa, ao gênero humano.

Em *Os doze trabalhos de Hércules* também encontramos construções surpreendentes pela originalidade, como a que aparece no fragmento a seguir, que se refere ao primeiro trabalho de Hércules incumbido de matar o Leão

---

14 Para resolver esse problema, Emília propõe o "destamanho". Partindo do princípio de que tamanho é grandeza, o prefixo "des-" por ela acrescentado à palavra tamanho sugere exatamente a negação dessa grandeza (Lobato, *A chave do tamanho*, 1956n, p.186).

da Nemeia, um animal considerado invulnerável. Sobre essa façanha, temos o seguinte relato:

> O leão pôs-se de pé, como que à espera. Hércules ajeitou no arco uma seta, fez pontaria e *zás!* despediu-a como Zeus no Olimpo despedia raios. A seta assobiou no ar e veio bater de encontro ao peito do leão. Mas em vez de cravar-se naquele largo peito, entortou a ponta de ferro e caiu. Hércules lançou segunda flecha, e terceira e quarta e quinta. O resultado foi o mesmo. Despedaçavam-se no peito do leão ou entortavam a ponta.
> – Bem disse o pastorzinho que este leão é invulnerável – exclamou Emília. Inflechável! – e o bobo do Hércules não percebe. Melhor avisá-lo, Pedrinho. (Lobato, *Os doze trabalhos de Hércules*, 1956q, p.23)

Tomando como base o substantivo flecha, a personagem constrói uma expressão que apresenta em sua formação o acréscimo de dois morfemas que originariamente não faziam parte da estrutura do vocábulo: o prefixo "in-" e o sufixo "-vel".[15] Independentemente da posição ocupada por esses afixos, é importante destacar que, para se chegar ao sentido pretendido pela personagem com essa construção, deve-se considerar, em primeiro lugar, o acréscimo de "-vel", que pressupõe a presença de uma determinada característica, manifestada geralmente por uma ação ou estado. Assim, por analogia, se a expressão "durável", por exemplo, corresponde àquilo que dura, "flechável" corresponderia àquilo que flecha. Nesse primeiro momento, já temos um neologismo, tendo em vista o fato de essa palavra não pertencer ao léxico da língua portuguesa. Não bastando isso, a personagem ainda propõe o acréscimo de um outro afixo, o morfema "in-", que apresenta como uma de suas acepções o sentido de negação.

Vale ressaltar que tal negação expressa pelo prefixo corresponde a uma negação prévia, ou seja, nega algo que ainda não ocorreu, enquanto aquelas expressas pelo prefixo "des-", por exemplo, tendem a corresponder à negação daquilo que já está em curso. Nesse sentido, o leão da Nemeia é "inflechável" porque nunca foi atingido por nenhuma flecha. Quanto à formação do neologismo, notamos nela um processo peculiar, qual seja, a criação de um vocábulo novo ("inflechável"), que tem por base outro neologis-

---

15 O mesmo processo de construção pode ser observado no vocábulo "inamassável", presente no seguinte trecho: "Esse leão é invulnerável, mas será também inamassável?" (Lobato, *Os doze trabalhos de Hércules*, 1956q, v.1, p.24).

mo ("flechável"), o que intensifica o estranhamento sugerido e responsável pelo humor presente na construção.

Na mesma narrativa, no episódio referente à captura da Corça de pés de bronze, Emília, ao indagar sobre o paradeiro de Visconde, lembra a possibilidade de o sabugo ter sido levado por esse animal que muito apreciava alimentar-se de milho. A esse respeito, diz: "– Mas o Visconde, Pedrinho? – insistiu Emília. Será que a corça o levou nos dentes? Ele é milho e as veadas são milhívoras..." (Lobato, *Os doze trabalhos de Hércules*, 1956q, v.1, p.122).

Chama atenção no fragmento acima a expressão "milhívoras" utilizada por Emília para caracterizar os hábitos alimentares da corça de pés de bronze. Formado a partir de um processo semelhante ao observado em algumas palavras da língua (como "carnívoro", por exemplo), o neologismo acima apresenta em sua estrutura as seguintes formas: o substantivo "milho" acrescido do elemento de composição "-voro", pospositivo que se origina do verbo latino *vòro, as, àvi, átum, áre* cujo significado é "devorar, engolir, tragar, comer com avidez". Como se trata de uma construção improvável, porque ausente na língua, a expressão chama atenção em virtude de sua originalidade associativa, garantindo o tom jocoso da fala da personagem.[16]

No segundo volume da mesma narrativa, Hércules é incumbido de seu sétimo trabalho: destruir o touro de Creta. No momento em que ocorre a captura do animal, Emília atua no episódio como uma locutora do evento, narrando os acontecimentos, conforme se observa pelo seguinte comentário: "Emília continuava a 'espicar', e agora 'espicava' como um *speaker* de rádio quando a bola vai se aproximando do gol" (Lobato, *Os doze trabalhos de Hércules*, 1956q, v.2, p.22).

Situando-se no processo que Bergson chama de "transposição de séries", o humor presente na criação da palavra "espicar" resulta da transposição da expressão natural de uma ideia para outro campo. Assim, inserindo-se uma ideia absurda num molde frasal já consagrado, obtém-se a frase cômica. Caracterizado pelo abrasileiramento de uma expressão da língua inglesa, o neologismo usado consiste em tomar a forma "speak", cujo significado é "falar", e acrescentar-lhe dois fonemas: /e/, no início do vocábulo, e /ar/,

---

16 Procedimento semelhante ocorre em *O poço do Visconde* (Lobato, 1956j, p.4), narrativa que apresenta o vocábulo "milhífero", que, por analogia com "petrolífero" (produtor de petróleo), é apresentado com a acepção de "produtor de milho".

no final. No que diz respeito ao fonema /e/, seu acréscimo é necessário em virtude da ausência na língua portuguesa de vocábulos que se iniciem pela combinação "s" mais (+) consoante. Os registros dessas ocorrências só são observados em palavras de origem estrangeira que também passaram pelo processo de abrasileiramento, como é o caso de scampi (lagostins ou camarões miúdos), por exemplo (de origem italiana).

Quanto ao fonema /ar/, corresponde, no vocábulo criado, à desinência que caracteriza a primeira conjugação verbal, mais utilizada nesses processos de criação por ser a conjugação que apresenta um maior número de formas regulares, o que facilita sua utilização. Feitos esses acréscimos, temos duas formas que, paradoxalmente, se aproximam e se excluem. Embora "espicar" e "speak" apresentem inúmeras semelhanças do ponto de vista fonológico e semântico, já que, mesmo na língua portuguesa, o significado atribuído ao neologismo é idêntico àquele do vocábulo original em inglês; no que diz respeito à estrutura mórfica, são palavras que não mantêm entre si nenhum ponto de convergência. É, pois, justamente esse jogo de semelhanças e diferenças, de mostrar e ocultar, de ser ao mesmo tempo distante e desconhecido e próximo e familiar, o responsável pelo efeito humorístico da construção.

Observando os exemplos analisados, notamos que, como se fundamentam em procedimentos comuns aos falantes da língua, mas, ao mesmo tempo, ultrapassam os limites fixados pelo sistema linguístico, esses processos de construção, ao encontrarem sempre uma brecha nesse sistema, exploram-na. Nesse sentido, é apropriada a constatação a que chega Bergson para quem a linguagem só obtém efeitos risíveis porque é uma obra humana, modelada com a máxima exatidão possível pelas formas do espírito humano. Sentimos nela algo que vive de nossa vida; e se essa vida da linguagem fosse completa e perfeita, incapaz de possibilitar cisões, escaparia à comicidade assim como a alma escaparia à vida que fosse harmoniosamente fundida semelhante a um espelho d'água bem tranquilo. Porém, segundo Bergson (2001, p.97):

> não há lago que não permita a flutuação de folhas mortas em sua superfície, não há alma humana sobre a qual não assentem hábitos que a endureçam para si mesma endurecendo-a para os outros, assim como não há língua bastante flexível e vivaz, suficientemente presente por inteiro em cada uma de suas partes, para eliminar o estereótipo e para resistir também às operações mecânicas de inversão, transposição etc...O rígido, o estereótipo, o mecânico, por oposição ao fle-

xível, ao mutável, ao vivo, à distração por oposição à atenção, enfim o automatismo por oposição à atividade livre, eis em suma o que o riso ressalta e gostaria de corrigir.

No que diz respeito à produção de Monteiro Lobato, consoante com seu estado de espírito oscilante e, por vezes, ambíguo, embora em relação às artes plásticas o escritor tenha mantido uma postura conservadora, na literatura podemos reconhecer uma contínua reflexão sobre as questões modernas e uma efetiva passagem para um texto inovador do ponto de vista da escrita literária. Sendo assim, impulsionado pela postura libertária que o caracteriza, o escritor taubateano demonstra, em suas obras destinadas ao público jovem, a fragilidade dos limites impostos pela língua, fazendo que o humor se instale em seus textos não como elemento de negação da ordem ou afirmação de outra que a ela substitua, mas como interrogação, flutuando sobre o abismo em que as certezas naufragam.

Oralidade

Buscando uma comunicação o mais próxima e direta possível com a criança, a literatura infantil muitas vezes se caracteriza pela recuperação da tradição de oralidade do "Era uma vez" dos contos de fadas e das fontes originárias do ato de narrar.

Imanente ao ser humano, a fala, anterior à escrita, processa-se por meio de vários canais simultâneos: palavra, som, ritmo e expressão corporal, os quais possibilitam uma troca direta de experiências entre o emissor e o receptor. Ao criar, assim, uma cena múltipla (verbal e não verbal) e inclusiva, o discurso oral privilegia não apenas o que é dito, mas o modo como se diz, "na tensão dialética entre o dito e o calado; entre aquilo que a fala articula e a gestualidade desarticula e nega" (Palo & Oliveira, 2001, p.44).

Baseando-se na fugacidade do presente, o discurso oral abre-se sempre para a incorporação de dados novos ainda não sistematizados, possibilitando as redundâncias, os desvios das normas linguísticas, a informalidade das expressões populares, como as gírias e os trocadilhos e a construção de enunciados sem ordem hierárquica. Desse modo, colocam-se em crise os discursos literários tradicionais e, abolindo-se a distância entre quem narra, o que se narra e quem lê, cria-se um novo modo de narrar e de escrever.

Os livros de Lobato, lidos na ordem em que foram escritos, proporcionam observações muito interessantes sobre a evolução de sua linguagem e seu estilo, dois aspectos que sempre o preocuparam em seu processo de criação literária. Na busca de um estilo inovador e pessoal, a clareza, a propriedade de expressão e a autenticidade nacional da língua portuguesa (ou brasileira como queria ele) serviram-lhe de critérios norteadores. Ao observar, no Brasil, uma dualidade entre a língua do povo e a língua escrita, um contraste entre o modo de falar e o de escrever, atribui a isso o motivo de os livros brasileiros não serem lidos. A defesa desse ideário pode ser observada dentro do próprio universo ficcional criado pelo autor, como se observa no seguinte fragmento:

> A moda de Dona Benta ler era boa. Lia "diferente" dos livros. Como quase todos os livros para crianças que há no Brasil são muito sem graça, cheios de termos do tempo do Onça ou só usados em Portugal, a boa velha lia traduzindo aquele português de defunto em língua do Brasil de hoje. Onde estava, por exemplo, "lume", lia "fogo", onde estava "lareira" lia "varanda". E sempre que dava com um "botou-o" ou "comeu-o", lia "botou ele", "comeu ele" – e ficava o dobro mais interessante. (Lobato, *Reinações de Narizinho*, 1956a, p.199)

Partindo dessa constatação, Lobato cria uma "concepção estética de nossa literatura" (Barbosa, 1996, p.52), que, segundo ele, só se tornaria mais autêntica no momento em que seus escritores tivessem a coragem de adotar a sintaxe popular da língua portuguesa do Brasil, rejeitando, como superada pela evolução, a chamada "norma culta".

Embora pensasse assim, o autor jamais chegou a ponto de substituir a sintaxe lusíada pela brasileira, mas destacou-se por aceitar, usar e incorporar um grande número de locuções populares. Ao incluir em seus textos tais expressões, muitas vezes cria um efeito humorístico que resulta da presença de variantes diferentes dentro de um mesmo contexto linguístico.

Contrariando o padrão oficial, a utilização de expressões de cunho popular representa uma espécie de triunfo, uma liberação temporária da norma vigente, uma abolição provisória das relações hierárquicas e das regras. Propondo uma espécie de "carnavalização" (Bakhtin, 1993 e 1997) da linguagem, o autor possibilita um tipo particular de comunicação, franca, sem restrições, liberada das normas correntes, e inconcebível em contextos formais. Oposta a toda ideia de acabamento e perfeição, de toda pretensão de imutabilidade, essa linguagem carnavalesca manifesta-se por meio de formas de expressão dinâmicas e mutáveis, flutuantes e ativas, caracterizando-se pela lógica original das coisas "ao avesso", "ao contrário" do que é estabelecido – como paródia do mundo e de sua linguagem oficial.

Como exemplos da incorporação desses termos na linguagem da obra lobatiana podemos citar alguns fragmentos, como os apresentados a seguir.

Em *Fábulas*, após ouvir a narração da história de "O galo que logrou a raposa" contada por Dona Benta, Narizinho chama a atenção da avó para o fato de a senhora ter cometido alguns "erros" gramaticais durante seu relato:

> Pilhei a senhora num erro! – gritou Narizinho. A senhora disse: "deixe estar que já te curo!" Começou com o Você e acabou com o Tu, coisa que os gramáticos não admitem. O "te" é do "Tu" não é do "Você"... (sic)
> – E como queria que eu dissesse, minha filha?
> – Para estar bem com a gramática, a senhora devia dizer: "Deixa estar que eu já te curo."
> – Muito bem. Gramaticalmente é assim, mas na prática não é. Quando falamos naturalmente, o que nos sai da boca é ora o você, ora o tu – e as frases ficam muito mais jeitosinhas quando há essa combinação do você e do tu. Não acha?
> – Acho, sim, vovó, e é como falo. Mas a gramática...
> – A gramática, minha filha, é uma criada da língua e não uma dona. O dono da língua somos nós, o povo – e a gramática o que tem a fazer é, humildemente, ir registrando o nosso modo de falar. Quem manda é o uso geral e não a gramática. Se todos nós começarmos a usar o tu e o você misturados, a gramática só tem uma coisa a fazer...
> – Eu sei o que é que ela tem a fazer, vovó! – gritou Pedrinho. É pôr o rabo entre as pernas e murchar as orelhas...
> Dona Benta aprovou. (Lobato, *Fábulas*, 1956o, p.40)

Nesse fragmento, admitindo a coexistência de dois tipos de registros linguísticos no Brasil: a norma culta imposta pela gramática e a linguagem "natural" como o autor classifica o "uso geral" feito pelo povo, Lobato, que considera esse uso mais expressivo, ressalta a importância da valorização e incorporação pela gramática da variante linguística efetivamente usada pela população. Conforme demonstrado pelo escritor no trecho citado, enquanto a gramática nos apresenta formas preestabelecidas, a opção pela expressividade da linguagem natural possibilita a utilização de elementos capazes de impressionar, emocionar, sugestionar, convencer, causar estranhamento e, por extensão, individualizar o discurso. Isso se torna evidente pela utilização dessa variante observada em vários momentos de sua obra, conforme demonstrado pelo fragmento a seguir, que, nesse caso, opta pelo registro da modalidade linguística utilizada por um grupo social específico: a camada mais pobre da população, na maioria das vezes, alheia aos processos de educação formal. Nesse fragmento, tentando convencer Pedrinho sobre a existência do saci, tio Barnabé assim se expressa: "– Pois, seu Pedrinho, saci é uma coisa que eu juro que 'exéste'. Gente da cidade não acredita mas 'exéste'" (Lobato, *O Saci*, 1956b, p.185).

Representante da cultura popular, juntamente com Tia Nastácia, a personagem tio Barnabé apresenta como um dos seus traços característicos a linguagem marcada pela utilização de expressões próprias da língua oral. Embora o aproveitamento dessas expressões seja feito em larga escala pelo autor, o mesmo não deixa de explicitar o desvio da norma que tais formas representam, o que é feito no texto pelo destaque dado a essas palavras que aparecem sempre grafadas entre aspas.

Em *Reinações de Narizinho* temos outros exemplos da utilização dessa modalidade de linguagem nas falas de Tia Nastácia ao contar a Narizinho como Miss Sardine, uma das habitantes do Reino das Águas Claras em visita ao Sítio, havia morrido ao cair em uma frigideira de óleo quente:

– Pois imagine que Miss Sardine, desde que o Príncipe chegou, se meteu aqui na cozinha todo o tempo, a coitada. Remexeu em tudo, provou o sal, o açúcar, e até caiu no pote de pimenta do reino. Eu *salvei ela*, dei um banhinho nela e *pus ela* ali no canto para secar. (Lobato, *Reinações de Narizinho*, 1956a, p.145 – grifo nosso)

Ainda nas falas de Tia Nastácia, temos outros exemplos de uma linguagem resultante de processos de composição bastante comuns aos representantes da classe menos favorecida da população. No fragmento a seguir, a cozinheira se exaspera com Visconde, que, diagnosticado por Doutor Caramujo como estando "empanturrado de álgebras e outras ciências empanturrantes" (idem, p.229), não a deixava trabalhar em paz:

– Pois é este Senhor Visconde que está me bobeando – explicou a negra. Eu aqui bem quieta escamando estes lambaris para o almoço, e o *"estrupício"* aparece de livrinho na mão e começa a *mangar* comigo, com uma história de "seno" e "cosseno" e não sei que história de *"mangarítimos"*. Estou cansada de dizer que não sei inglês, mas o diabo parece que não acredita... (idem, p.228 – grifos nossos)

Sendo, dentro do universo lobatiano, uma expressiva representante da cultura popular, Tia Nastácia, como já pudemos observar, é uma das personagens que mais utilizam expressões marcadas pela oralidade. No fragmento citado, destacam-se em sua fala os vocábulos "estrupício", regionalismo de origem italiana (*stropiccio*) que, segundo Houaiss (2001, p.1266), aparece, pela primeira vez, em um dicionário de língua portuguesa em 1899; "mangar", provavelmente de origem indígena; e "mangarítimos", resultado da corruptela do vocábulo "algarítimos". Além de resultar da expressividade dos vocábulos utilizados como característica da linguagem usada, o humor aqui também resulta da transposição de séries, uma vez que Tia Nastácia atribui à língua inglesa uma expressão que, na verdade, pertence ao mundo da matemática.

A respeito da utilização desse recurso que propõe a inversão entre universos significativos, Bergson (2001, p.89) comenta: "uma frase se tornará cômica se continuar tendo sentido depois de invertida, ou se exprimir indiferentemente dois sistemas de ideias de todo independentes, ou então se tiver sido obtida por transposição de uma ideia para um tom que não é o seu". O emprego desse procedimento se observa, por exemplo, pelo fato de a personagem associar a palavra "logaritmo", inteiramente fora de sua órbita cultural, a "mangarito", erva muito utilizada na culinária.

Na mesma narrativa, a presença de elementos tomados da língua oral pode ser notada também na fala do narrador. No episódio referente às histórias do Gato Félix, o narrador descreve como as personagens iam ocupando seus lugares na sala de Dona Benta para ouvir confortavelmente os relatos sobre as aventuras do gato. Embora todos já tivessem um lugar reservado na sala, ao Visconde restava apenas uma lata onde Narizinho o colocava para não sujar o chão com o bolor que adquiriu depois de ter caído no mar. Sobre esse fato, o narrador comenta: "Nisto chegou o gato e sentou-se no colo de Dona Benta. Depois apareceu o Visconde, que *entrou para dentro* da lata" (Lobato, *Reinações de Narizinho*, 1956a, p.159 – grifo nosso).

Visto que a palavra "entrar" já expressa o sentido de postar-se "dentro" de algum local, torna-se redundante utilizar a expressão "entrou para dentro". No entanto, nota-se que tal expressão é bastante comum na linguagem oral como elemento ratificador da ideia que veicula.

Em *Viagem ao céu*, temos outro exemplo dos efeitos humorísticos advindos da utilização popular de palavras consideradas "difíceis". No fragmento que segue, Tia Nastácia, em sua viagem à Lua, ao ser apresentada a São Jorge e seu dragão, assim se expressa:

> [...] Minha cabeça está que nem roda de moinho, virando, virando. Por isso rogo a São Jorge que me perdoe se minhas humildes respostas não forem da competência e da fisolustria dum santo da corte celeste de tanta prepotência...
> Todos riram. A pobre preta achava que diante dos poderosos era de bom tom "falar difícil", e sempre que queria falar difícil vinha com aquelas três palavras "competência, "prepotência" e "fisolustria". Ela ignorava o significado dessas coisas, mas considerava-as uns enfeites obrigatórios na "linguagem difícil", como a cartola e as luvas de pelica que os homens importantes usam em certas solenidades. (Lobato, *Viagem ao céu*, 1956b, p.62)

Nesse exemplo, torna-se claro o efeito humorístico criado também pela transposição de séries: a variante culta e a popular. Mais do que a troca de uma pela outra, o que ocorre no fragmento transcrito é a junção das duas dentro de um mesmo contexto. Como bem define Bérgson (2001, p.51), "é cômica toda combinação de atos e de acontecimentos que nos dê, inseridas uma na outra [...] a sensação nítida de arranjo mecânico". É justamente esse "arranjo mecânico" que caracteriza a fala da personagem. Utilizando expressões cujos significados desconhece simplesmente porque essas representam "linguagem difícil", Tia Nastácia insere-se no grupo de pessoas que, caracterizadas pela rigidez e pelo automatismo, imitam o mecanismo puro e simples, o movimento sem vida, exprimindo, portanto, uma imperfeição individual ou coletiva que exige correção imediata. O riso é essa correção.

Ainda em *Viagem ao céu*, destacam-se também algumas expressões utilizadas por Emília. Na viagem que as personagens do Sítio fazem à Lua, um incidente acontece: o Doutor Livingstone – boneco feito por Tia Nastácia em substituição ao Visconde que havia morrido ao cair no mar na aventura com o pássaro Roca no País das Fábulas – cheira uma quantidade muito pequena do pó de pirlimpimpim e não volta à Terra, ficando a vagar no espaço como satélite da Lua. Como Emília não estava gostando do novo boneco por considerá-lo sério demais, propõe que ele fique por lá e nenhum esforço seja feito para recuperá-lo, o que pode ser observado pelo fragmento a seguir transcrito:

– Deseja, então, pestinha, que o Visconde fique toda vida como satélite da Lua?
– Desejo, sim. Ando me implicando com esse Dr. Livingstone. É sério demais. Não brinca. Não faz o que eu mando. Está mesmo bom para satélite da Lua. Quando voltarmos à Terra, vou pedir a tia Nastácia para fazer um Visconde igualzinho ao antigo. Aquele é que era bom – era o "legímaco".
Emília não dizia "legítimo", dizia "legímaco". (Lobato, *Viagem ao céu*, 1956b, p.71)

Resultado de um processo de simplificação, a expressão "legímaco" aparece no texto como substituta para a forma "legítimo", que é recusada pela personagem em razão da liberdade de criação disponibilizada pela língua emiliana. Além disso, vale ressaltar que, por se tratar de uma das obras iniciais do autor, publicada por Lobato em 1932, há na narrativa um certo procedimento didático que consiste na elucidação da forma considerada correta. Essa "explicação" é observada tanto pelo destaque gráfico dado às palavras que aparecem entre aspas quanto pela apresentação do corresponde "correto" do vocábulo apresentado, procedimentos cuja incidência diminui consideravelmente nas obras posteriores.

Esse tipo de linguagem, nas falas de Emília, merece destaque também como prova de sua irreverência e desobediência a qualquer norma a ela imposta. Isso se observa em *Aritmética da Emília*, no episódio em que a boneca mostra sua contrariedade ao pedantismo da obediência às regras de colocação pronominal presente nas falas de Visconde, ao explicar como se processa a divisão de um certo algarismo (6.458 por 24):

[...] A gente então desce do Dividendo outro algarismo [...] e bota-o depois do 21...
– "Diga *"bota ele"* em vez de "bota-o", senhor pedante! – gritou uma voz que vinha do alto – a vozinha da Emília. (Lobato, *Aritmética da Emília*, 1956f, p.235 – grifo nosso)

Embora comum na linguagem oral, observa-se no exemplo citado um desvio quanto às regras de colocação pronominal impostas pela gramática normativa. Como se sabe, os pronomes pessoais do caso reto não podem desempenhar a função de complemento verbal, função que deve ser desempenhada por um pronome pessoal do caso oblíquo. Em nome da fluidez do discurso, Emília propõe a desconsideração dessa norma, objetivando tornar o relato, segundo ela, menos "pedante".

Além de essas inovações aparecerem nas falas das personagens como exemplo de uso efetivo da língua, destaca-se também o fato de podermos observar nos procedimentos utilizados pelo autor uma concepção teórica bastante nítida sobre algumas particularidades do sistema linguístico. Prova disso é o fragmento selecionado de *Emília no país da Gramática*. No episódio a que ele se refere, Pedrinho, surpreso ao saber que a boneca havia dado ao rinoceronte o nome de Quindim, recebe de Emília uma explicação a respeito da arbitrariedade do signo linguístico:

– Mas que relação há entre o nome Quindim, tão mimoso, e um paquiderme cascudo deste? – perguntou o menino, ainda surpreso.
– A mesma que há entre a sua pessoa, Pedrinho, e a palavra Pedro – isto é, nenhuma. Nome é nome; não precisa ter relação com o "nomádo". (Lobato, *Emília no país da Gramática*, 1956f, p.7)

Nesse fragmento, duas considerações são importes. Primeiro, observa-se que, por meio da expressão "nomádo" presente nesse fragmento, o autor opta mais uma vez pela simplificação possibilitada pela oralidade. Substituindo a forma "nomeado", a expressão usada caracteriza-se pela economia vocabular possibilitada pela síncope efetuada no vocábulo original, o que garante maior fluidez na pronúncia. Além disso, chama a atenção também nesse fragmento a atualidade das concepções de Emília no que diz respeito à relação entre o objeto e sua representação simbólica por meio do signo linguístico. Ao dizer que "Nome é nome; não precisa ter relação com o "nomádo", Emília, num livro editado em 1934 e destinado ao público infantil, já aponta para a arbitrariedade do signo linguístico, conceito que, proposto por Saussure, só começa a ser divulgado nos meios científicos após a publicação do *Curso de linguística geral*, cuja primeira edição é de 1915.

Destaca-se também nas obras lobatianas a opção por uma linguagem informal caracterizada por um vocabulário rico em idiomatismos metafóricos, jocosos, elípticos, ágeis e mais efêmeros que os da língua tradicional, como é o caso da gíria. Isso pode ser observado, por exemplo, em *O poço do Visconde*, no episódio que descreve a visita de um repórter do jornal *Correio da Manhã*, do Rio de Janeiro, enviado ao Sítio para averiguar a veracidade dos fatos a respeito da abertura de um poço de petróleo nas terras de Dona Benta. Vendo que os boatos por ele ouvidos na cidade grande eram verdadeiros:

> Os olhos do repórter brilharam. Quinze mil cruzeiros por dia! Quatrocentos e cinquenta mil por mês! Cinco milhões e quatrocentos mil por ano! Uma verdadeira mina. Ah, se ele pudesse *tirar uma casquinha*... Se aquela velha se apaixonasse por ele... (Lobato, O poço do Visconde, 1956j, p.174 – grifo nosso)

Como se pode observar, além da oralidade, chama a atenção também na obra de Lobato a utilização de gírias como a destacada no fragmento citado. Utilizada com o sentido de "tirar pequeno proveito de algo", a expressão "tirar uma casquinha" é bastante utilizada ainda nos dias de hoje como gíria muito presente na linguagem de certos grupos de jovens. Porém, ao ser pronunciada por uma pessoa que se caracteriza por sua formalidade, como é o caso do repórter enviado para entrevistar Dona Benta, essa utilização provoca certo estranhamento. Primeiro, porque é utilizada por um senhor de considerável idade; depois, porque esse senhor refere-se a Dona Benta, senhora que, também de idade avançada, inspira respeito. Caso fizesse parte do vocabulário das personagens crianças, tal expressão não teria nada de incomum; contudo, o que causa o riso é justamente essa "troca de séries", ou seja, o fato de ter sido utilizada por (e para) pessoas que se caracterizam pela formalidade.

Conforme se procurou demonstrar, a opção de Lobato por uma linguagem próxima à modalidade oral e de caráter marcadamente cômico não é gratuita. Numa época dominada pelo tom acadêmico e convencional, o autor "injeta o sangue da língua popular, coloquial, na anêmica prosa literária" (Nunes, 1984, p.63). Nesse sentido, é significativo o comentário de Nelly Novaes Coelho (1995, p.851-2), para quem:

> A renovação proposta por Lobato tinha na base a intenção de uma funda reinvenção da linguagem literária. Tal como se empenhou em suas efabulações em *descontrair* e romper preconceitos, também liberou o estilo literário para crianças de seus esquemas predeterminados e retóricos, para enriquecê-los com a experiência linguística familiar à meninada. Agiliza a linguagem narrativa, ao incorporar ao discurso culto a fala coloquial, os modismos ou expressões comuns no dia a dia, em casa, na escola ou no convívio social. (grifo nosso)

Essa busca do tom coloquial, do abrasileiramento da língua aliada à irreverência dos efeitos jocosos sem perda do literário, foi uma das mais significativas inovações introduzidas por Lobato em sua obra destinada à infância.

Recursos semânticos

Como vimos, analisada do ponto de vista estritamente linguístico (observando os níveis fonológico, morfológico e sintático), a linguagem utilizada por Lobato em seus textos constitui um campo fértil para o estudo do humor. Além disso, com relação ao sentido (não ignorando os níveis mencionados anteriormente), chama a atenção o modo como algumas de suas construções, valendo-se da ambiguidade, da polissemia, da paronímia, ilustram de modo claro os equívocos que a linguagem pode produzir e a importância crucial do leitor na apreensão dos sentidos evocados.

Embora, no processo de leitura, o texto seja o fator mais relevante, ele não é o único, conforme salienta Sírio Possenti (1998, p.52). Comandando a leitura, o texto limita a atividade do leitor, a quem cabe descobrir os possíveis sentidos ali presentes e entre duas possibilidades, processar, analisar, inferir, selecionar colocando de lado o sentido mais óbvio enquanto se opta pelo que é mais relevante.

Inúmeros exemplos da utilização desse procedimento podem ser observados nos textos de Lobato, conforme os exemplos que se seguem. No primeiro deles, temos um comentário jocoso feito pelo Saci, na narrativa que leva seu nome. Em conversa com Pedrinho, na tentativa de elaborarem um plano de aprisionamento da Cuca e o resgate de Narizinho que havia sido raptada pela bruxa, o Saci diz que a ideia por ele tida surgiu de uma das histórias contadas por Dona Benta. Vejamos:

> É uma ideia que aprendi com Dona Benta – respondeu o saci.
> – Com vovó? – inquiriu o menino admirado. Como isso, se vovó jamais teve coragem de falar com você?
> – Sim, nunca falou comigo, mas muita coisa do que ela disse eu ouvi de dentro da garrafa. Meus ouvidos são apuradíssimos. Lembro-me da história de um pingo d'água que ela contou certa noite...
> – História de um pingo d'água? Repetiu o menino, cada vez entendendo menos. Não posso perceber onde você quer chegar.
> – Quero chegar à caverna da Cuca! – respondeu o saci brincalhonamente.
> (Lobato, *O Saci*, 1956b, p.255)

Nesse fragmento, encontramos um exemplo de utilização proposital dos recursos da língua em razão da criação do tom humorístico pretendido. Isso se observa pela exploração do aspecto semântico do verbo "chegar". Apesar de possuir como significado básico a noção de se "atingir o termo de uma trajetória", esse verbo apresenta no fragmento diferentes nuanças implicitamente embutidas em seu sentido original, fato que é explorado pela personagem Saci. Como o Saci vinha desenvolvendo um raciocínio que culminaria na proposição de um plano para derrotar a Cuca, a pergunta indireta feita por Pedrinho ("Não posso perceber onde você quer chegar") tinha por objetivo obter o esclarecimento desse plano, ou seja, ter acesso à conclusão do raciocínio elaborado. Porém, visto que para que o plano fosse efetivado era necessário entrar na (ou *chegar* a) caverna do inimigo, o Saci, *brincalhonamente*, aproveita-se desse dado e finge entender apenas o nível superficial da pergunta, expresso pelo verbo "chegar". Desse modo, além de se esquivar de responder ao questionamento feito, mantém com isso o suspense da narrativa. Tal procedimento confirma a posição de alguns teóricos (como S. Possenti [1998, p.126]), para quem "fazer humor é basicamente produzir um equívoco, ou, melhor, desnudar um equívoco possível".

Isso pode ser observado também no fragmento selecionado de *Fábulas*. Nessa narrativa, a fábula "O touro e a rã" fala a respeito de dois touros que, enquanto brigavam pela posse de uma determinada pastagem, eram motivo de divertimento para duas rãs que tudo observavam. Vendo a ingenuidade das companheiras, uma terceira rã as advertiu para que assim não procedessem, pois o perdedor certamente ocuparia o lugar por elas habitado, obrigando-as a se mudar. Depois do relato, a narrativa termina com a seguinte moralidade: "É sempre assim: brigam os grandes, pagam o pato os pequenos". Ao ouvir a expressão "pagar o pato", Narizinho pergunta:

– Pagar o pato! Donde viria essa expressão?
– Eu sei – berrou Emília. *Veio* de uma fabulazinha que *vou* escrever. "Dois fortes e um fraco foram a um restaurante comer um pato assado. Os dois fortes comeram todo o pato e deram a conta para o fraco pagar..." (Lobato, *Fábulas*, 1956o, p.34)

Nesse fragmento, o que se nota é que, ao observar o interesse de Narizinho em conhecer a origem da expressão presente na moralidade da fábula ouvida, Emília, na explicação dada à menina, utiliza um procedimento muito comum nos textos lobatianos: a dinamização da linguagem por meio do emprego de formas simples e comparações visuais extraídas da vida cotidiana. Nesse sentido, em vez de atribuir à expressão o sentido que ela verdadeiramente possui, qual seja, sofrer as consequências de atos praticados por outra pessoa, a boneca materializa o conceito, o que acaba tornando-o mais expressivo.

Outro episódio na mesma narrativa que merece ser mencionado ocorre na fábula "O burro sábio". O texto narra a história de um burro que, sem ser convidado, vai a uma assembleia de bichos e começa a proferir um discurso de asneiras, tomando o tempo dos ouvintes com uma sessão de zurros. Depois de ouvir a moralidade dessa fábula ("Um tolo nunca é mais tolo do que quando se mete a sábio"), Pedrinho contesta sua utilidade, o que proporciona um interessante comentário de Emília:

– Está aí uma fábula inútil – disse Pedrinho. Diz a mesma coisa que a do Asno e do Burro.
– Sim, meu filho. É uma variante. Serve para mostrar que uma mesma verdade pode ser expressa de modos diferentes.
– Continuo a achá-la inútil – insistiu Pedrinho. Se veio para provar isso, perdeu o tempo, porque nada mais claro que todas as coisas podem ser ditas de muitas maneiras.
O Visconde contestou.
– Isso também, não, Pedrinho. As verdades científicas só podem ser ditas de uma maneira. Quando eu pergunto: "Quanto é um mais um?" a resposta só pode ser "Dois."
– E o "Onze" onde fica, Visconde? – berrou Emília. Um mais um também dá 11.
O sabuguinho atrapalhou-se. (idem, p.175-6)

Centrado na significação atribuída à preposição de uso informal "mais", usada com o sentido de "junto a" ou "com", o humor do fragmento transcrito constrói-se pela revelação de um sentido inusitado, mas perfeitamente aceitável de acordo com a lógica com que é apresentado. Isso é observado pela proposição de Emília, para quem o vocábulo "mais" significa "junto a", o que lhe permite dizer que 1 mais (ou junto a) 1 corresponde a 11. Engraçada porque possível, mas inesperada, a situação criada por Emília surpreende por conseguir demonstrar, de acordo com uma lógica que lhe é peculiar, que nem sempre a ciência vence a esperteza, característica sempre valorizada nos textos de Lobato.

Reinações de Narizinho fornece-nos também exemplos muito interessantes dessa exploração dos recursos semânticos das palavras. Um dos episódios da narrativa mais propícios para a observação desse procedimento é aquele referente à visita do Príncipe Escamado ao Sítio de Dona Benta. Como estava em um mundo completamente diferente do seu, o Príncipe, na tentativa de entender essa nova realidade, faz aproximações entre o que observa e aquilo que faz parte de seu conhecimento de mundo, gerando incongruências muito engraçadas, como se pode observar no fragmento que se segue:

> – E estas quatro estacas? – perguntou o príncipe apontando para as pernas da mocha.
> Narizinho deu outra risada ainda mais gostosa.
> – Como é burrinho este meu maridinho! Pois não vê que são as pernas? Sem isso, como poderiam as vacas ficar de pé e andar?
> Emília botou o bedelho.
> – Essa é boa! Quantos bichos não há sem pernas e que andam muito bem?
> – Diga um, vamos!...
> – O relógio de Dona Benta. Não tem pernas e ela diz sempre: "Este relógio, apesar de ser mais velho do que eu, *anda* muito bem". (Lobato, *Reinações de Narizinho*, 1956a, p.143)

Dois procedimentos presentes no trecho são particularmente interessantes. Primeiro, temos a aproximação feita pelo Príncipe entre as pernas da vaca Mocha e as estacas, o que se explica pelo fato de Escamado, sendo peixe, ser um animal destituído desses membros. Além disso, chama a atenção também a transposição de significados feita por Emília em relação ao verbo "andar". Embora não apresente nenhuma diferença quanto à grafia nem quanto à classificação morfológica, a palavra "anda" no fragmento citado apresenta dois sentidos diferentes: "locomover" e "trabalhar / funcionar". Ao se referir às pernas da vaca Mocha, Narizinho empregou esse verbo com o primeiro sentido entre os dois apresentados; já Emília, ao falar do relógio de Dona Benta, usa o verbo "andar" como sinônimo de funcionar. Ignorando essa distinção, a boneca subverte a ordem, sugerindo que, por ser a mesma palavra, não há variação de sentido, podendo o vocábulo ser utilizado em qualquer contexto com o mesmo significado, qual seja, o de locomover-se. Ao associar essa ideia a uma situação em que isso não é possível, cria-se o estranhamento necessário para a criação do humor.

Utilizando o mesmo processo de construção de sentido, o narrador, descrevendo a visita das personagens ao mundo das maravilhas, apresenta da seguinte maneira a moralidade da fábula "A cigarra e a formiga":

– Bem me lembro – continuou a formiga. Cantava de nos pôr doidas aqui dentro. Muita dor de cabeça tive por causa de sua cantoria, sabe? Agora está tísica e não canta mais, não é isso? Pois dance! Cantou enquanto era moça e sadia? Pois dance agora que está velha e doente, sua vagabunda! e – plaf! deu-lhe com a porta no nariz. (idem, p.270)

Usada como oposição ao verbo "cantar", a expressão "dance" não tem no fragmento transcrito o sentido literal que a ela normalmente atribuímos, ou seja, o de "movimentar o corpo ritmadamente". Antes, remete ao fato de "se sair mal em um empreendimento, não conseguindo um benefício almejado". Trata-se, portanto, de um uso metafórico do verbo que, diferente do seu sentido original, não possui nenhuma conotação positiva, o que faz que sua oposição ao verbo "cantar" dê ao texto um tom explicitamente sarcástico.

Na mesma narrativa, outra confusão semelhante aparece nas falas do narrador que, utilizando uma técnica tipicamente emiliana, assim descreve os objetos que compunham a casa de Visconde:

A casa do Visconde era um vão de armário na sala de jantar. Dois grossos volumes do Dicionário de Morais formavam as paredes. Servia de mesa um livro de capa de couro chamado *O Banquete*, escrito por um tal Platão que viveu antigamente na Grécia e devia ter sido um grande guloso. (idem, p.228)

Como se observa, o humor, no fragmento citado, encontrasse na caracterização que se faz de Platão como um guloso, em virtude de ser ele o autor de uma obra chamada *O banquete*. Como essa expressão é utilizada para denominar refeição lauta e festiva de culinária sofisticada, o narrador faz pressupor que somente teria escrito uma obra com esse nome quem apreciasse tais ocasiões, ou seja, fosse glutão. Desconsiderando que essa designação se refira ao título dado a um dos diálogos platônicos, essa comparação aproxima duas situações que se excluem: um texto filosófico, resultado de demorada reflexão, e um espetáculo de glutonaria. Trata-se da aproximação entre o alto intelectual e o "baixo corporal" a que Bakhtin se refere, inversão que, ao ressaltar os aspectos mais grotescos da corporalidade humana, provoca a dessacralização por meio da derrisão daquilo que era considerado superior.

Em *Viagem ao céu*, abundam outros exemplos. Após ouvirem inúmeras histórias de Dona Benta sobre as constelações, as crianças do Sítio ficam empolgadas com as descobertas, e Pedrinho resolve construir um telescópio para melhor observar o sistema celeste. Na discussão sobre que astro seria observado primeiro, Emília justifica de modo bastante inusitado sua opção:

> Depois de pronto o telescópio, houve discussão quanto ao astro que veriam primeiro.
> – Eu acho que o primeiro tem que ser o Sol, que é o pai de todos – disse Narizinho.
> – E eu acho que deve ser *a Grande Ursa, porque é um bicho raro* – propôs Emília.
> Pedrinho riu-se com superioridade.
> – A grande ursa não pode, boba, porque fica nos céus do Norte. Estes céus aqui são os céus do Sul. (Lobato, *Viagem ao céu*, 1956b, p.30 – grifo nosso)

Nesse fragmento, ao dizer que a Grande Ursa (ou Ursa Maior) é um *bicho raro*, Emília estabelece uma identificação completa entre o ser e o sentido literal da expressão que o nomeia. Desse modo, ao desconsiderar o fato de que o nome "Ursa" é atribuído a uma constelação somente visível nos céus do Hemisfério Norte e que recebe tal designação em virtude da figura que se forma ao se ligar as estrelas que a compõem, Emília estabelece uma relação que, na verdade, não existe, ou seja, a de que a Grande Ursa seja um animal do sexo feminino pertencente à família dos ursídeos. Com isso, provoca o estranhamento responsável pelo efeito cômico.

Em um outro episódio, depois de ouvir de São Jorge alguns comentários sobre o movimento da Lua em volta do seu próprio eixo, motivo pelo qual esse astro sempre apresenta à Terra a mesma face, Emília faz uma observação interessante:

> Depois São Jorge contou que a Lua gasta um mês para dar uma volta em redor da Terra; mas como gira sobre si mesma no mesmo espaço de tempo, está sempre com a mesma face voltada para a Terra.
> – Isso eu sei – gritou Emília, porque desde que vim ao mundo sempre vi a Lua com a mesma cara. E é por isso que gosto da Lua. Tenho ódio às criaturas de duas caras... (idem, p.52)

A expressão de uso informal "ter duas caras" é utilizada para designar alguém que não é sincero ou não inspira confiança. Trata-se de um qualificativo utilizado para seres da espécie humana que se portam dessa maneira de modo consciente e proposital sempre em busca de algum benefício próprio. Como se pode notar, essa descrição não compreende seres inanimados, como é o caso da Lua. Sendo assim, quando se fala que a Lua está sempre com a mesma face voltada para a Terra, confrontamo-nos com uma descrição de um fenômeno relacionado à astronomia, regido por leis físicas. É da junção e transposição desses dois universos (humano *versus* inumano) que resulta o efeito humorístico.

Bastante engraçada é também a observação feita por Emília depois de ouvir as explicações fornecidas por Pedrinho a respeito das ilhas da Sardenha e da Córsega, avistadas pelas personagens em sua viagem ao céu:

– E aquelas duas ilhas perto do cano da bota? – perguntou Narizinho.
– A maior é a ilha da Sardenha ou Sardinha, e a menor é a ilha da Córsega, onde nasceu o tal Napoleão.
– Que desaforo, a ilha da Sardinha ser maior que a de Napoleão! – exclamou Emília. Para que quer uma sardinha uma ilha tão grande assim? Eu, se fosse fazer o mundo...
– Já sei – interrompeu a menina – dava a ilha maior a Napoleão e a menor à sardinha, não é isso?
– Não! – gritou a boneca. Dava as duas para Napoleão e à sardinha dava uma lata. As sardinhas precisam muito mais de latas do que de ilhas.
Todos riram-se, menos São Jorge que não entendeu aquele negócio de latas. (idem, p.66-7)

O humor nesse fragmento resulta do confronto entre a expressão "ilha da sardinha" e a pressuposição de que a ilha da Córsega seja a ilha de Napoleão. Embora o adjunto adnominal "da sardinha" e "de Napoleão" se refiram à palavra "ilha", não se tem aqui a ideia de posse, ou seja, não se cogita a ideia de que Napoleão e sardinhas possuam ilhas. Trata-se apenas de um dado caracterizador, isto é, as ilhas possuem esses nomes porque nelas, em um dado momento, verificou-se a presença desses elementos que hoje as caracterizam. Pensar que Napoleão, eminente imperador francês, possa ser comparado a sardinhas e, nesse confronto, sair em desvantagem por possuir uma ilha menor do que a daqueles reles peixes é certamente motivo de riso.

Além disso, chama a atenção a maneira como o discurso emiliano provoca surpresas até para quem tenta decifrá-lo. Isso pode ser observado pela maneira como a explicação de Narizinho é rejeitada pela boneca. A menina, usando um raciocínio lógico, ao ouvir a contestação de Emília expressa pela frase "– Que desaforo, a ilha da Sardinha ser maior que a de Napoleão!", imagina que a proposta da boneca seja a inversão dessa ordem, isto é, "dar a maior ilha a Napoleão e a menor às sardinhas". No entanto, como é próprio do discurso humorístico baseado sempre na contradição, Emília rejeita essa obviedade da explicação de Narizinho, propondo uma outra inesperada: "dar as duas ilhas a Napoleão e uma lata às sardinhas". É desse constante embate repleto de incongruências e surpresas que resulta a comicidade.

Nessa mesma expedição, outro exemplo baseado na transposição de séries é também bastante cômico. Trata-se do comentário feito por Emília em relação à expressão "cidade do Cabo" mencionada por Pedrinho no momento em que as personagens avistam a África:

– E a terra dos *boers* que fizeram guerra aos ingleses? Onde fica? [- perguntou Narizinho]
– Essa é bem no fim da África, naquela pontinha. Lá existe a cidade do Cabo, que é a capital.
Emília deu uma risada gostosa.
– Um Cabo que tem cidade, ora vejam! – exclamou. E depois dizem que a asneirenta sou eu... Onde se viu um cabo com cidade na ponta?
– É um modo de dizer – explicou Pedrinho. Chama-se cidade do Cabo porque fica perto do famoso Cabo da Boa-Esperança, que o navegador português Vasco da Gama dobrou pela primeira vez.
Emília abriu a torneirinha.
– Que danado! – exclamou arregalando os olhos. Dobrar sem mais nem menos um cabo assim, deve ser coisa difícil. Esse Vasco, ou tinha a força de dois elefantes ou o tal cabo era como o daquela caçarola de alumínio de Dona Benta, tão mole que até eu dobro quando quero. (idem, p.67)

Embora a utilização feita da palavra "cabo" no fragmento não apresente nenhuma diferença quanto à grafia, o vocábulo evoca dois significados distintos: enquanto Pedrinho utiliza a palavra na sua acepção geográfica com sentido de ponta ou porção de continente que avança mar adentro, formando prolongamento ou saliência do litoral; Emília a entende como parte ou extremidade de um objeto usada para segurá-lo ou manejá-lo. Restringindo-se a esse último significado, a boneca troca um sentido pelo outro, criando relações inusitadas e, portanto, engraçadas como "Onde se viu um cabo com cidade na ponta?" e "Esse Vasco, ou tinha a força de dois elefantes ou o tal cabo era como o daquela caçarola de alumínio de Dona Benta, tão mole que até eu dobro quando quero".[17]

Apesar dessas relações inusitadas, a própria personagem, em suas *Memórias*, ao tentar explicar ao anjinho de asa quebrada que havia trazido da Via-Láctea os significados dos nomes atribuídos aos objetos na Terra, admite o fato de uma mesma palavra da língua apresentar inúmeros sentidos, situação da qual discorda, conforme se observa a seguir:

> [...] você não imagina como é interessante a língua que falamos aqui! As palavras da nossa língua servem para indicar várias coisas diferentes, de modo que saem os maiores embrulhos. O tal cabo, por exemplo, ora é isto, ora é aquilo. ...
> – "Mas por que é assim"? [perguntou o anjinho].
> – Para atrapalhar a gente. Eu penso que todas as calamidades do mundo vêm da língua [...] A língua é a desgraça dos homens na terra.
> – "Se é assim, por que eles não cortam a língua?"
> Emília ria-se, ria-se.
> – "Cortar a língua? Essa palavra língua quer dizer duas coisas: um órgão da boca, onde está localizado o paladar e também a fala dos homens. Há língua do Rio-Grande, que vêm em latas e servem para comermos e há línguas da falação – a língua latina, a grega, a portuguesa, a inglesa. Estas não servem para comer – só para armar bate-bocas [...]". (Lobato, *Memórias da Emília*, 1956e, p.18-20)

A partir dessa reflexão sobre as inúmeras possibilidades da língua, a personagem segue com alguns exemplos muito interessantes de como as palavras e as expressões podem admitir significados diferentes em diferentes contextos. Exemplificando essas inúmeras conotações, Emília chama a atenção para os sentidos ora positivos ora negativos evocados por palavras como "cão", "vaca", "cobra", "tigre" e "queimar", dependendo da situação para a qual são utilizadas.

Ainda em *Viagem ao céu*, quando Dona Benta fala a respeito da Via-Láctea, que, no momento, podia ser observada pelas crianças por meio do telescópio construído por Pedrinho, Emília mais uma vez interfere com suas famosas "asneirinhas":

---

17 Essa palavra é também utilizada para a criação de efeitos humorísticos na obra *Geografia de Dona Benta* que a apresenta no episódio em que as personagens, em sua exploração dos mares, passam pelo Cabo Horn. Ao ouvir essa expressão, Emília pergunta: "– Cabo de quê? [...] De faca ou de vassoura?" (idem, p.38).

– E aquela espécie de nuvem branca que estou vendo lá? – tinha perguntado Narizinho; e depois de Dona Benta contar que era a Via-Látea, e que Látea queria dizer "de leite", Emília saíra-se com esta:
– Com que leite teriam feito aquilo? Para mim foi com o leite da Grande Ursa...
Dona Benta explicou que naquele caso a palavra "látea" não queria dizer "feito de leite", como são os queijos e requeijões, e sim que tinham a aparência duma coisa leitosa.
– E "leitosa" não quer dizer "feita de leite"?
– Não. Leitosa quer dizer que dá ideia da cor do leite ou da consistência do leite. Aquilo lá no céu é o que os astrônomos chamam "nebulosa". A Via-Látea é uma das muitas nebulosas que com o telescópio eles enxergam no espaço. Deram-lhe o nome de Via-Látea por causa da cor branquicenta com que a vemos daqui. (Lobato, *Viagem ao céu*, 1956b, p.90)

Como se sabe, as palavras nem sempre apresentam um único sentido, aquele comum apresentado pelo dicionário. Empregadas em determinados contextos, elas ganham novos significados, resultado de um conjunto de alterações ou ampliações que faz que elas agreguem ao seu sentido literal – por meio de associações linguísticas de diversos tipos (estilísticas, fonéticas, semânticas), ou por identificação com alguma das características de coisas, pessoas, animais e outros seres da natureza – uma série de atributos implícitos em seu significado, para além do vínculo direto e imediato que mantém com os objetos da realidade.

No fragmento transcrito, esse processo pode ser observado na utilização da palavra "láctea". Embora em seu sentido literal tal vocábulo se refira a algo que é próprio do leite, a construção "Via-Láctea" não indica algo que é feito com a utilização desse líquido; antes, remete metaforicamente a um ser que se assemelha a esse elemento. Isso demonstra que muitas palavras apresentam um sentido *físico* e um sentido *moral*, conforme a tomemos em seu sentido próprio ou figurado. Tais vocábulos começam designando um objeto concreto ou uma ação material, mas pouco a pouco seu sentido pode espiritualizar-se em relação abstrata ou em ideia pura. Conforme propõe Bergson (2001, p.85-6), o efeito cômico resulta de, assim como faz Emília, "fingirmos entender uma expressão no sentido próprio quando ela é empregada no sentido figurado" ou "quando nossa atenção se concentra na materialidade de uma metáfora". Desse modo, tomar uma série de acontecimentos e invertê-la, conservando ainda um de seus sentidos, ou misturá-la de tal maneira que seus significados interfiram uns nos outros é cômico porque corresponde a retratar a vida de maneira mecânica.

Processo semelhante pode ser observado no fragmento de *Viagem ao céu* que relata os comentários de Pedrinho sobre a constelação da Lira. Ao ouvir a explicação sobre a origem do nome dessa constelação, Emília contesta:

> – E aquela lá longe é a constelação da Lira – continuou Pedrinho. Recebeu esse nome porque lembra a forma de vaso duma lira.
> – Isso não! – contestou a boneca. A lira sempre foi redonda.
> – Redonda? Você está sonhando, Emília.
> – Sim, sim, insistiu a bobinha. Dona Benta tem várias moedas na gaveta e entre elas uma lira bem redonda.
> Pedrinho deu uma gargalhada.
> – Boba! A lira dessa constelação não é a lira moeda da Itália – é a lira grega, um instrumento de música dos antigos, quando não havia violão nem piano. Os poetas até hoje falam muito em lira. Eles vivem "tangendo a lira..."
> – E não se pode dizer "tocando a lira"? – quis saber a boneca.
> – Não – respondeu Pedrinho. A lira tange-se, não se toca. Tocar é para sino, viola ou piano.
> – E para frango também – acrescentou Emília. Tia Nastácia vive tocando os frangos que entram na cozinha. (Lobato, *Viagem ao céu*, 1956b, p.104)

Apresentando mais um exemplo de palavras homógrafas que se distanciam quanto ao sentido, o trecho transcrito chama atenção para dois vocábulos "lira" e "tocar". Com respeito ao primeiro, são evocados no texto dois significados distintos: "instrumento musical, em forma de vaso, de cordas dedilháveis ou tocadas com plectro" e "moeda usada em transações monetárias em alguns países", como a Itália, por exemplo. A confusão gerada no texto ocorre porque, enquanto Pedrinho utiliza o vocábulo com o primeiro sentido dos apresentados no trecho, Emília só o conhece como designativo de moeda. Assim, ao dizer que "lira" possui forma de vaso, Pedrinho contraria o conceito que a boneca tem sobre o vocábulo.[18]

---

18 A exploração do aspecto semântico dessa palavra para efeitos humorísticos ocorre também em *Geografia de Dona Benta*, quando Dona Benta, ao falar sobre as aves que habitam a Austrália, menciona a Ave Lira, como se observa pelo seguinte fragmento: "E creio que a Ave Lira é de lá, uma que tem a cauda em forma de lira. – Lira dinheiro ou lira instrumento de música – perguntou Emília, fazendo Quindim novamente soltar um daqueles famosos quó, quó, quós. Dona Benta olhou para ela e não respondeu" (Lobato, 1956g, p.184). O despropósito da pergunta de Emília e, consequentemente, o humor do fragmento resultam do fato de se imaginar uma ave com cauda do formato de uma moeda.

Situação semelhante ocorre com o verbo "tocar" usado também no texto como portador de mais de um significado. Como se observa pela leitura do trecho transcrito, Pedrinho o utiliza com o sentido de "fazer soar instrumento musical"; entretanto, Emília atribui a esse verbo o sentido de "espantar (animal) de um lugar para outro, expulsar". Embora os dois significados sejam válidos, chama a atenção o despropósito da lembrança da boneca. Visto que o assunto sobre o qual as personagens falavam girava em torno de temas mais refinados ligados à astronomia e à música, a menção de uma atividade tosca como o ato de "espantar animais" surge como um elemento descontextualizado, provocando o estranhamento que resulta no tom humorístico da situação.

Ainda nessa narrativa, é interessante o comentário feito por Emília depois de ouvir a explicação de Dona Benta sobre o sistema planetário do Sol. Vejamos:

> [...] Nós moramos no sistema planetário do Sol. Mas cada estrelinha do céu, visível a olho nu ou graças ao telescópio, é também um sol com, talvez, o seu sistema planetário. [disse Dona Benta]
> Emília interrompeu-a com uma das suas.
> – "Dona Benta, olho nu não é indecente?" – perguntou ela com a maior simplicidade, fazendo que todos rissem. (Lobato, *Viagem ao céu*, 1956b, p.143)

Considerando a expressão "nu" apenas como qualificativo de alguém ou algo desprovido de qualquer vestimenta, Emília, ao associá-la à palavra "olho", provoca uma situação inusitada. Isso ocorre porque, para ser desprovido de alguma coisa, como a vestimenta, o objeto a que nos referimos deve, primeiramente, admitir a possibilidade de possuí-la. Visto que o relato diz respeito a um órgão do corpo humano (olho) em que a presença de vestimenta é inadmissível, para não provocar essa incongruência, a boneca deveria ter tomado a palavra "nu" exatamente como foi proposta por Dona Benta, ou seja, com o sentido de "sem utilização de nenhum instrumento auxiliar". Como isso não ocorre, tendo em vista o fato de a boneca trocar um sentido pelo outro, usando-os indistintamente, a situação torna-se cômica.

Essa mesma descontextualização responsável pelo efeito jocoso no episódio citado é também observável em *Caçadas de Pedrinho*. Nessa narrativa, destaca-se por sua caracterização cômica a personagem Marquês de Rabicó, marido de Emília. No relato sobre uma das primeiras estratégias elaboradas por Pedrinho para caçar a fera que andava assombrando os moradores do Sítio, temos:

> Pedrinho dispôs tudo para o ataque. Assestou na direção da moita o canhãozinho e ordenou ao artilheiro Rabicó, enquanto o desatrelava:
> – Fique nesta posição. Quando ouvir a voz de "Fogo!", risque um fósforo, acenda a mecha e dispare.
> – Disparo para casa? – perguntou o artilheiro, mais trêmulo que uma fatia de manjar branco.
> – Dispare o canhão, idiota! – berrou Pedrinho. (Lobato, *Caçadas de Pedrinho*, 1956c, p.10)

Portador de traços marcadamente cômicos, Rabicó pode ser definido como uma personagem *tipo*. Seus traços caracterizadores são a covardia e a glutonaria que se apresentam de modo mecânico como se representassem um estado parasita dotado de existência independente. Isso equivale a dizer que poderia ter sido escolhida qualquer outra situação para apresentar a personagem, ainda assim estaríamos diante do mesmo tipo, apenas em uma situação diferente. Além disso, embora se trate de uma personagem do reino animal, sua atuação só é cômica porque a personagem passa por um processo de antropomorfização.

A respeito do uso desse recurso por Monteiro Lobato, diz Nilce S. Martins (1972, v.2, p.412-13):

> Podemos dizer que a personificação é a figura fundamental de toda a sua obra, já que várias das suas principais personagens não são criaturas humanas, mas criações fantásticas a que ele dá vida intensa, fazendo-as falar numa linguagem rica de afetividade e realismo [...] E [com outros procedimentos estilísticos] de mistura com a prosopopeia, que torna os fatos mais concretos e sugestivos para as crianças, vai o terrível Lobato soltando as suas críticas irônicas, dando expansão ao seu senso de humor.

Isso corresponde a dizer que, como recurso humorístico, a antropomorfização de Rabicó, em essência, revela um defeito humano que, para ser percebido como ridículo, exige a operação mental de se atribuir à ação algum valor moral. Nesse caso, quando na narrativa a personagem troca propositalmente o sentido do verbo "disparar" substituindo o sentido de "acionar o gatilho" por "pôr-se a correr", valendo-se do ridículo, revela um defeito que merece ser expurgado, o que é feito por meio do riso.

Em *História do mundo para as crianças* também observamos outros exemplos interessantes de atribuição de sentidos. Um desses casos ocorre em uma intervenção de Emília no momento em que Dona Benta explica o modo como as diferentes classes sociais eram divididas no Egito:

> [No Egito] A classe mais elevada era constituída pelos sacerdotes ...
> A classe imediata era a militar. Depois vinham os agricultores, negociantes, pastores, mecânicos, etc., e por último os guardadores de porcos.
> – Coitados! – exclamou Emília. Eram os bagageiros... (Lobato, *História do mundo para as crianças*, 1956d, p.24)

Valendo-se da posição ocupada no espaço pela parte do veículo destinada ao transporte de bagagens ou pela pessoa que desempenha tal função, Emília associa os "guardadores de porcos" a "bagageiros". Tal associação baseia-se na relação por ela estabelecida entre o fato de esses dois elementos sempre virem por último em uma dada ordem. Como se trata de uma comparação inusitada, sua fala ganha um tom jocoso,[19]

Na mesma narrativa, outra curiosa intervenção emiliana ocorre quando Dona Benta fala a respeito de como os israelitas receberam de seu líder, Moisés, as tábuas da Lei, contendo os dez mandamentos:

> [No Monte Sinai] Moisés [...] deixou [os israelitas] e subiu ao alto para meditar – ou conversar com o Senhor, como ele dizia. Mais dum mês esteve lá. Quando desceu, trazia as tábuas da Lei, isto, é, duas pedras onde escrevera dez regras de conduta chamadas os Dez Mandamentos da Lei de Deus. O povo de Israel teria dali em diante de seguir aqueles preceitos.
> – Tábuas de pedra! – cochichou Emília para o Visconde. Isto só mesmo lá... (Lobato, *História do mundo para as crianças*, 1956d, p.33)

Explicitando a incoerência presente na expressão "tábuas de pedra", a personagem quebra o tom de seriedade com que o relato vinha sendo narrado. Desse modo, encontrando uma fissura no texto sagrado, Emília não perde a oportunidade de alargá-la, e, tornando o relato objeto de zombaria, dessacraliza o episódio por meio da introdução do riso.

---

19 A utilização desse mesmo recurso pode ser observada em *O minotauro* (Lobato, 1956m, p.78), quando Emília, ao conhecer os templos gregos, estabelecendo uma relação entre o que observa e seu conhecimento de mundo, chama de sacristia o local reservado para o depósito dos tesouros e das oferendas feitas aos deuses.

O comentário de Emília também chama a atenção no momento em que Dona Benta, ao falar sobre os fenícios e de como esse povo fazia para comercializar os produtos produzidos em suas terras, diz que, para penetrar no oceano Atlântico, os marinheiros fenícios tinham de atravessar o estreito de Gibraltar. Depois dessa observação, Dona Benta pergunta:

> [...] Sabem como se chamava o estreito de Gibraltar naquele tempo?
> – Eu sei, eu sei, vovó! – exclamou Pedrinho. Chamava-se Colunas... Colunas...
> – Colunas de mármores cor-de-rosa, com veios azuis, verdes e amarelos – disse Emília muito lampeira. (idem, p.48)

Restringindo o sentido da palavra "colunas" apenas ao que lhe é familiar, Emília provoca confusão ao imaginar que um estreito, ou seja, um canal natural de pequena largura que estabelece a comunicação entre dois mares ou duas seções do mesmo mar possa ser um suporte vertical colorido. O humor nesse caso resulta do fato de se pensar na possibilidade absurda de, no meio do mar, encontrar-se um objeto como o descrito pela boneca.

Outra intervenção curiosa da boneca ocorre quando Dona Benta conta como Alexandre, o filho do rei da Macedônia, ganha de seu pai, num torneio de equitação, um cavalo chamado Bucéfalo, até então não domado por ninguém. Ao falar sobre esse torneio, Dona Benta pergunta:

> [...] Sabem o que é equitação?
> – Sei! Gritou Emília, que tinha estado quieta uma porção de tempo. Equitação é coisa de cavalo. Andar a cavalo, montar a cavalo, cair do cavalo, puxar o rabo do cavalo, dar milho para o cavalo, pentear a crina do cavalo... (idem, p.97)

Como se observa, a confusão é gerada pelo fato de Emília generalizar o significado da expressão "equitação", cujo sentido específico é apenas técnica ou exercício de andar a cavalo. Tomando como base significativa dessa expressão o vocábulo "cavalo", a boneca utiliza-o como recurso para sua ampla atribuição de sentido, considerando "equitação" toda e qualquer atividade que se relacione ao animal em questão.

Também chama a atenção o episódio narrado por Dona Benta referente à conspiração para o assassinato do general romano Júlio César. Ao saber que Brutus, o melhor amigo do general, havia participado dessa trama malévola, Emília revela sua indignação de modo bastante pitoresco. Vejamos:

> Um dia que ele entrava no Senado, os conspiradores o envolveram, armados de punhais. César quis defender-se, apesar de ter nas mãos apenas um estilo, que era a pena de escrever usada naqueles tempos. Súbito, percebeu entre os assaltantes o seu amigo Brutus. O choque foi grande e, desistindo de resistir, César murmurou a célebre frase: *Tu quoque Brutus!* que queria dizer: "*Também você Brutus!*" e caiu atravessado pelos punhais assassinos. ...
> Nesse ponto Emília deu uma piadinha: "Acho que a morte de César foi uma brutalidade..."
> Todos riram-se sem querer. (idem, p.118)

Nesse trecho, o que provoca o riso é a associação feita por Emília entre o nome de um dos assassinos de César (Brutus) e a palavra "brutalidade". Embora inusitada, trata-se de uma relação coerente na medida em que as duas palavras evocam sentimentos negativos ligados à violência e à crueldade. Destaca-se também a originalidade da associação e o fato de essa relação não se manifestar de modo explícito, devendo ser percebida pelo leitor nas entrelinhas, nos jogos de avanços e recuos da leitura, o que faz dele um co-participante do processo de atribuição de sentido.

Utilizando o mesmo processo, Emília, após ouvir de Dona Benta o relato das atrocidades cometidas por Cômodo, filho e sucessor do imperador romano Marco Aurélio, colore a narrativa com sua intervenção, conforme se observa no seguinte relato:

> Pois bem, Marco Aurélio, que foi o que foi, teve como sucessor uma verdadeira peste chamada Cômodo – seu filho! ... Enquanto governou, Cômodo só fez o que lhe deu na cabeça, sem o mínimo respeito por coisa nenhuma. Só cuidava de si e dos seus prazeres, por mais desastrosos que fossem para os outros. ...
> Emília piou: "Que coisa incômoda para um Império ser "comodamente" governado!..." (idem, p.135)

Procedendo a um interessante jogo de palavras entre as expressões "Cômodo", "incômoda" e "comodamente", Emília vale-se do significado básico presente na raiz do substantivo próprio que nomeia o imperador romano para, por meio de elementos contextuais, subvertê-lo. Assim, embora o vocábulo "cômodo" corresponda quanto ao sentido "àquilo que satisfaz inteiramente, por sua adequação, utilidade ou conveniência, aos fins a que atende", tendo, portanto, uma conotação positiva, a personagem demonstra como isso não corresponde à situação descrita. Visto que o despotismo desse imperador – o que correspondia a *ser comodamente governado* – não satisfazia às aspirações do povo por ele comandado, Emília classifica esse regime como *coisa incômoda*, ou seja, desagradável, imprópria. Desse modo, por meio de um simples trocadilho, elaborado de forma bastante concisa,[20] a personagem consegue atingir o cerne da questão e demonstrar de forma humorística a verdade nela subjacente.

Talvez o mais saboroso de todos os exemplos até agora citados seja o que se segue. Nele, Emília, por meio de um elaborado jogo de raciocínio do qual fazem parte elementos lógicos, semânticos e morfológicos, discute a validade do nome "Corão", atribuído ao livro sagrado que contém o código religioso, moral e político dos muçulmanos ou maometanos. Isso ocorre no momento em que Dona Benta conta a história de Maomé e de como esse fundou o islamismo:

> Maomé, que sabia fazer as coisas, de quando em quando anunciava ter recebido uma mensagem direta de Alá, do mesmo modo que Moisés afirmou ter recebido ordens de Jeová no topo do Sinai. Nessas mensagens Alá lhe dava ordens para fazer isto e aquilo, ou esclarecia pontos da nova religião. Reunidas mais tarde em livro, formaram o famoso Corão, que é a bíblia dos maometanos.
> – Era esse livro escrito em pergaminho? – perguntou Emília.
> – Sim – respondeu Dona Benta, sem saber onde ela queria chegar.
> – E pergaminho não era um "courinho" de carneiro, muito fino?
> – Sim. E que tem isso?
> – Então... então... disse a terrível atrapalhadeira, então como é que esse livro se chamava Corão? (Lobato, *História do mundo para as crianças*, 1956d, p.157)

Nesse fragmento, o humor constrói-se pela relação feita por Emília entre os vocábulos "Corão", livro sagrado dos maometanos, e "courão", palavra que, segundo sua lógica, corresponde ao aumentativo de "couro". Por meio de um silogismo sofístico, a personagem elabora uma argumentação capciosa baseada em um raciocínio verossímil, porém inverídico, concebida com a intenção de induzir ao erro. Tal raciocínio, que aparece no texto de forma subentendida, pode ser descrito da seguinte forma: Todo pergaminho é um courinho; o Corão é um pergaminho; logo, o Corão é um courinho. Ex-

---

20 Vale lembrar que a condensação é, segundo Freud (1969), a categoria superior para a criação do chiste.

plicitando: todo pergaminho, escrito ou documento feito com pele de caprino ou ovino, é um courinho, pelo fato de a pele que lhe serve de material ter uma consistência muito fina, permitindo a escrita.

Como o Corão, livro sagrado, é um pergaminho, documento escrito em couro fino ou courinho; o Corão é um courinho. Tomando por base a síntese desse raciocínio, Emília procura demonstrar a incoerência nela presente, afirmando que um "co(u)rão" não pode ser ao mesmo tempo um "courinho". Embora simule um acordo com as regras lógicas, esse argumento apresenta, na realidade, uma estrutura interna inconsistente, incorreta e deliberadamente enganosa: a correspondência entre "Corão" e "couro". Estruturas que mantêm entre si semelhanças apenas no nível fonológico, essas duas palavras pertencem a campos semânticos completamente diferentes, fato que é propositalmente desconsiderado pela personagem para validar seu raciocínio. Desse modo, ao apresentar uma argumentação baseada num elaborado processo de raciocínio, mas que, ao mesmo tempo, mostra ser inconsistente, Emília aproxima dois universos que se excluem, gerando o estranhamento e provocando o humor.

Em um outro episódio, mais uma vez temos a presença de Emília como deflagradora dos efeitos humorísticos. Trata-se do relato a respeito do Rei Ricardo e de seu terrível irmão chamado Príncipe João, personagens que despertaram a curiosidade de Pedrinho:

– Estou com saudades do Rei Ricardo, vovó – disse Pedrinho no dia seguinte. Conte mais alguma coisa dele.
– ... Ricardo tinha um irmão detestável, o Príncipe João....
– Logo que subiu ao trono, João fez matar, ou matou com suas próprias mãos, um menino chamado Artur, seu sobrinho, com medo de que dum momento para outro viesse a reinar.
– Devia ser um menino reinador – disse Emília. (idem, p.201-2)

Desconsiderando o fato de que a palavra "reinador", embora provenha do verbo "reinar", possui um significado particular correspondendo "àquele que faz travessuras", a personagem vale-se dessa relação entre os vocábulos para construir uma frase marcadamente ambígua. Desse modo, ao dizer que o menino Artur, sobrinho do Príncipe João, era "um menino reinador", Emília de modo conciso ao mesmo tempo diz que ele reinava segundo todas as acepções permitidas por essa palavra, ou seja, que, no futuro, ele poderia vir a "governar um Estado como chefe supremo" e que, como jovem, "fazia travessuras", o que justificaria sua morte. É da junção desse dois campos de significados, aparentemente excludentes, que resulta o humor presente na citação.

Na mesma narrativa, é curiosa também a atribuição de sentido feita por Emília à expressão *Magna Carta*, nome do documento que o Rei João foi obrigado a assinar por ocasião de seu exílio numa ilha do Rio Tamisa. Vejamos como isso é relatado:

> E em vez de melhorar com a idade, o Rei João piorava sempre. Ficou uma tal peste que seus barões, isto é, os homens importantes do reino, o prenderam numa pequena ilha do rio Tamisa, na qual foi obrigado a assinar uma declaração muito importante, escrita em latim, que se chamou a *Magna Carta* – ou a Grande Carta.
> – Quantas páginas teria essa carta grande assim? – perguntou Emília. (idem, p.203)

Usada em sentido metafórico, a palavra "magna", que realmente tem, entre suas acepções, o sentido de "grande", no trecho transcrito representa um teor valorativo correspondendo à importância do referido documento, e não à sua extensão. Desconsiderando esse fato, a personagem, conforme demonstrado pela pergunta por ela feita (*Quantas páginas teria essa carta grande assim?*), restringe-se ao sentido mais usual do vocábulo, aquele relativo ao tamanho, criando uma situação marcada pela comicidade.

Um outro episódio interessante que se destaca pelas intervenções de Emília é aquele em que Dona Benta conta a história de Marco Polo, um veneziano que se encanta ao descobrir as maravilhas do Oriente, quando chega à China governada por Kublai Khan, neto do famoso guerreiro Gêngis Khan:

> – Na Índia o maior [rei] foi Akbar, a senhora já nos contou [disse Pedrinho].
> – Sim, mas na China foi esse Kublai. Um belo dia apareceram por lá dois venezianos. Quem sabe o que é veneziano?
> – O marido das venezianas! Gritou Emília apontando para as janelas da sala. (idem, p.207)

Valendo-se do fato de que a palavra "veneziana" morfologicamente classifica-se de dois modos diferentes: trata-se de um substantivo designando um tipo especial de janela e de um adjetivo gentílico que se refere ao ser que é natural ou habitante da cidade de Veneza, Emília propõe ao vocábulo um sentido diferente daquele estabelecido pelo contexto. Ao assim proceder, admite a possibilidade insólita, e por isso cômica, de o rei da China ser recebido por um par de janelas do sexo masculino. Como a narrativa contada por Dona Benta não se trata de um relato ficcional, mas verídico, pertencente à História universal da humanidade, tal possibilidade torna-se inverossímil e propícia ao riso.

Narrativa também bastante profícua para a verificação de como a exploração dos efeitos semânticos dos vocábulos é utilizada por Lobato como recurso humorístico é *Emília no país da Gramática*. O primeiro episódio nesse texto que nos chama a atenção refere-se ao momento em que os habitantes do Sítio visitam a cidade de Portugália e lá deparam com um bairro muito pobre chamado de Bairro do Refugo. O narrador assim descreve esse momento:

> Os meninos entraram por um desses bairros pobres, chamado o bairro do refugo, e viram grande número de palavras muito velhas, bem corocas, que ficavam tomando sol à porta de seus casebres. Umas permaneciam imóveis, de cócoras como os índios das fitas americanas; outras coçavam-se.
> – Essas coitadas são bananeiras que já deram cacho – explicou Quindim. Ninguém as usa mais, salvo por fantasia e de longe em longe. Estão morrendo. Os gramáticos classificam essas palavras de *Arcaísmos*. Arcaico quer dizer coisa velha, caduca.
> – Então, Dona Benta e tia Nastácia são arcaísmos! – lembrou Emília.
> – Mais respeito com vovó, Emília! Ao menos na cidade da língua tenha compostura, está entendendo? – protestou Narizinho. (Lobato, *Emília no país da Gramática*, 1956f, p.10)

Ao aproximar a condição de Dona Benta e Tia Nastácia àquela observada nas palavras denominadas arcaísmos, Emília dessacraliza a necessidade de respeito e reverência que cerca a figura das duas senhoras. Nesse sentido, por serem de idade avançada, assim como os arcaísmos, Dona Benta e Tia Nastácia são, para Emília, também "velhas, corocas e caducas". Portanto, temos no fragmento uma quebra de expectativa típica das construções humorísticas em que as situações são criadas para gerar o estranhamento.

Flagrante exploração do conteúdo semântico dos vocábulos ocorre também no episódio em que as personagens discutem a diferença entre os nomes concretos e os abstratos, conforme se observa pelo seguinte fragmento:

Quindim foi explicando a diferença.
— Os Nomes Concretos são os que marcam coisas ou criaturas que existem mesmo de verdade, como HOMEM, NASTÁCIA, TATU, CEBOLA. E os Nomes Abstratos são os que marcam coisas que a gente quer que existam, ou imagina que existem, como BONDADE, LEALDADE, JUSTIÇA, AMOR.
E também DINHEIRO — sugeriu Emília.
— DINHEIRO é Concreto, porque dinheiro existe — contestou Quindim.
— Para mim e para tia Nastácia é abstratíssimo. Ouço falar em dinheiro, como ouço falar em JUSTIÇA, LEALDADE, AMOR; mas ver; pegar; cheirar e botar no bolso dinheiro, isso nunca.
— E aquele tostão novo que dei a você no dia do circo? — lembrou o menino.
— Tostão não é dinheiro; é cuspo de dinheiro — retorquiu Emília. (idem, p.24)

Valendo-se da explicação, bastante questionável, fornecida pelo próprio Quindim, de que os substantivos abstratos são aqueles que designam "coisas que a gente quer que existam ou imagina que existem", Emília inclui entre esses substantivos a palavra dinheiro, utilizando como referência para sua explicação os mesmos vocábulos utilizados pelo rinoceronte, quais sejam, "justiça, lealdade e amor". Mais do que o despropósito da explicação da boneca, é interessante notar a forma irônica por meio da qual aparece no texto uma crítica a esses conceitos considerados superiores e altruístas. Ao aproximá-los do conceito de "dinheiro", o vil metal, a personagem, na verdade, questiona a existência e a prática desses princípios morais, demonstrando que não há gratuidade na relação proposta, e que quanto mais ressaltadas as diferenças, mais provável é a comicidade.

Na mesma narrativa, outro episódio chama a atenção por tomar como base para a explicação do sentido dos vocábulos sua acepção mais imediata e literal. Isso ocorre quando as crianças do Sítio, surpresas com o agora manifesto conhecimento gramatical de Quindim, recebem uma explicação muito sugestiva de Emília:

Narizinho olhou para Quindim com ar de surpresa. Como é que um bicho cascudo daqueles, vindo lá dos fundões da África, entendia até de "estilo" e frases "musicais"?
— Não posso compreender como ele virou tamanho gramático assim dum momento para outro.
— Para mim — sugeriu Emília, Quindim comeu aquela gramaticorra que Dona Benta comprou. Lembre-se que a bichona desapareceu justamente no dia em que Quindim dormiu no pomar. O Visconde tinha estado às voltas com ela, estudan-

do ditongos debaixo da Jabuticabeira. Com certeza esqueceu-a lá e o rinoceronte papou-a.
— Que bobagem, Emília! Gramática nunca foi alimento.
— Bobagem, nada! – sustentou a boneca. Dona Benta vive dizendo que os livros são o pão do espírito. Ora, gramática é livro; logo é pão; logo é alimento.
— Você é a boba das bobas! Pão do espírito está aí empregado em sentido figurado. No sentido material um livro não é pão coisa nenhuma.
Emília deu uma gargalhada.
— Pensa que não sei que os livros são feitos de papel de madeira? Madeira é vegetal. Vegetal é alimento de rinocerontes. Logo, Quindim podia muito bem alimentar-se com os vegetais que se transformaram no papel que virou gramática.
Apesar do absurdo de semelhante hipótese, Narizinho ficou meio abalada. (idem, p.33)

Embora, no fragmento, Emília admita reconhecer o caráter figurado da expressão "os livros são o pão do espírito", a explicação por ela fornecida para justificar o que havia sugerido quando disse que Quindim havia comido o livro não é muito convincente. Isso pode ser notado se tomarmos a primeira hipótese aventada pela boneca ("Ora, gramática é livro; logo é pão; logo é alimento"). Pelo que se observa, o tom categórico da afirmação confirma que a proposta de Emília era de que o livro havia sido comido pelo rinoceronte por ser considerado pão (do espírito), e não porque apresentava vegetais em sua constituição física. Sendo assim, a justificativa posterior aparece mais como um logro a Narizinho, que acaba sendo envolvida pela sinuosidade do raciocínio emiliano. A comicidade do fragmento resulta da percepção desse logro que uma simples boneca de pano consegue aplicar a um ser humano que, em tese, deveria se caracterizar por uma inteligência superior. Nesse sentido, a gargalhada de Emília é, na verdade, um riso de triunfo.

Confusão também gerada pelo sentido atribuído às palavras ocorre no episódio em que as personagens visitam o bairro dos Adjetivos e recebem de Quindim a explicação sobre a diferença entre os adjetivos qualificativos, que designam uma qualidade do Nome, e determinativos, que apresentam alguma particularidade que neles haja. Sobre esse momento, temos o seguinte relato:

Nesse momento os meninos viram o Nome HOMEM, que saía de uma casa puxando um Adjetivo pela coleira.
— Ali vai um exemplo – disse Quindim. Aquele Substantivo entrou naquela casa para pegar o Adjetivo MAGRO.

> O meio de a gente indicar que um homem é magro consiste nisso – atrelar o Adjetivo MAGRO ao Substantivo que indica o homem.
> – Logo, MAGRO é um Adjetivo Qualificativo – disse Pedrinho, porque indica a qualidade de ser magro.
> – Qualidade ou defeito? Asneirou Emília. Para tia Nastácia ser magro é defeito gravíssimo.
> – Não burrifique tanto Emília – ralhou Narizinho. Deixe o rinoceronte falar. (idem, p.34)

A confusão aqui estabelecida ocorre em relação às acepções da palavra "qualidade". Tomada por Quindim simplesmente como uma palavra que indica a propriedade determinante da essência, da natureza ou da característica inerente de um ser ou coisa, a expressão "qualidade" aparece em sua fala destituída de qualquer conotação valorativa. Por sua vez, Emília, manifestando a verve contestatória que lhe é peculiar, restringe o sentido do vocábulo, utilizando-o com a acepção de característica *superior* ou atributo distintivo *positivo* que faz alguém ou algo sobressair em relação a outros. Nesse sentido, a boneca atribui ao vocábulo o mesmo sentido que a ele confere Tia Nastácia, que, por ser a responsável pelo provimento da alimentação das personagens, considera defeituosos os magros, ou seja, aqueles que não se servem em abundância de suas produções culinárias. Logo, ser magro, considerando-se esse contexto, não é uma qualidade como propõe Quindim, mas um defeito. É, pois, essa subversão da ordem, essa transposição de sentidos que ocorre ao se confrontar dois universos distintos, o *alto* (representado pela intelectualização proposta pelas reflexões metalinguísticas) e o *baixo* (referente à materialidade da culinária) a responsável pelo efeito humorístico presente no fragmento citado.

O mesmo procedimento pode ser notado também nos dois exemplos abaixo. No primeiro, são interessantes as observações feitas por Emília em relação à definição dos Adjetivos Qualificativos Verbais, conforme se pode notar pelo seguinte fragmento:

> O dístico da prateleira próxima dizia: Adjetivos Qualificativos *Verbais*.
> – Quais são estes? – perguntou o menino.
> – São os Adjetivos que derivam de Verbos. Esse aí perto de você, por exemplo, FERVENDO. Às vezes é Particípio Presente do Verbo FERVER; outras vezes, sem mudança nenhuma, é Adjetivo. Quando a gente diz: A ÁGUA ESTÁ FERVENDO, o diabinho é verbo. Mas quando a gente diz: QUEIMEI O

DEDO COM ÁGUA FERVENDO, ele é Adjetivo Qualificativo, porque indica uma qualidade da água.
— Defeito! — asneirou de novo Emília. Se queima o dedo, é defeito... (idem, p.36)

Assim como ocorre no exemplo anterior, o problema aqui se estabelece em relação ao significado da palavra "qualidade" que, mais uma vez, é contestado por Emília.

Dando continuidade ao episódio referente à excursão do Substantivo HOMEM pelo país da Gramática, as personagens observam esse nome entrar agora em outra casa e sair de lá com um elemento até então desconhecido. Vejamos:

Mas aquele HOMEM, atrelado a MAGRO, entrou em outra casa, donde logo saiu com mais um freguês na trela.
— Olhem! — disse Quindim. Acaba de atrelar a si mais um Adjetivo, e desta vez um Determinativo, o ESTE. Conseguiu assim formar um começo de frase — ESTE HOMEM MAGRO. O Adjetivo ESTE não indica nenhuma qualidade, mas indica uma *diferença*, e por isso a gramática o classifica de Determinativo.
— Se indica diferença, devia classificá-lo de Diferenciativo — quis Emília.
— Cale-se! — advertiu Narizinho. Quando você fizer a sua gramática ponha assim. (idem, p.35-6)

A proposta de Emília, nesse caso, é engraçada, porque se baseia em uma simplificação pragmática do uso da língua por meio do emprego de uma expressão ("Diferenciativo") cujo sentido muito se aproxima da noção por ele expressa ("diferença"). Além dessa simplificação que, na verdade, revela o espírito contestatório de Emília, chama a atenção no fragmento o papel sempre censor desempenhado por Narizinho — conforme também poderá ser observado nos relatos seguintes —, chamando sempre a boneca à "ordem".

Outra confusão da boneca que resulta na manifestação da comicidade é a confusão feita por ela feita em relação ao sentido do vocábulo "oração", no momento em que é levada a conhecer a casa das Conjunções:

O Verbo Ser levou Emília para a casa das Conjunções, que ficava ao lado [da casa das Preposições].
— As Conjunções — explicou ele, também ligam; mas em vez de ligarem simples palavras (como fazem as Preposições), ligam *grupos de palavras*, ou isso a que os gramáticos chamam *Oração*.

– Oração não é reza? – perguntou Emília.
– É reza e é também uma frase que forma *sentido perfeito* [...] (idem, p.65)

Desconhecendo que a palavra "oração" corresponde a um homônimo que pode ser empregado de acordo com sua acepção linguística de "frase, ou membro de frase, que contém um verbo" ou usada como uma expressão de caráter religioso, correspondendo a "reza ou súplica", a boneca provoca o riso ao ingênua ou propositalmente evocar um significado completamente distinto do contexto em que se encontra.

Ainda no que diz respeito à significação das palavras, é expressivo o episódio posterior em que Emília se encontra justamente com as palavras homônimas "Pena" (com o sentido de dó) e "Pena" (cujo significado refere-se a instrumento usado para se escrever), recebendo delas explicações relativas ao significado das palavras Sinônimas e Antônimas. Dessas explicações, interessa-nos particularmente àquela concernente às palavras Antônimas:

– E as Antônimas? [perguntou Narizinho.]
– Palavras Antônimas – respondeu PENA (dó), são as que têm sentido oposto, como NOITE e DIA; SIM e NÃO; COM e SEM; ÓDIO e AMOR; BEM e MAL.
– Engraçado! – berrou Emília. Então Dona Benta é Antônima de tia Nastácia...
– Que absurdo é esse, Emília? – exclamou Narizinho.
– São, sim – insistiu a boneca, porque uma é branca e outra é preta. (idem, p.73)

Nesse fragmento, observamos a utilização de três procedimentos apontados por Propp (1992) como responsáveis pela criação de um efeito cômico: a exploração para fins humorísticos das características físicas do ser humano; a representação do homem como coisa e a comicidade baseada na diferença. Embora se distingam, esses procedimentos mesclam-se no episódio transcrito. O primeiro deles, por exemplo, estando estreitamente ligado ao segundo, ocorre pelo fato de o princípio *físico* obscurecer o princípio espiritual, transformando o ser humano em um ser *coisificado*. Notamos que é justamente isso o que ocorre quando, ao se ressaltar as *diferenças* físicas das duas senhoras – usando-se o terceiro procedimento cômico apontado pelo teórico russo –, essas personagens são comparadas a unidades da língua, elementos destituídos de qualquer traço biológico ou animado.

Outro episódio interessante em que se observa a exploração dos recursos semânticos dos vocábulos ocorre no momento em que as personagens visitam Dona Etimologia e Emília resolve criar e modificar algumas palavras. Vejamos:

> A velha [Dona Etimologia], que já estava cansada de tanto falar, tomou mais um gole de chá, e prosseguiu, apontando para um armário:
> – Os Sufixos estão todos nas gavetas daquele armário. Vá lá e mexa com eles o quanto quiser [...]
> Emília não esperou segunda ordem. Correu ao armário, abriu as gavetas e tirou de dentro um punhado de Sufixos. Depois espalhou-os sobre a mesa para aprender a usá-los. Pedrinho e a menina vieram tomar parte no brinquedo.
> – Olhe Narizinho – disse a boneca – ali está uma caixa de Substantivos. Traga-me um – e você, Pedrinho, agarre aquela faca.
> Os dois meninos assim fizeram. Narizinho depôs sobre a mesa um substantivo pegado ao acaso – PEDRA.
> – Segure-o bem, se não ele escapa – recomendou Emília; e agora, Pedrinho, corte a Desinência deste Substantivo num só golpe. Vá!
> – Mas esta faca será capaz de cortar PEDRA? – indagou o menino, de brincadeira, só para ver o que a boneca dizia. A diabinha, porém, estava tão interessada na operação cirúrgica que apenas gritou:
> – Corte e não amole!
> Apesar da recomendação, o menino amolou a faca na sola do sapato e só depois disso é que *Zás!* ... atorou a Desinência de Pedra, a qual deu um gritinho agudo. (Lobato, *Emília no país da Gramática*, 1956f, p.83-4)

O humor nesse fragmento é perceptível não na fala das personagens, mas é expresso pelo próprio narrador que propõe um interessante jogo entre as palavras "corte" e "amole". Num primeiro momento, a palavra "amole" presente na fala de Emília corresponde a um regionalismo cujo sentido figurado é causar aborrecimento, importunar, sendo esse o sentido pretendido pela boneca ao utilizá-la. Porém, contrariando as expectativas da personagem e do próprio leitor, o narrador apresenta a expressão com um sentido diverso daquele originalmente pretendido, ou seja, aproveitando-se do fato de Pedrinho estar manuseando uma faca, emprega a palavra "amolar" com a acepção de "tornar afiado um instrumento de corte". É justamente da percepção desse jogo com as palavras manipuladas para criar um certo efeito de sentido que resulta o humor.

Como último exemplo dessa utilização do significado das palavras como procedimento humorístico, podemos citar o episódio em que Dona Etimologia, ao explicar às crianças o processo de formação de palavras, cita o Hibridismo:

> E há, finalmente, a formação de palavras por *Hibridismo*, em que entram vocábulos de línguas diferentes, como em MONÓCULO. MONO é palavra grega que quer dizer UM, ou ÚNICO; e ÓCULO é palavra latina.
> – Lá no sítio de Dona Benta – lembrou Emília, MONO quer dizer macacão. O tio Barnabé, que mora perto da ponte, Dona Benta diz que é um verdadeiro mono.
> – Sei disso – declarou a velha rindo-se, mas em grego MONO significa único.
> – Único macacão?
> – Cale-se, Emília – por favor! – pediu a menina. (idem, p.92)

No fragmento citado, o humor, mais uma vez baseando-se em um jogo de palavras em que são evocados os diferentes sentidos de um vocábulo homônimo, ocorre pela confusão gerada por Emília, ao aproximar elementos que, embora comuns por possuírem a mesma forma, são completamente dissonantes quanto ao sentido. Desse modo, é compreensível que, num primeiro momento, a personagem restrinja o significado da palavra "mono" àquilo que fazia parte de seu campo de conhecimento, ou seja, entenda-a apenas como sinônimo de "macacão", palavra usada como qualificativo de tio Barnabé e talvez a ele atribuído em razão de sua constituição física de homem negro e grande. Porém, depois de informada a respeito do fato de essa palavra admitir outras acepções (ser um termo de origem grega cujo significado é "único"), a atitude de Emília mostra-se completamente incoerente e, portanto, cômica, quando, além de manter uma postura mecânica, rígida, de não aceitação em relação ao que lhe foi proposto, ainda junta os dois significados em um mesmo contexto, utilizando a expressão "Único macacão", gerando uma incongruência além dos limites previstos.

Assim como demonstrado com relação a *Emília no país da Gramática*, outra narrativa que surpreende pela grande incidência de episódios cômicos cuja base de construção é o aspecto semântico dos vocábulos é *Aritmética da Emília*. Sendo obras de objetivos marcadamente didáticos, o humor nessas narrativas aparece como forma de arejá-las e torná-las mais agradáveis ao leitor, que, por meio da leitura, pode aprender se divertindo ou, como ocorre na maioria das vezes, se divertir aprendendo. Com respeito a *Aritmética da Emília*, livro que narra a visita que os habitantes do País da Matemática fazem ao Sítio, apresentando-se em um circo construído pelas crianças no pomar de Dona Benta, numerosos são os episódios em que isso ocorre. No primeiro deles, temos o relato da apresentação dos Sinais Aritméticos:

> O sexto sinal, mais complicadinho, tinha esta forma: v
> O Visconde explicou que esse sinal indicava uma nova reinação que um número fazia sozinho, chamada RAIZ QUADRADA, ou simplesmente RAIZ.
> – Raiz de quê? – interrompeu Emília. Raiz de mandioca, raiz de árvore?
> (Lobato, *Aritmética da Emília*, 1956f, p.192)

Como se observa, o humor nesse fragmento resulta também da materialização de um conceito, conforme proposto por Emília ao atribuir ao vocábulo "raiz" o sentido de eixo de uma planta que serve para fixá-la a um substrato, enquanto esse vocábulo é utilizado por Visconde como um dos sinais aritméticos. Presente também no fragmento está a transposição de séries efetuada por Emília quando aproxima dois universos significativos distintos: a matemática e a botânica, gerando a incongruência e, por consequência, o humor.

Procedimento semelhante observa-se no seguinte exemplo que relata o momento em que Dona Regra, personagem do país da Matemática, apresenta a Subtração. Após fornecer os números 19.875 e 7.284 e posicioná-los adequadamente, Dona Regra diz: "

> [...] Resta agora fazer a operação.
> – Mas a senhora então é médica? Médica é que faz operação – asneirou Emília.
> (idem, p.211)

Nesse exemplo, a confusão ocorre em relação à palavra "operação", usada no contexto como um processo matemático e entendida por Emília como intervenção cirúrgica.

O mesmo ocorre na lição de Visconde sobre a Divisão. Diz ele:

> – Quando a gente quer achar a metade de um número – disse ele, basta dividir esse número por 2. Se quer achar o terço, divide por 3. Se quer achar o quarto, divide por 4. Se quer achar o quinto, divide por 5. Se quer achar o sexto, divide por 6 e assim por diante.
> – Mentira! – gritou uma vozinha no alto da pitangueira. Todos voltaram para lá os olhos. Era a Emília, que estava feito um tico-tico no galho mais alto. Mentira!

– continuou ela. Quem quer achar um cesto, procura-o na despensa. Lá é que tia Nastácia guarda os cestos...
– Quanto quer pela gracinha? – perguntou a menina com ironia.
Emília jogou-lhe uma pitanga no nariz. (idem, p.236-7)

Embora pelo contexto possamos perceber que o embaraço criado por Emília seja propositalmente cômico, como se observa pela fala irônica de Narizinho (*Quanto quer pela gracinha?*), o equívoco é gerado pela presença de palavras homônimas homófonas (sexto *versus* cesto), que se aproximam quanto ao som, mas distanciam-se quanto ao sentido e à grafia.

A potencialidade cômica desses vocábulos pode ser ainda observada em outro fragmento. Trata-se do episódio em que Pedrinho, após ouvir a lição de Visconde sobre as frações, indaga do sabugo sobre a utilidade de tal conhecimento e recebe a seguinte resposta:

[...] Na vida de todos os dias a gente lida com frações sem saber que o está fazendo. Vou dar um exemplo. Suponha que o coronel Teodorico manda (sic) mais uma melancia com ordem de ser dividida igualmente por todas as pessoas da casa. As pessoas da casa (as que comem) são Nastácia, Dona Benta, você, Narizinho, Quindim e Rabicó = seis. Temos de dividir a melancia em seis partes iguais, isto é, temos de dividir 1 por 6 para dar 1/6 um sexto (sic) a cada pessoa. Está aí a fração que cada um recebe.
– Mas se cada um recebe um cesto de melancias – observou a boneca, recebe muito mais que uma melancia inteira, porque um cesto de melancias tem que ser mais que uma melancia só.
– Quanto quer pela gracinha? – disse a menina, danada com a interrupção. Você está se fazendo de boba. Sabe muito bem que um sexto, com **s** na frente e **x** no meio, não é o mesmo que um cesto com **c** na frente e **s** no meio. São duas palavras que têm o mesmo som, mas se escrevem de maneira diferente e significam coisas diferentes.
– Diga logo que são palavras homófonas – completou a boneca, lembrando-se do que aprendera no passeio à Terra da Gramática. Eu *asneirei* apenas para amolar o Visconde.
O embolorado sábio resmungou que não era *faca* e prosseguiu [...] (idem, p.251)

Esse fragmento deixa clara a intenção cômica da boneca quando a personagem confessa ter "asneirado para amolar o Visconde", que acaba lhe respondendo na mesma moeda ao dizer que não era faca para ser amolado. Nesse sentido, nota-se que o discurso emiliano, mesmo sendo em princípio recusado pelas demais personagens, acaba sendo por elas também utilizado e flagrantemente apreciado, como se poderá verificar pelo próximo fragmento. Utilizando ainda o mesmo recurso, o fragmento em que Visconde explica o processo de formação das frações é também marcado pelas intervenções de Emília, que encontra agora um receptor favorável as suas asneiras:

– Quando o denominador da fração é 10, 100, 1.000, 10.000 e assim por diante, a fração é chamada *decimal*. As outras, com denominador 5, ou 8 ou 13 ou 40, e assim por diante, são *frações ordinárias*. Agora vou falar só das Frações Ordinárias.

– Pois eu preferia que falasse só das Decimais. Não gosto nada do que é ordinário – disse Emília.

Quindim, que também estava mascando cascas de melancia de sociedade com Marquês de Rabicó, deu uma risada africana – quó-quó-quó. Era a primeira vez que se ria desde que aparecera no sítio, e a princípio todos julgaram que se houvesse engasgado. (idem, p.248)

Desconsiderando que o vocábulo "ordinário" é usado por Visconde com o sentido específico de um determinado tipo de fração matemática, Emília torna a passagem cômica por considerá-lo uma expressão valorativa destinada a ressaltar a má qualidade ou inferioridade de um determinado objeto, confusão percebida até por Quindim, que não consegue conter o riso.

Outro episódio em que Emília se destaca por suas intervenções inusitadas ocorre no momento em que Visconde, ao iniciar sua aula sobre as unidades de medida, pergunta aos ouvintes:

[...] Que é metro? Vamos ver quem sabe.

– Metro é um pedaço de pau amarelo, dividido em risquinhos, que há em todas as lojas – respondeu Emília. Serve para medir chitas e para dar na cabeça dos fregueses que furtam carretéis de linha. (idem, p.290)

Como se pode observar, temos nesse fragmento um exemplo claro de como a exploração dos efeitos de sentido de um vocábulo pode resultar em construções marcadamente cômicas, contribuindo para a expressividade do discurso. Se a personagem nesse episódio se restringisse a uma explicação meramente científica da palavra em questão, o sentido certamente seria apreendido, mas a graça da expressão, sua irreverência e colorido teriam se perdido. Tal constatação torna-se ainda mais perceptível quando se atenta para o fato de que a explicação dada pela boneca não deixa de ser procedente, tendo em vista o fato de se basear em sua experiência obtida por meio do contato real com o objeto. Porém, por se tratar de algo inesperado, tem o mérito de singularizar (cf. Chklovski, 1973, p.39-56) esse objeto, causar o estranhamento, transferindo-o de sua percepção habitual e libertando-o do automatismo das relações.

Procedimento semelhante pode ser observado no seguinte fragmento:

> Quem sabe o que é litro? [perguntou Visconde]
> – É uma lata velha, redonda, em que os vendeiros medem feijão – disse Emília.
> (Lobato, *Aritmética da Emília*, 1956f, p.292)

Como no fragmento anterior, o humor desse excerto resulta da quebra de expectativas do leitor, que, guiando-se pelo contexto, espera uma definição de ordem matemática, mas confronta-se com uma explicação pragmática do vocábulo.

Finalizando as considerações sobre essa narrativa, apresentamos o último episódio em que o humor resulta da exploração do aspecto semântico dos vocábulos. Trata-se do momento em que Visconde, após ter falado do Metro e do Litro, apresenta agora o Quilo, dizendo:

> [...] Para medir as coisas de peso, temos o QUILO, que se divide em mil GRAMAS.
> Ao ouvir falar em grama, os olhos do Quindim brilharam – e Emília veio com uma das suas:
> – Se tem tantas Gramas assim, o tal Quilo não passa dum canteiro de jardim. Quindim repetiu o *quó, quó, quó*.
> – O Quilo e o Grama – continuou o Visconde, são também filhos do Metro. Os sábios tomaram um Metro Cúbico de água destilada e o dividiram em mil partes iguais, e cada parte ficou sendo um Grama.
> – E os vendeiros têm agora de gramar ali no peso certo, não é assim?
> – Nossa Senhora! – exclamou Dona Benta. Até trocadilhos esta diabinha faz... (idem, p.294)

Como apontado por Dona Benta, o humor no fragmento citado pode ser observado pela construção de um trocadilho criado por Emília em relação à palavra "grama" presente no excerto. Por se tratar de uma brincadeira baseada no emprego cômico de palavras semelhantes quanto ao som, mas diferentes quanto ao significado (como ocorre com o vocábulo "grama" que pode referir-se, dependendo do gênero e do contexto, ora a uma unidade de medida, ora a um tipo de vegetação), Propp (1992, p.121-2) refere-se a esse procedimento como se tratando de um calembur, assim definido pelo teórico:

> O calembur ou jogo de palavras ocorre quando um interlocutor compreende a palavra em seu sentido amplo ou geral e o outro substitui esse significado por aquele mais restrito ou literal; com isso ele suscita o riso, na medida em que anula o argumento do interlocutor e mostra sua inconsistência [...] O calembur pode ocorrer voluntariamente, mas pode também ser criado de propósito e, nesse caso, requer um talento particular [...] A capacidade de encontrar e de aplicar rapidamente o sentido estrito e concretamente literal da palavra e de substituir por ele o mais amplo e geral que está na mente do interlocutor constitui um tipo de argúcia. A argúcia requer talento [e] [...] esperteza.

Tal esperteza e o arguto espírito cômico da boneca fazem-se notar também quando se observa que, mesmo depois de a personagem ser informada a respeito da acepção com que o vocábulo "grama" estava sendo usado, Emília persiste com seu processo de construções inusitadas, apresentado a expressão "gramar". Desse modo, sejam quais forem os recursos utilizados, prevalece como palavra final a sua óptica emiliana, marcada pelo inusitado e, portanto, pelo cômico.

Embora seja também uma obra de objetivos didáticos e, portanto, como observado pelos exemplos anteriores, mais propensa às criações humorísticas que arejariam sua leitura, localizamos em *História das invenções* apenas um episódio em que o efeito cômico advém da exploração dos recursos semânticos. Trata-se do momento em que Dona Benta, discorrendo sobre a utilidade da mão humana, fala a respeito dos instrumentos criados pelos homens para facilitar seu trabalho. Entre tais instrumentos, destaca as dragas, perguntando:

> [...] E as Dragas? Sabem o que são?
> – Dragas! eu sei! – disse Emília. São as irmãs das Drogas.
> – As Dragas são filhas da enxada que trabalham dentro d'água. (Lobato, *História das invenções*, 1956h, p.256)

Além de resultar da atribuição de um sentido inesperado à palavra "draga", se levarmos em consideração o contexto em que as personagens se encontram, o humor nesse episódio ocorre também em razão da exploração da materialidade do signo no que se refere ao seu aspecto sonoro. Nesse sentido, são procedentes as palavras de Propp (1992, p.126), para quem:

> a comicidade depende em igual medida tanto dos meios propriamente linguísticos quanto daquilo que eles exprimem. Porém, para as finalidades cômicas pode ser utilizada também a língua enquanto tal, ou seja, sua estrutura fônica. Isso significa que a comicidade se realiza, desviando-se a atenção do conteúdo do discurso para as formas exteriores de sua expressão.

Embora, segundo o teórico, esse "procedimento de fisiologização" não seja cômico em si, agregado a outros procedimentos, contribui para a construção do humor por reforçar a comicidade, criando um discurso aparentemente articulado, mas totalmente desprovido de conteúdo.

Outra narrativa que se destaca pela presença de grande número de episódios humorísticos que se baseiam no aproveitamento de recursos semânticos é *Geografia de Dona Benta*. São ao todo sete episódios em que a exploração desses recursos pode ser observada. No primeiro deles, temos o relato de quando Dona Benta, explicando a Narizinho a diferença entre oceanos e mares, começa a citar nominalmente os diversos mares existentes no globo terrestre e é interrompida por Emília, que diz: "– Chega de tanto mar! [...] A senhora assim nos afoga..." (Lobato, *Geografia de Dona Benta*, 1956g, p.14).

Tendo por base a palavra "mar", o raciocínio apresentado por Emília propõe que, como mar é formado por água e muita água nesse contexto pode causar o afogamento, a profusão de mares citados por Dona Benta poderia causar o mesmo efeito. Ao assim proceder, a boneca mais uma vez materializa o conceito, criando uma situação de validade absurda responsável pelo efeito humorístico.

No segundo episódio, Dona Benta fala a respeito do Nordeste brasileiro, e, ao narrar os fatos que marcaram a história de Canudos, lembra às crianças que a tragédia que ali é ocorreu é descrita por Euclides da Cunha na obra *Os sertões*:

> [...] Um dia havemos de ler essa obra-prima [diz Dona Benta].
> – Prima de quem, Dona Benta? – perguntou Emília.
> – Do seu nariz, está ouvindo – respondeu Narizinho danada. (idem, p.74)

De intenção explicitamente cômica, a fala de Emília baseia-se na confusão estabelecida ao se atribuir à palavra "prima" um significado diferente do que é determinado pelo contexto. Enquanto o vocábulo é utilizado com a acepção valorativa de "bela ou importante", situando-o, portanto, em uma esfera superior, Emília utiliza-o do modo mais usual possível como indicativo de um grau de parentesco. É essa discordância por ela estabelecida que confere ao fragmento seu tom cômico.

Um outro momento da narrativa que nos chama a atenção é aquele em que Dona Benta fala a respeito dos efeitos da corrente do Golfo que leva para a Groenlândia as águas quentes do Mar dos Sargaços. Ao ouvir dizer que a Groenlândia era a terra gelada onde viviam os esquimós, Emília pergunta:

– Os fabricantes daquele sorvete que tem capa de chocolate por fora?
– Não, bobinha. Os esquimós nem sabem o que é sorvete, visto que moram numa terra de gelo. Os produtores desses sorvetes apenas utilizaram do nome deles para a marca de fábrica. Que ideia! Os esquimós a exportarem sorvetes!... [corrigiu Dona Benta] (idem, p.96)

A confusão, nesse caso, é gerada pelo fato de Emília restringir o significado da palavra "esquimó" ao seu conhecimento de mundo. Desconsiderando que, originalmente, tal palavra refere-se a uma etnia, e que o nome dado ao sorvete, alimento que se serve gelado, resulta do fato de esse povo ter como hábitat as terras também geladas da Groenlândia, a boneca cria uma situação cômica resultante de sua aparente ingenuidade.

Tendo agora Tia Nastácia como personagem deflagradora do humor, o próximo episódio selecionado narra o momento em que as personagens do Sítio chegam ao porto de Nova York. Vejamos:

Lá pelas dez horas chegaram. Tia Nastácia nem queria acreditar nos seus olhos, quando os gigantescos arranha-céus próximos aos cais começaram a ser vistos de perto.
– Nossa Senhora! – exclamava ela. Aquilo é arte do diabo, Sinhá! Pois onde é que já se viu casas deste tamanho?
– São mais que casas, boba – disse a menina. São arranha-céus.
–Arranha-céus? Pois então é o mesmo o que eu disse – arte do diabo. Onde já se viu andar arranhando o céu de Nosso Senhor? Credo!... (idem, p.110)

Embora o humor desse excerto esteja centrado na figura de Tia Nastácia, observa-se que os procedimentos utilizados para criar o efeito cômico são idênticos aos anteriormente apontados nas falas de Emília, o que nos permite dizer que se trata de uma técnica tipicamente emiliana, baseada na atribuição de um sentido literal a uma expressão que admite apenas o sentido figurado.

O mesmo ocorre no episódio em que Dona Benta, ao mencionar as características geográficas da Índia, é interpelada pela boneca, conforme se pode observar no trecho que segue:

> [...] Todas essas condições reunidas fizeram que o território da Índia se tornasse um viveiro sem igual [disse Dona Benta].
> – Viveiro de passarinhos? – perguntou Emília.
> – Não. Viveiro de tudo. (idem, p.198)

Como nos exemplos anteriores, o humor aqui resulta da incongruência presente no fato de Emília imaginar que uma nação tão profícua em recursos naturais, como a Índia, tenha obtido destaque entre os outros países por se tornar um grande viveiro de pássaros. Trata-se, na verdade, da conjugação de dois polos contrários: o alto, representado pela grandiosidade, pela magnificência da nação retratada, e o baixo, evocado pela referência ao local, nada suntuoso, em que animais de pequeno porte são criados.

O último episódio que merece destaque nessa narrativa pela exploração que apresenta dos recursos semânticos ocorre mais uma vez pela intervenção de Emília quando Dona Benta, falando sobre as características geográficas da Europa Oriental, menciona o Cáucaso:

> [...] Entre esses dois mares [Azof e Cáspio] ocorre uma muralha natural – o célebre *Cáucaso* [disse Dona Benta].
> – Por que célebre?
> – Por várias razões geográficas e outras lendárias. Lembra-se daquele herói grego, Prometeu, que, por ter furtado o fogo dos deuses para o dar aos homens, se viu amarrado a um penedo onde uma águia vinha todos os dias bicar-lhe o fígado? Pois esse penedo era no Cáucaso. Isso fez que o Cáucaso, além de outras coisas, também se tornasse famoso por ter sido o pelourinho do herói.
> – Mas ele deu mesmo o fogo dos deuses aos homens? – perguntou Emília muito inocentemente.
> – Sim – respondeu Dona Benta, sem prever a que ponto ela queria chegar.
> – Mas ... mas se deu, então como a senhora disse prometeu?
> Narizinho ferrou-lhe um beliscão. (idem, p.228)

Utilizando toda a esperteza que lhe é peculiar, Emília cria nesse episódio uma trama sinuosa com o objetivo de mostrar-se superior, ao fazer que Dona Benta sucumba a uma armadilha por ela mesma iniciada ao contar a história. Segundo Propp (1992, p.101-6), essa técnica é chamada na literatura humorística e satírica de "ato de fazer alguém de bobo", constituindo um dos sustentáculos fundamentais da comédia. Utilizando essa técnica, Emília vale-se de um descuido de Dona Benta para desmascará-la por meio da zombaria. Esse processo é operado em relação aos vocábulos "Prometeu", "prometeu" e "deu", dos quais Dona Benta utiliza o primeiro, ou seja, o substantivo próprio "Prometeu", nome atribuído ao herói grego. Porém, valendo-se do fato de essa palavra possuir como correspondente homônimo nos níveis gráficos e sonoros a forma do Pretérito Perfeito do Indicativo do verbo "prometer" cujo significado remete a "fazer uma promessa ou comprometer-se a realizar algo", Emília, ignorando a distinção de sentido que há entre as duas formas, procede como se elas fossem sinônimas.[21]

Nesse sentido, quando Dona Benta afirma que "*Prometeu deu* o fogo aos homens", a boneca toma como base de sua argumentação o par "Prometeu" e "deu", e, ignorando que o primeiro corresponde a um nome próprio, considera ambos como formas verbais que, segundo ela, expressam uma contradição, se utilizadas conjuntamente. De acordo com sua lógica, enquanto "Prometeu" corresponde a um compromisso assumido cuja realização ainda é provável, ou seja, não se concretizou, "deu" refere-se a uma ação já praticada. Sendo assim, os dois vocábulos não podem ser utilizados dentro do mesmo contexto como se referindo à mesma ação. Observa-se que, a partir dessa trama sinuosa tecida por Emília, por meio do fio dado por Dona Benta, a boneca consegue lograr a boa senhora. Ao assim proceder, tem ainda o mérito de conquistar o leitor não porque esse aprove o engodo, mas porque a tática de Emília revela a falta de esperteza da pessoa enganada – que, nesse caso específico, é um adulto –, defeito que merece ser corrigido. Essa correção é feita pelo riso.

Tendo em vista o fato de Emília ser o fio condutor de quase todos os episódios que se caracterizam pelo teor cômico, conforme o que pudemos ob-

---

21 O mesmo procedimento ocorre no segundo volume de *Os doze trabalhos de Hércules* (Lobato, 1956p, p.233), no qual se pode observar o seguinte fragmento: "[...] O suplício de Prometeu é de arrepiar os cabelos [disse Pedrinho]. – Mas que é que ele prometeu? – perguntou Emília. – Prometeu não prometeu coisa nenhuma [...]".

servar até o momento, suas *Memórias* constituem também um campo profícuo para observação de construções humorísticas baseadas na exploração dos sentidos das palavras. Exemplo disso é o fragmento a seguir transcrito. Nele, observamos uma das inúmeras exigências insólitas de Emília quanto à elaboração de suas memórias:

> O Visconde trouxe papel, pena e tinta. Sentou-se. Emília preparou-se para ditar. Tossiu. Cuspiu e engasgou. Não sabia como começar – e para ganhar tempo veio com exigências.
> – Esse papel não serve, Senhor Visconde. Quero papel cor do céu com todas as suas estrelinhas. Também a tinta não serve. Quero tinta cor do mar com todos os seus peixinhos. E quero pena de pato, com todos os seus patinhos.
> O Visconde ergueu os olhos para o teto, resignado. Depois falou; fez-lhe ver que tais exigências eram absurdas; que ali no sítio de Dona Benta não havia patos, nem o tal papel, nem a tal tinta.
> – Então não escrevo! – disse Emília.
> – Sua alma sua palma – murmurou o Visconde. Se não escrever, melhor para mim. É boa!...
> Emília, afinal, concordou em escrever as memórias naquele papel da casa, com pena comum e tinta de Dona Benta. Mas jurou que havia de imprimi-las em papel cor do céu, tinta cor do mar e pena de pato.
> O Visconde disparou na gargalhada.
> – Imprimir com pena de pato! É boa!... Imprime-se com tipos, não com penas.
> – Pois seja – tornou Emília. Imprimirei com tipos de pato. (Lobato, *Memórias da Emília*, 1956e, p.6)

Nesse fragmento, observa-se uma clara incongruência responsável pelo estranhamento e consequente teor humorístico do trecho destacado. Preocupada com a publicação de suas *Memórias*, Emília faz algumas exigências a Visconde com respeito à impressão, entre as quais se destaca seu desejo de ver a obra impressa "com pena de pato". Como se sabe, "imprimir", no âmbito das artes gráficas, refere-se a reproduzir, marcando com tinta em papel, por meio de pressão exercida por máquina apropriada, os dizeres e/ou imagens contidos em formas tipográficas. Chamadas tipos, tais formas constituem blocos de metal fundidos ou de madeira, apresentando, em uma das faces, gravação em relevo de determinado sinal de escrita para ser reproduzido por meio de impressão. Tendo isso em vista, torna-se impossível admitir que tal processo seja feito, utilizando penas de pato como propõe

Emília e não uma máquina apropriada para a função. Percebendo essa incongruência, Visconde a adverte dizendo que se "Imprime com tipos, não com penas", ideia com a qual, a princípio, Emília parece concordar. Porém, sua fala seguinte ("Imprimirei com tipos de pato") desmonta toda a proposição lógica formulada pelo sabugo, fazendo com que o estranhamento e o humor do episódio prevaleçam.

Em um outro momento da narrativa, Emília relata como foi sua experiência de começar a falar depois de ter sido medicada pelo Doutor Caramujo que lhe receitou uma pílula falante:

> [...] Assim que abri a boca, veio uma torrente de palavras que não tinha fim. Todos tiveram de tapar os ouvidos. E tanto falei que esgotei o reservatório. A fala então ficou no nível.
> – Tenha paciência, Emília – disse o Visconde. Ficou muito acima do nível, porque a verdade é que você ainda hoje fala mais do que qualquer mulherzinha.
> – Mas não falo pelos cotovelos, como elas. Só pela boca. E falo bem. Sei dizer coisas engraçadas e até filosóficas. (idem, p.11)

Entendendo literalmente, por meio de uma observação mecânica e limitada, a expressão de sentido metafórico "falar pelos cotovelos", Emília estabelece uma inversão que se torna cômica graças a sua improbabilidade. Ao dizer "não falo pelos cotovelos ... Só pela boca", a personagem demonstra considerar a possibilidade de o cotovelo ser um órgão do corpo humano que emite sons da fala, situação que, por ser absurda e irreal para todo e qualquer falante da língua, provoca o riso. Além disso, destaca-se também no fragmento o tom derrisório da fala de Visconde ao comparar Emília às mulheres, referindo-se ao sexo feminino de modo depreciativo como se observa pelo uso do diminutivo presente no substantivo que as designa, conforme expresso pela frase: "você ainda hoje fala mais do que qualquer *mulherzinha*".

Entre os episódios relatados pela boneca em suas *Memórias*, encontra-se também sua viagem a Hollywood para conhecer Shirley Temple e virar estrela. Entre seus planos para chegar ao estrelato está a encenação de uma peça baseada na obra de Cervantes, *Dom Quixote de la Mancha*. Distribuindo os papéis dos atores que participariam na produção, Emília atribui a Visconde o papel de Dom Quixote; ao anjinho Flor das Alturas, o papel de Sancho Pança, e a ela caberia encenar o moinho de vento. Depois de caracterizar todas as personagens, é a vez do anjinho. Nesse momento, Shirley diz:

[...] Vamos agora "sanchar" o nosso anjo.
Eu rolei de rir quando Shirley acabou de arrumar o anjinho, com um pequeno travesseiro amarrado na barriga para servir de pança. E pendurado no ombrinho dele um alforje. Ficou um amor de Sancho Pança [disse Emília]. (idem, p.123)

Pela leitura do excerto observa-se que a construção do humor baseia-se em dois procedimentos já comentados. No primeiro caso, temos a criação de um neologismo ("sanchar") que toma como referência um vocábulo já existente na língua. Além disso, há nessa criação muito mais do que simplesmente a apropriação da estrutura mórfica da palavra, mas sobretudo a exploração dos efeitos de sentido que ela evoca. Desse modo, proveniente da palavra "Sancho", "sanchar" ocorre aqui com o sentido de transformar algo ou alguém em Sancho, atribuindo ao ser modificado características peculiares ao seu protótipo. Tal caracterização torna-se humorística ao propor uma aproximação entre dois seres sem nenhuma afinidade entre si, quais sejam um anjo, o ser caracterizado, e um glutão, indivíduo que lhe serve de modelo.

Em *Dom Quixote das crianças*, adaptação do clássico espanhol feita por Lobato, há também um episódio propício para a observação de como os recursos semânticos são explorados a partir dos efeitos humorísticos que sua utilização pode propiciar. Isso ocorre em relação à palavra "nédias", que é assim introduzida por Dona Benta na narrativa:

– Dom Quixote já estava longe e já com outra aventura engatilhada. Tinha visto um grupo de mercadores de Toledo que iam a comprar sedas em Múrcia, homens graúdos, bem montados em nédias mulas, com grandes guarda-sóis abertos.
– Nédias mulas quer dizer mulas ruças ou ruanas? – indagou Pedrinho.
– Não. Nédia quer dizer gorda, desse gordo que deixa os animais lustrosos.
– Pode-se dizer que fulana é uma moça nédia?
– Pode-se, mas é impróprio. Essa palavra se aplica quase que só aos animais.
– Mas a moça também é animal – objetou Emília. Vegetal não é, apesar de haver moças chamadas Margarida, Violeta, Rosa, etc.
– Boba – disse Narizinho. Quando vovó fala de animal, quer dizer animal irracional, isto é, animal de rabo. (Lobato, *Dom Quixote das crianças*, 1956i, p.32-3)

Bastante curioso é o procedimento utilizado nesse episódio. Aparentemente, o que se destaca é a oposição entre os sentidos dos vocábulos "animal" e "moça", por um lado, e dos antropônimos "Margarida", "Violeta" e "Rosa" em relação a "vegetal", por outro. No primeiro caso, a confusão é gerada porque as personagens atribuem conotações diferentes ao mesmo vocábulo. Ao utilizar a palavra "animal", Dona Benta, na verdade, prioriza o caráter de irracionalidade presente no ser a que se refere, o que acaba por excluir o gênero humano. Em contrapartida, Emília utiliza o vocábulo em seu sentido mais amplo, considerando "animal" todos os seres que possuem traços animados, isto é, sejam dotados da capacidade de locomoção, entre os quais se inclui o ser humano.

Quanto à oposição entre os antropônimos mencionados e a palavra "vegetal", o que se tem nesse episódio é a demonstração, de modo bastante sutil e implícito, do pensamento emiliano, revelado pelo autor como uma "piscadela" ao leitor. Em princípio, a fala da boneca revela sua consciência de que nem sempre seres que possuem nomes comuns à espécie dos vegetais podem ser classificados como tais, como ocorre com mulheres que se chamam Margarida, Violeta e Rosa, exemplos dados pela própria personagem. Porém, quando se atenta para a construção linguística de sua fala ("– Mas a moça também é animal – objetou Emília. Vegetal não é, apesar de haver moças chamadas Margarida, Violeta, Rosa, etc."), chama a atenção a oração concessiva com a qual a personagem finaliza o período.

Como se sabe, é concessivo tudo aquilo que se admite como possibilidade ou hipótese válida. Tendo isso em vista, podemos concluir que a inclusão das mulheres designadas pelos antropônimos mencionados na classe dos vegetais – possibilidade a princípio negada pela personagem, quando se faz de sua fala uma leitura superficial – é, na verdade, reiterada. Nesse sentido, é o fato de se conseguir apreender, no que a personagem disse, aquilo que ela realmente quis dizer a chave para a assimilação do humor, tese que é corroborada por Sírio Possenti (1998, p.72-3), quando, falando sobre o processo de leitura de piadas, diz que "entender uma piada não é decodificar um texto, mas interpretá-lo, e que a interpretação demanda um *trabalho* do ouvinte, enquanto que a decodificação demanda apenas um *conhecimento*".

Tendo ainda Emília como deflagradora do humor pela exploração do sentido das palavras, três episódios se destacam em *O poço do Visconde*. No primeiro, encontramos a boneca interrompendo uma explicação de Visconde que falava a respeito de como o petróleo é formado:

toda essa vidalhada vai nascendo e morrendo sem parar – e o que morre afunda. Em virtude disso há no mar uma perpétua chuva de organismos mortos, que vão caindo e se acumulando no fundo, onde formam uma camada de lodo negro, ou um sedimento, como já mostrei.

– Bolas! – exclamou Emília. Então o dinheiro que Dona Benta depositou no banco é um sedimento?

O Visconde coçou a cabeça. Emília atrapalhava-o com aquelas objeções de bobagem. (Lobato, *O poço do Visconde*, 1956j, p.25)

Tomando por base a explicação dada por Visconde para a palavra "sedimento", Emília, com a esperteza e o senso de oportunidade que lhe são comuns, prioriza nessa explicação apenas aquilo que lhe convém, ou seja, o fato de essa palavra significar "depósito", ignorando a especificidade do objeto depositado no que diz respeito aos sedimentos. Ao assim proceder, estabelece uma aproximação entre duas expressões ("sedimento" e "depósito bancário"), que, embora tenham uma base de sentido comum (depósito), não podem figurar no mesmo contexto como termos sinônimos. É, pois, por meio dessa irreverência no uso da língua que o humor na citação é construído.

O segundo episódio dessa narrativa que chama atenção pelo uso dos mesmos procedimentos ocorre quando Visconde explica como o petróleo aflora e mais uma vez é questionado por Emília:

[...] Tudo está mudando sem que a gente o perceba. Os mares estão virando continentes; e os continentes, virando mares. E a incansável operária dessa eterna mudança é a Senhora Erosão. No caso do petróleo, a Erosão vai roendo a crosta por cima dos anticlinais, roendo, roendo, roendo, baixando cada vez mais o nível da superfície até que toca na capa do petróleo. Começa a afinar essa capa, e por fim a rompe no ponto mais alto. O petróleo então escapa – ou aflora, como dizem os geólogos.

– Que é aflorar?

– É aparecer à flor da terra.

– Terra tem flor? – disse Emília arregalando os olhos.

O Visconde coçou a cabeça. (idem, p.47-8)

Nesse exemplo, temos o que Bergson (2001, p.86) chama de concentração na materialidade de uma metáfora, ou seja, Emília restringe o sentido da palavra "flor" a sua materialidade, o que corresponde a dizer que a personagem limita o significado do vocábulo a seu sentido denotativo, literal, baseando-se no vínculo direto de significação que o nome estabelece com um objeto da realidade. Desse modo, parece ignorar o sentido figurado de "aparecer à superfície" com que essa expressão é empregada. Além disso, chama também a atenção nesse fragmento a intenção propositalmente cômica da construção, uma vez que possibilita a percepção de que o questionamento da boneca foi um procedimento criado com o propósito deliberado de provocar o riso. Isso se observa quando atentamos para a espontaneidade e naturalidade com que a pergunta "Terra tem flor?" foi pronunciada, o que revela que foi emitida por um falante que conhece os objetos aos quais se refere. Portanto, tendo presente esse fato, percebe-se que o que motivou o questionamento não foi o desconhecimento, mas a intenção provocativa de se construir uma passagem cômica.

Ainda na mesma narrativa, um outro episódio, em que Visconde entusiasmado fala a respeito da grande quantidade de petróleo que poderia ser extraído das terras brasileiras e exportado para muitos países, é marcado pelas intervenções de Emília:

> – Visconde – advertiu Narizinho – petróleo é combustível e Vossa Excelência está pegando fogo. Sossegue um pouco e continue com a lição. Diga-me quantos litros de petróleo tem um barril.
> O Visconde tomou fôlego, serenou o ânimo e respondeu calmamente:
> – Barril é a medida de petróleo que os americanos adotaram desde o começo. Equivale a 42 galões.
> – E quantos litros têm esses galos grandes? – perguntou Emília. (Lobato, *O poço do Visconde*, 1956j, p.62-3)

Ignorando que existem algumas palavras na língua portuguesa em que a terminação "-ão" não designa aumento de tamanho, ao observar a presença desse elemento na forma "galão", Emília atribui a essa forma o sentido de "galo grande". Ao assim proceder, a personagem desconsidera o fato de essa palavra ser de origem inglesa (*gallon*), estabelecendo nela uma segmentação em duas estruturas: galo + ão. Com isso, a palavra que, originalmente, pertence a um campo semântico relativo à medida ou quantidade fixada por um padrão para determinar as dimensões ou o valor de uma grandeza, é remetida a um outro campo de significado completamente diverso, qual seja, aquele em que se incluem as espécies de aves. É por meio dessa incongruência que o tom cômico aqui se estabelece.

Em *Serões de Dona Benta*, dois episódios destacam-se pela exploração dos efeitos humorísticos advindos da exploração semântica dos vocábulos. O primeiro ocorre no capítulo em que Dona Benta fala a respeito das potencialidades da utilização da água como fonte geradora de energia. A esse respeito, diz:

> As maiores turbinas do mundo encontram-se na catarata do Niágara e produzem 70 mil cavalos de força. Só uma das instalações lá existentes possui turbinas que dão um total de 450 mil cavalos.
> – Que linda manada de cavalos! Exclamou Emília. Mas o moinho daqui do sítio acho que não produz nem um cavalo. Quando muito uma cabra...
> – Cara de cabra tem você – disse Narizinho levantando-se. (Lobato, *Serões de Dona Benta*, 1956h, p.47)

Embora pelo contexto seja possível perceber que Emília sabe que a palavra "cavalo" tenha sido utilizada como unidade de medida de potência, o que se observa, por exemplo, quando ela diz que "o moinho do sítio não produz nenhum cavalo", reconhecendo a debilidade dessa construção doméstica; as expressões que utiliza no fragmento para se referir à situação descrita por Dona Benta causam estranheza. Exemplo disso é quando a boneca se refere à expressão "450 mil cavalos" como sendo uma "linda manada de cavalos", ou quando diz que o moinho de Dona Benta produz "quando muito, uma cabra". Trata-se, como já apontamos, de um processo de materialização do signo que, se tem a vantagem de aproximar do leitor o significado do vocábulo, tornando-o mais acessível; tem também a virtude de, descontextualizando o signo, fazer eclodir o pendor humorístico da construção.

Outro episódio interessante nessa narrativa ocorre no capítulo "Ventos e tempestades", quando Dona Benta fala a respeito de como certos elementos absorvem mais o calor do que outros, e perguntando às crianças por que num dia de sol a areia (praia) de um lago se mostra mais quente que a água do lago, obtém a seguinte resposta:

> – Porque a praia é mais rugosa que a superfície do lago – respondeu Pedrinho.
> – Exato. E também porque a água custa mais a absorver o calor do que qualquer outra substância. E também porque a superfície espelhante do lago reflete mais o calor irradiante do sol do que a superfície fosca da praia.
> – Refletir quer dizer voltar, não é? Perguntou a menina.
> – Sim. Quando uma bola de borracha dá no chão e volta, está sendo refletida.
> – E quando a gente reflete? – perguntou Emília.

Dona Benta riu-se.
– Nesse caso, Emília, o verbo refletir tem outro sentido – significa pensar, meditar. Estou falando de refletir no sentido físico. (idem, p.124)

Como demonstrado pela paciente avó, para que o vocábulo "refletir" possa ser compreendido adequadamente em sua fala, deve ser tomado a partir de uma acepção específica, ou seja, a partir de seu "sentido físico", conforme apresentado pela própria personagem. Tomar esse sentido como de caráter geral e aplicável a qualquer contexto, como implicitamente sugere Emília, corresponde a criar tamanha incoerência somente corrigida pelo riso.

Narrativa que também chama a atenção pela exploração dos aspectos semânticos dos vocábulos é *O minotauro*, em que três episódios se destacam. Nessa obra são narradas as aventuras vividas pelos habitantes do Sítio na sua expedição à Grécia para o resgate de Tia Nastácia, aprisionada pelo minotauro. Quando as personagens aportam no Pireu, as trirremes gregas que rodeavam a embarcação comandada pelo Marquês de Rabicó chamaram a atenção de Pedrinho:

– Repare, vovó, que elegantes e leves são.
– Na realidade, meu filho, estas embarcações primam pela leveza. Basta dizer que já têm sido transportadas por terra dum ponto do mar a outro. Medem mais ou menos quarenta metros de comprimento e cinco de largura, e são levadas por duzentos remadores dispostos em três filas, uma por cima da outra. Daí o nome de *trirremes*, ou barcos de três ordens de remos. Há ainda as *birremes*, com duas ordens de remos. São embarcações que calam muito pouco...
– Pouco? Berrou Emília. Calam-se até demais. Estão caladíssimas, não ouço o menor som vindo delas.
– Em linguagem náutica, Emília, calar quer dizer "afundar n'água". (Lobato, *O minotauro*, 1956m, p.82)

Além de se originar da confusão criada por Emília ao atribuir à palavra "calar" um sentido diferente daquele com que ela é usada no fragmento, o tom cômico do excerto resulta também da possibilidade aventada pela boneca de um objeto inanimado, como é o caso da embarcação grega descrita ser dotada da capacidade da fala, da emissão de sons articulados.

Nessa expedição por terras gregas, um outro episódio em que a figura de Emília é fundamental para a criação do humor ocorre quando, depois de Visconde ter reclamado do fato de ser ele a pessoa obrigada a carregar a canastrinha da boneca durante toda a viagem, Emília fornece ao pastor que os acompanha a seguinte justificativa para esse trabalho do sabugo: "Ele é sábio, e os sábios só gostam de carregar coisas na cabeça. São assim porque as coisas que a gente carrega na cabeça não pesam [...]" (idem, p.95).

No exemplo citado, temos mais uma vez a criação do humor como resultado da utilização do sentido próprio de uma expressão, quando o que se exigia era o uso de seu sentido figurado. Isso se observa em relação à expressão "carregar na cabeça", que, embora em sentido estrito, literal, represente transportar determinado objeto físico, usando a cabeça como meio de locomoção, no fragmento citado é utilizada com o sentido figurado de "portar conhecimentos". Ao se propor essa transposição de sentidos, que coloca no mesmo nível situações díspares, pertencentes a níveis diferentes (material e intelectual), cria-se o estado de incongruência responsável pela manifestação do riso.

Processo semelhante pode ser observado no fragmento transcrito a seguir, que narra as impressões de Emília sobre o que observa na paisagem grega durante sua expedição pela Grécia:

> Os três "pica-paus" [Emília, Pedrinho e Visconde] foram andando, andando sem destino pela paisagem da Grécia Antiga. Paisagem que mudava de hora em hora – campinas, montanhas, florestas, bosques, rios...
> Em certo ponto se detiveram. Que lindo lugar! A montanha azul lá longe, no formoso bosque à esquerda e ali ao pé um riozinho murmurejante. Emília que tinha paixão pelas águas em movimento, exclamou: "Olhe, Pedrinho, como é 'cabrita' esta água! Foge por entre as pedras como se fosse um peixe líquido; e quando não encontra passagem, pula por cima". (idem, p.172)

Mais simples, mas igualmente expressivo, o fragmento citado apresenta um procedimento muito comum nas criações humorísticas, qual seja, a materialização por meio da criação de imagens, por vezes visuais e animadas, das situações ou seres descritos. Isso nos remete à teoria sobre o cômico na natureza proposta por Propp quando chama a atenção para o fato de o cômico sempre estar ligado direta ou indiretamente ao homem. Sendo assim, a natureza em si não provoca o riso; para que isso ocorra ela deve estar ligada necessariamente a alguma manifestação espiritual humana. Segundo Propp (1992, p.40), "para rir é preciso ver o ridículo [...] é preciso atribuir às ações algum valor moral [...] realiza[ndo] alguma operação mental". É, pois, exatamente isso que se pode observar no fragmento transcrito. Embora a água como elemento da natureza seja comparada no fragmento a um animal (cabrita), o que prevalece nessa aproximação é o caráter irrequieto desse ser, característica que, por sua vez, o aproxima do comportamento demonstrado por certos indivíduos.

Uma outra aproximação de caráter humorístico bastante interessante pode ser observada em *A reforma da natureza*. Nessa narrativa, Dona Benta é convidada pelos principais líderes políticos do mundo a ajudá-los no seu processo de restabelecimento da ordem mundial depois do holocausto da Segunda Grande Guerra. Ficando sozinha no sítio, Emília escreve uma carta, convidando para lhe fazer companhia Rã, uma menina do Rio de Janeiro com a qual andava já há algum tempo se correspondendo. Em um trecho de sua correspondência, diz: "Eles partiram esta manhã e eu já estou me sentindo muito 'tênia...'" (Depois que Emília soube que "solitária" era sinônimo de "tênia", passou a empregar a palavra "tênia" em vez de "solitária". "Não é gramatical" – dizia ela – "mas é mais curto") (Lobato, *A reforma da natureza*, 1956l, p.202-3).

Resultante de uma aproximação grotesca por envolver elementos ligados à escatologia a que Bakhtin (1999) chama de "baixo material e corporal", o humor do excerto citado decorre da absurda aproximação feita por Emília entre os vocábulos "solitária" e "tênia". Embora a expressão "tênia" possa, sem nenhum prejuízo de sentido, ser substituída por "solitária", forma vulgarmente utilizada para se referir a um tipo de parasita intestinal caracterizado por sua grande extensão, encontrado em alguns seres vertebrados, o mesmo não ocorre com o vocábulo "solitária". Adjetivo feminino relativo à solidão, a expressão "solitária", tal como aparece no fragmento transcrito, caracteriza um estado de espírito, correspondendo a um sentimento advindo do isolamento. Se, tal como proposto por Emília, essas palavras pudessem ser utilizadas como sinônimas, poderíamos imaginar uma situação em que um estado emocional, ligado aos sentimentos e à reflexão humana, correspondesse a uma repulsiva condição escatológica como a de um homem se sentindo "um verme intestinal". Vemos, portanto, como é incongruente e, por consequência, cômica a aproximação proposta por Emília.

Como esse tipo de procedimento é reiteradamente utilizado por Emília, a boneca é lembrada de que as palavras da língua possuem matizes significativos diversos, ou, como propõe Dona Benta em *A chave do tamanho*, existem diferentes "modos de dizer", dependendo do contexto em que os vocábulos são empregados. Ao ouvir essa explicação, Emília rebela-se, conforme demonstrado pelo trecho a seguir:

– Estou vendo que tudo o que gente grande diz são modos de dizer – continuou a pestinha. Isto é, são *pequenas mentiras* – e depois vivem dizendo às crianças que não mintam! Ah! Ah! Ah!... Os tais poetas, por exemplo. Que é que fazem se não mentir? Ontem à noite a senhora nos leu aquela poesia de Castro Alves que termina assim:

Andrada! Arranca esse pendão dos ares!
Colombo! Fecha a porta dos teus mares!

Tudo mentira. Como é que esse poeta manda o Andrada, que já morreu, arrancar uma bandeira dos ares, quando não há nenhuma bandeira nos ares, e ainda que houvesse, bandeira não é dente que se arranque? Bandeira desce-se do pau pela cordinha. E como é que esse poeta, um soldado raso, se atreve a dar ordens a Colombo, um almirante? E como é que manda Colombo fechar a "porta" dos "teus" mares, se o mar não tem porta e Colombo nunca teve mares – quem tem mares é a Terra?

Dona Benta suspirou. (Lobato, *A chave do tamanho*, 1956n, p.4-5)

Nesse fragmento, temos um exemplo flagrante da transposição feita por Emília entre o uso do sentido literal e o figurado dos vocábulos. Ignorando que, por se tratarem de versos de uma produção poética, o significado das palavras utilizadas na construção do texto transcende seu sentido usual,[22] a boneca cria situações absurdas ao limitar a compreensão do texto poético a uma correspondência mecânica entre os vocábulos utilizados e os objetos materiais por eles sugeridos. Nesse sentido, a personagem desconsidera que os versos que compõem a sexta e última parte de "Navio Negreiro" consistem em uma evocação de personagens históricos como José Bonifácio de Andrada e Silva, que se destacou na luta pela independência política do Brasil Colônia, pela extinção do tráfico negreiro e da escravidão, e Cristóvão Colombo, descobridor da América. Ao assim proceder, não percebe que as

---

22 Segundo Massaud Moisés (1999, p.405), "a poesia exprime-se por metáforas, tomadas no sentido genérico de figuras de linguagem, isto é, significantes carregados de mais de um sentido, ou conotação. A poesia é linguagem conotativa por excelência, na medida em que toda a imensa ambiguidade do 'eu' se expressa por metáforas de amplo quociente semântico: as várias conotações assinalam toda a complexidade emotivo-rítmico-conceptual do 'eu'".

palavras do poeta, na verdade, representam uma crítica à hipocrisia reinante num país que dizia valorizar a independência, mas mantinha cativos muitos de seus habitantes.

Desse modo, a ordem enfática do poeta expressa pelo verso "Andrada! Arranca esse pendão dos ares!" não sugere a retirada de uma bandeira dos ares como propõe Emília, mas corresponde à demonstração de que o símbolo pátrio que representava a independência tão almejada por Andrada não tinha nenhum significado real – já que essa condição era inexistente no país – não devendo, portanto, ser reverenciado. Quanto ao segundo verso ("Colombo! Fecha a porta dos teus mares!"), o pedido nele apresentado não se trata de uma solicitação real, impossibilitada pelos limites espaços-temporais; antes, a evocação feita a Colombo representa um desejo de que a situação dos escravos no Brasil, na época do poeta, não existisse, o que só teria sido possível, se Colombo não tivesse descoberto o caminho para a América, o que possibilitou o tráfico dos negros africanos. Ignorando essa multiplicidade de sentidos, a interpretação de Emília caracteriza-se pela rigidez e pelo automatismo, processos fundamentais para a criação do cômico.

Na mesma narrativa, um outro exemplo, menos rico, mas igualmente interessante pelo uso que a personagem faz dos vocábulos e os sentidos que eles possuem, encontrasse no episódio em que Emília, na sua tentativa de voltar ao Sítio para saber qual era a condição de seus habitantes depois da diminuição do tamanho, passa pela casa do Coronel Teodorico, vizinho de Dona Benta e dono da fazenda do Barro Branco, e encontra-o escondido em uma fresta do rodapé da sala. Explicando-lhe a nova condição da humanidade, Emília diz que, com a mudança operada, ninguém mais precisaria de dinheiro, que era uma consequência do tamanho, e que, no mundo antigo, muitos seres já viviam sem ele, como os insetos. Nesse momento, trava-se entre eles o seguinte diálogo:

> – Mas nós não somos insetos – protestou o Coronel – e ainda cheio de orgulho do tempo em que tinha um metro e oitenta de altura.
> – Somos menos que isso, Coronel. Os insetos possuem três pares de pernas e nós, só um par. E muitos têm asas com que voam e nós, em matéria de asas só temos as asas do nariz, que não voam [...](Lobato, *A chave do tamanho*, 1956n, p.119)

Interessante nesse fragmento é o uso que Emília faz da palavra "asa". Ao utilizá-la como termo que nomeia os apêndices fixados lateralmente ao tórax dos insetos, Emília restringe o significado da palavra à função do objeto por ela designado, qual seja, o papel de possibilitar o voo. Nesse sentido, se atentarmos para a oração adjetiva ("que não voam") que acompanha a expressão "asas do nariz", observaremos que para a personagem é a possibilidade de permitir o voo que determina a utilização da palavra "asa". Desse modo, ao restringir o sentido do vocábulo, Emília desconsidera sua outra possibilidade de utilização, isto é, seu uso a partir de uma derivação de sentido segundo a qual essa mesma palavra pode designar uma projeção lateral (geralmente uma de um par) de um órgão ou estrutura, como ocorre com as "asas nasais". É a desconsideração dessa outra acepção do vocábulo que torna o episódio cômico.

O mesmo procedimento pode ser notado no fragmento em que Emília apresenta a situação da humanidade ao Doutor Barnes, cientista americano que conseguiu criar uma nova sociedade, adaptando-se às condições do novo mundo. Diz Emília: "Aquela civilização está por aí em cacos, cacos de automóveis, cacos de aviões, cacos de trens, cacos de navios e cacos de ideias [...]" (idem, p.181).

Como se pode notar, a confusão estabelecida por Emília nesse episódio encontra-se na sua utilização da palavra "caco". Usada inicialmente com o sentido figurado de condição precária ou ausência de encantos físicos, o que se observa quando a boneca se refere à situação da humanidade e suas ideias, o sentido da expressão "caco" passa abruptamente para a acepção denotativa e literal, correspondendo a "fragmento ou pedaço quebrado de objeto". É essa transposição inesperada de sentidos que provoca o humor na utilização da palavra.

Finalizando as considerações a respeito da exploração do aspecto semântico das palavras como recurso para construção de passagens humorísticas, temos os episódios presentes no segundo volume de *Os doze trabalhos de Hércules*. No primeiro deles, as personagens estão se preparando para a reali-zação do oitavo trabalho, a destruição dos cavalos antropófagos de Diomedes, quando Minervino, enviado por Palas para ajudar o herói grego, explica a Pedrinho a constituição da Hélade:

> O mensageiro de Palas explicou que o que chamavam Hélade não passava de um cacho de paisinhos independentes, mas com a mesma língua e os mesmos deuses. Havia a lacônia, a Messênia, a Argólia, a Focida, a Tessália, a Magnésia...
> – Chega! Berrou Emília. Pare na Magnésia, se não é capaz de vir também o bicarbonato... (Lobato, *Os doze trabalhos de Hércules*, 1956p, v.2, p.52)

Nesse fragmento, chama a atenção a relação estabelecida por Emília entre os vocábulos "Magnésia", "magnésia" e "bicarbonato". Embora sejam três os vocábulos citados, a confusão decorre da transposição operada entre dois diferentes campos semânticos por eles abrangidos: um relativo à designação de elementos químicos (a *magnésia*, um óxido, e o *bicarbonato*, um sal) e outro referente ao topônimo de origem grega *Magnésia* (*mágnés líthos*, correspondendo a "pedra de ímã ou pedra da Magnésia") usado para designar uma região rica nesses ímãs naturais. Ocorre que os elementos químicos a que esses vocábulos se referem fazem parte da constituição de algumas fórmulas utilizadas em medicamentos como ocorre, por exemplo, com o leite de magnésia e o bicarbonato de sódio. Sendo assim, quando faz que haja uma transposição de significados entre esses campos semânticos, falando dos elementos químicos quando o discurso era sobre um topônimo, Emília permite a inversão de séries responsável pelo tom humorístico.

O segundo episódio nessa narrativa que merece destaque ocorre quando Emília, por causa de sua ousadia em relação ao tratamento dispensado aos deuses do Olimpo, é castigada por Hera com a mudez. Procurada pelos personagens para que pudesse resolver o problema da boneca, Palas diz que a única solução é ferver Emília no caldeirão de Medeia. Visto que a boneca, por sentir medo, só concorda com esse procedimento se a clorofomizassem, Pedrinho pede ajuda a Minervino:

– Há clorofórmio por aqui? – perguntou Pedrinho ao mensageiro – e teve de explicar o que significava clorofórmio e quais os seus efeitos.
Minervino respondeu que não, mas havia várias plantas dormideiras de um efeito maravilhoso.
– Com uma gota do caldo dessas plantas o paciente dorme e não sente dor nenhuma.
Emília escreveu que não era "paciente" e sim impaciente; e que se de fato esses sucos adormeciam uma criatura, então, então,... e parou.
– Então o quê? – perguntou Pedrinho.
– "Então pode ser" – escreveu ela. (idem, p.95-6)

Construindo um trocadilho bastante interessante com as palavras "paciente" e "impaciente", Emília dá ao episódio maior expressividade graças à sua intervenção criativa. Essa intervenção ocorre basicamente pela transposição de classe de palavras e pela decorrente mudança de sentido dos vocábulos utilizados. Usada primeiramente por Minervino como um substantivo, a palavra "paciente" em sua primeira ocorrência no fragmento designa indivíduo doente ou que está sob cuidados médicos, como era o caso de Emília. Porém, a boneca, de modo muito criativo, apropria-se do vocábulo, modifica sua estrutura (im+*paciente*) e, ao inseri-lo em outra classe morfológica, transforma-o em um adjetivo qualificativo, tendo como referência aquele ser caracterizado pela "virtude" da paciência e da serenidade, aquele que aguarda tranquilamente o desenvolvimento das ações, que sabe esperar; o que não corresponde em nenhum momento à descrição da personagem que se encontra aflita para voltar a falar. Desse modo, observa-se que, graças à sua esperteza, Emília aproveita-se de uma construção já utilizada por seu interlocutor, e, valendo-se da riqueza semântica da língua, a utiliza em razão de seus próprios interesses. Ao assim proceder, consegue, ao ludibriar o outro, mostrar-se superior, e o prazer daí advindo é compartilhado com o leitor por meio do riso evocado.

O terceiro episódio nessa narrativa que nos chama a atenção pela utilização desses mesmos procedimentos acontece no último trabalho de Hércules, a ida ao reino das Hespérides em busca dos pomos de ouro. Nessa viagem, ao percorrer um longo deserto, as personagens encontram alguns beduínos sendo conduzidos por camelos, o que intriga Emília, que pergunta a Visconde:

– E por que usam esses beduínos camelos e não cavalos?
– Porque o camelo adaptou-se ao deserto. Aprendeu a encher-se de água quando a encontra e a passar dias e dias sem beber nem um pingo.
– Então são caixas d'água ambulantes... (idem, p.215)

Propondo uma comparação inusitada, mas interessante, Emília compara os camelos a caixas de água, tomando como característica comum a ambos a capacidade de serem cheios com água e poderem armazená-la. Embora isso seja um fato, a aproximação provoca o riso; primeiro, por se tratar de uma consideração até então nunca feita com tanta simplicidade; depois, por transformar a mobilidade de um ser vivo no automatismo e na rigidez de um objeto.

Tendo por base a construção de um neologismo, o exemplo que segue também se destaca pela exploração dos sentidos evocados pela palavra criada. O fragmento relata o momento em que Emília e Pedrinho, na tentativa de ter acesso ao jardim das Hespérides onde ficavam os pomos de ouro, fazem que Visconde, disfarçado de folhagem, despeje uma solução de ópio no bebedouro do dragão que guardava esses pomos. Porém, como Visconde demorasse a voltar, as crianças ficaram preocupadas e Pedrinho vai resgatá-lo:

> e lá se foi de tacape em punho ao dragão adormecido. Caminhava cautelosamente, pé ante pé, como o asno, e já de tacape erguido. E ia descarregar o primeiro golpe numa das cabeças, quando deu com o Visconde. Exatinho como Lúcio dissera: estava seguro sob uma das patas do monstro. Pedrinho entreparou, sempre de tacape levantado. "Está vivo, Visconde" – perguntou. "Sim" – respondeu de novo o "empatado". (idem, p.223)

Embora, como já apontado, o que se destaca nesse fragmento seja a construção de um neologismo ("empatado"), chamam a atenção os efeitos de sentido sugeridos por essa construção. Desse modo, observa-se que, tomando por base um vocábulo já existente na língua ("pata" como substantivo que designa os membros usados por certos animais para locomoção), para tornar o relato mais expressivo, o narrador acrescenta a esse vocábulo dois afixos, o prefixo "em", que remete à aquisição de uma qualidade ou de um estado novo por meio da transformação, e o sufixo "-ado", que, como sufixo formador de adjetivos, a partir de substantivos, apresenta a acepção de "provido de", que possui aquilo que é indicado pelo elemento base da palavra. Desse modo, como Visconde foi transformado pela ação da pata do dragão, passou a apresentar marcas desse órgão, apresentando um novo estado, o de "empatado". É o matiz semântico proporcionado pela construção desse vocábulo e percebido pela leitura do fragmento que torna a situação jocosa.

Conforme procuramos mostrar com os exemplos citados, na sua busca pela originalidade, Lobato conseguiu escapar à força niveladora do estilo literário predominante nos textos destinados à infância produzidos em sua época, forjando seu próprio estilo. Marcado por um peculiar manejo dos recursos da língua e comprometido com a expressividade, seu estilo alcança resultados bastante peculiares e inovadores, se contrapostos às produções de seu tempo.

Se a formação neológica no nível léxico e frasal lhe é um traço característico apontado por muitos autores que se debruçam sobre seu trabalho (cf. Pinto, 1982), considerações a respeito da exploração do aspecto semântico dos vocábulos como recurso para a construção do humor e da expressividade da linguagem na obra do autor são desconhecidas.

Desse modo, com a apresentação dos fragmentos aqui comentados procuramos demonstrar de que maneira a exploração feita por Lobato da essência multívoca das palavras é um convite não apenas a uma viagem ao "país da Gramática", mas ao reino das palavras, dando ou prolongando no leitor o sentido de uso gratuito, não utilitário da linguagem. Demonstrando com suas construções que a linguagem, longe de ser apenas pressão recebida de fora, é material lúdico com o qual se pode sonhar, rir, virar, revirar, o autor incita o leitor a lançar sobre a palavra um olhar novo, permitindo por meio do humor verbal seu uso bizarro, absurdo e, por vezes, acima do real (cf. Held, 1980, p.215).

Nonsense

Assim como ocorre com a utilização que faz das palavras, cuja aproximação se dá mais pela relação analógica que estabelecem entre si do que por qualquer semelhança lógica, o *nonsense* (ou alogismo) é um dos procedimentos cômicos mais utilizados por Monteiro Lobato na criação das situações humorísticas presentes em suas narrativas. A respeito da utilização literária dessa técnica, Propp (1992, p.107) comenta:

> Nas obras literárias, assim como na vida, o alogismo pode ter dupla natureza; os homens dizem coisas absurdas ou realizam ações insensatas. Porém, olhando-se com maior atenção, ver-se-á que tal subdivisão tem importância apenas aparente. Ambos os casos podem ser reduzidos a um só. No primeiro, estamos diante de uma concentração errada de ideias que se expressam em palavras e estas palavras fazem rir. No segundo, uma conclusão errada que não se expressa por palavras, mas se manifesta em ações que são motivo de riso.

São tais situações que os exemplos a seguir, mencionados na ordem em que foram escritos pelo autor, e seus respectivos comentários procurarão contemplar.

A primeira aparição desse procedimento na obra lobatiana ocorre em *Fábulas*, no texto "A cabra, o cabrito e o lobo". A fábula narra a história de um cabritinho que, orientado pela mãe, que havia saído de casa, a só abrir a porta para aquele que conhecesse uma certa senha, sofre as investidas de um lobo que ouvira o conselho da cabra. Embora a fera diga ao cabritinho a senha correta, o jovem animal, desconfiado, exige que ela lhe mostre a pata branca para provar que não era lobo. Como isso era impossível, o jovem cabrito, por sua esperteza, consegue vencer a fera, provando que o melhor é "confiar desconfiando", como sugere a moralidade da fábula. Ao ouvir a história, Emília diz:

> – Esse cabritinho [...] é como eu e o Marechal Floriano Peixoto. Nós três confiamos desconfiando. Lobo nenhum nos embaça. Esse cabritinho aprendeu comigo.
> – Como aprendeu com você, Emília, se você nunca o encontrou?
> – É que ele adivinhou que eu penso assim...
> Tia Nastácia, lá na copa, murmurou "Ché!..." (Lobato, *Fábulas*, 1956o, p.112)

Como se observa, Emília torna seu comentário absurdo ao propor a conjugação de dois universos completamente distintos: o seu, temporalmente localizado e definido como se observa pela referência feita à figura histórica de Floriano Peixoto, e o universo atemporal do texto criado pelo fabulista. Por esse exemplo, nota-se a extrema instabilidade espaço-temporal presente na obra do autor que soube como poucos estabelecer uma fusão entre o real e o maravilhoso de modo harmônico. Uma das técnicas usadas para isso é justamente a provocação do riso.

Episódio que também se destaca pelo uso desse procedimento aparece em *Histórias diversas*, quando, depois de ter sido esmagado por uma jaca, Visconde é refeito por Tia Nastácia e recebe o caldo científico de seu antigo corpo. Depois da operação, as personagens discutem sobre a melhor maneira de descobrirem se haviam obtido sucesso:

> – Pronto! – exclamou Emília radiante. Já adquiriu vida. Resta que tenha adquirido ciência. Como saber?
> – Perguntando-lhe qualquer coisa, respondeu Pedrinho, e ele mesmo fez a primeira pergunta.
> – De que cor era o cavalo branco de Napoleão?
> E o Visconde respondeu:
> – Era cor de burro quando foge...
> Essa resposta foi considerada científica. (Lobato, *Histórias diversas*, 1956o, p.232-3)

Embora considerada científica, a resposta de Visconde, bem como a pergunta a ele feita caracterizam-se pela falta de sentido. No que se refere à questão, a obviedade do que apresenta já eliminaria qualquer dificuldade quanto à resposta, uma vez que um cavalo branco só pode possuir a cor branca. Não bastasse esse fato, o sabugo apresenta uma resposta completamente incongruente e, por isso mesmo, marcadamente cômica, especialmente se levarmos em consideração, o fato de ter sido considerada razoável pelas personagens.

Em *Peter Pan*, encontramos um outro episódio em que o uso desse procedimento é bastante expressivo. Trata-se do momento em que Dona Benta, quando está descrevendo o quarto (*nursery*) de Wendy, garota inglesa visitada por Peter Pan e levada por ele à Terra do Nunca, é questionada por Emília:

– *Nursery* (pronuncia-se nârseri) quer dizer, em inglês, quarto de crianças. Aqui no Brasil quarto de criança é um quarto como outro qualquer e por isso não tem nome especial. Mas na Inglaterra é diferente. São uma beleza os quartos das crianças lá, com pinturas engraçadas rodeando as paredes todos cheios de móveis especiais, e de quanto brinquedo existe.

Boi de chuchu, tem? – indagou Emília. (Lobato, *Peter Pan*, 1956e, p.152)

O tom cômico do fragmento é dado pela pergunta inusitada de Emília, que cogita a possibilidade de em um ambiente requintado, como é o local descrito, tendo até um nome diferenciado, existir um objeto de caráter rústico como um "boi de chuchu", brinquedo, feito com legumes e gravetos, típico de crianças que habitam a zona rural. É essa estultice, essa incapacidade proposital de observar corretamente, de ligar causas e efeitos que desperta o riso.

Outro exemplo interessante de *nonsense* ocorre em *Reinações de Narizinho*, conforme apresentado pelo fragmento transcrito a seguir, que relata o momento em que Visconde vai até o quarto de Narizinho pedir a mão de Emília em casamento para seu filho, Marquês de Rabicó. Ao entrar, a menina assim o recebe: "Muito prazer, Senhor Visconde! Puxe uma cadeira e sente-se no chão" (Lobato, *Reinações de Narizinho*, 1956a, p.84).

Flagrantemente de intenção humorística, o alogismo presente no fragmento transcrito é manifesto, estando presente em uma situação cômica por si mesma tanto para a personagem que a produziu como para os que a percebem. Isso ocorre porque, como fica evidente pela leitura, é incoerente a ordem dada por Narizinho ("Puxe uma cadeira"), uma vez que a sequência posterior a contradiz ("sente-se no chão").

Em *Viagem ao céu*, a primeira ocorrência da utilização dessa técnica se dá no capítulo 4 da narrativa, quando, ao falar a respeito da velocidade da luz, Dona Benta é interrompida por Emília:

– Então quer dizer que enquanto eu abro e fecho os olhos a luz faz 7 vezes e meia a volta da terra?
– Isso mesmo.
– Puxa! Já é ser apressadinha...
– É que a luz tem botas de 300 mil léguas – lembrou Emília. Imaginem o coitadinho do Pequeno Polegar, com suas botinhas de 7 léguas, apostando corrida com a luz! Enquanto ele dava um passo, a luz dava 7... (Lobato, *Viagem ao céu*, 1956b, p.28)

Ao propor uma personificação pouco comum, Emília acaba criando um despropósito ao sugerir que a velocidade da luz é alta pelo fato de esse elemento possuir botas de 300 mil léguas, afirmação que destoa do contexto científico em que as explicações vinham sendo fornecidas.

Despropósito semelhante, porém mais saboroso, ocorre na mesma narrativa quando as crianças, montadas num cometa a voarem pelo céu, discutem sobre o fato de os adultos não brincarem, o que, segundo elas, seria "a única coisa interessante que há na vida". A esse respeito, Emília apresenta seu ponto de vista: "– É como eu penso – volveu Emília lá da garupa. Se em vez de boneca eu tivesse nascido gente grande, sabem o que fazia? Suicidava-me com um tiro de canhão na orelha" (idem, p.103).

Embora o ato de se suicidar seja compreensível nessa situação como demonstração da contrariedade da personagem em ser adulta, o que provoca o riso é o modo como esse ato é praticado "com um tiro de canhão na orelha". Como se sabe, o canhão é um armamento de guerra, utilizado para os grandes massacres, para o aniquilamento em massa ou para a destruição de objetos que se destacam por sua grandeza física, e não para ferir mortalmente um único indivíduo. Acresce-se a isso o fato de o suicídio possuir um caráter pessoal, na maioria das vezes, praticado de modo discreto e silencioso. Além disso, chama a atenção o local sugerido por Emília como alvo dessa arma, "a orelha", o que contraria a utilização do canhão e cria uma disparidade lógica marcadamente cômica.

Outra narrativa profícua nesse tipo de relato é *História do mundo para crianças*, onde, mais uma vez, temos Emília como propulsora dessa técnica. Um exemplo de como isso ocorre aparece já no capítulo 2 do livro, quando Dona Benta, ao tentar convencer Emília do quanto era difícil a vida na Idade da Pedra, caracterizada pela ausência de objetos que hoje nos são fundamentais para o conforto da vida moderna, como a escova de dentes, o pente, o talher, a cadeira, a cama, o livro, o lápis, o papel etc., diz:

[...] Que tal essa vida, Emília? Ainda desejava ter nascido na Idade da Pedra?
– Sim – declarou a teimosa.
Por quê? – inquiriu Dona Benta com pachorra.
– Para conversar com as aranhas e morcegos das cavernas.
Narizinho danou.
– Não perca tempo com esta boba, vovó – disse ela fulminando Emília com um rancoroso olhar de menina da Idade da Pedra. Continue. (Lobato, História do mundo para as crianças, 1956d, p.13)

Visto que em nenhum momento da narrativa o interesse de Emília pelas aranhas e morcegos da Idade da Pedra tenha sido demonstrado, seu desejo de viver nessa época apenas para conversar com esses seres não se justifica, sendo, portanto, destituído de qualquer razão lógica. Apesar disso, o que, na verdade, possibilita a compreensão de sua fala é atentar para o fato de que a personagem não expressa um desejo real, mas preocupa-se apenas em vencer seu interlocutor por meio da contradição ao que ele apresenta como lógico e razoável.

Em outro episódio, Dona Benta fala a respeito dos monumentos egípcios e de como a ação das areias do deserto tem enterrado muitos deles como as pirâmides:

– Perto da pirâmide de Queope há a Esfinge, uma enorme estátua de leão com cabeça humana, esculpida num bloco único de pedra que a natureza havia posto ali como de propósito. A Esfinge representa o deus da manhã e sua cabeça reproduz a do faraó que construiu a pirâmide mais próxima da de Queope. As areias do deserto, trazidas pelos ventos, estão enterrando essa estátua colossal embora os homens as removam periodicamente, os ventos insistem em recobri-la. Dela só aparece hoje a parte superior do corpo.
– Eu dava um beliscão nessa areia – disse Emília.
– Cale-se, boba! Não atrapalhe vovó. (idem, p.27)

Conforme manifestado por Narizinho, a fala de Emília representa um despropósito, dada a impossibilidade do que ela sugere como medida de contenção da ação destrutiva das areias. Trata-se de uma excessiva simplificação muito presente nas falas infantis quando a solução de determinado problema foge ao alcance dos seres envolvidos na situação.

Outro episódio em que se observa uma comparação também interessante tem como referência o relato sobre Constantino. Quando Dona Benta conta que, por não gostar de Roma, o primeiro imperador cristão do Império Romano muda-se para a cidade de Bizâncio e a nomeia como Constantinopla ou cidade de Constantino, Pedrinho diz:

> – Isso sei eu – disse Pedrinho. Como sei também que Petrópolis, Florianópolis, Anápolis, querem dizer cidade de Pedro [...] cidade de Floriano, cidade da Higiene, cidade de Ana.
> – Ana Bolena? – perguntou Emília.
> Narizinho gritou para que tia Nastácia levasse a boneca para a cozinha, pois caso contrário a história de Constantino não poderia continuar. (idem, p.138)

O que torna o fragmento transcrito cômico é a aproximação feita por Emília entre a cidade de Anápolis, segundo Pedrinho, cidade de Ana, e a personagem histórica Ana Bolena. Se, por um lado, o processo empreendido por Pedrinho ao explicar a origem dos antropônimos citados é lógico, o mesmo não acontece com a proposição de Emília, para quem a cidade de Anápolis é a cidade de Ana Bolena. Personagem que viveu entre os anos de 1507 e 1536, Ana Bolena foi a segunda esposa do rei da Inglaterra, Henrique VIII, com quem se casou secretamente meses antes de esse rei ter sido declarado oficialmente divorciado de Catarina de Aragão. Quanto a Anápolis, embora seu nome corresponda à cidade de Ana, sua localização a situa no interior do Estado de Goiás, tendo sido fundada no século XIX. Aproximando os dois elementos utilizados por Emília em suas considerações, quais sejam Anápolis e Ana Bolena, observamos que, além de serem geograficamente distantes (Brasil e Inglaterra), três séculos os separam. Portanto, sua aproximação limita-se a uma coincidência entre as expressões Ana e Anápolis, fazendo que qualquer outra associação que se opere entre tais elementos seja absurda.[23]

Em *Geografia de Dona Benta*, encontramos outros exemplos bastante expressivos. Para comprovar o fato de que a Terra é redonda, Dona Benta começa o capítulo 4 dessa narrativa com as seguintes questões:

> – Emília – disse ela – se você abrir um buraco ali no terreiro, que é que sai?
> – Terra – disse a boneca.

---

23 Procedimento semelhante ocorre em *Geografia de Dona Benta* (Lobato, 1956g, p.246), quando Dona Benta, ao falar das belezas de Portugal, menciona Setúbal, cidade que se destaca pela produção de vinhos. Ao ouvir esse nome, Emília confunde-o com o sobrenome do autor do livro *A marquesa de Santos*, Paulo de Oliveira Leite Setúbal (1893-1937).

– E depois? Se o buraco for bem fundo?
– Terra quente.
– E depois, mais, mais, mais fundo?
– Terra derretida, ou lava.
– E depois?
– Terra quente, outra vez.
– E depois?
– Terra fria, outra vez.
– E depois?
– Depois? Depois saem chineses...
Todos riram-se, menos Dona Benta. (Lobato, *Geografia de Dona Benta*, 1956g, p.22)

Embora a fala da personagem apresente uma certa lógica, se levarmos em consideração o fato de os chineses serem nossos antípodas, a propriedade dessa fala termina aí, pois mesmo que essa escavação fosse possível, os chineses não seriam retirados da Terra, o máximo que poderia ocorrer é chegar-se à China.

Na mesma narrativa, Dona Benta fala agora a respeito da extensão dos países que compõem os vários continentes. Nesse momento, Narizinho pergunta:

– Que quer dizer quilômetro quadrado? – quis saber Narizinho.
– Que pergunta – exclamou Emília. Quilômetro quadrado é o contrário de quilômetro redondo.
– Todos riram-se, mas a boneca explicou:
– Quilômetro redondo é o que mede as distâncias nos caminhos, e é redondo porque a gente vai pelos caminhos rodando em cima de rodas de automóvel; e quilômetro quadrado é o que mede o chão. (idem, p.29)

Desenvolvendo uma argumentação baseada na analogia, Emília demonstra no fragmento uma criatividade verbal própria da lógica infantil, e, como as crianças, na tentativa de ligar um fenômeno a outro e de orientar-se no mundo, a boneca cria situações, baseadas no contraste entre o fim e os meios, que na lógica do adulto são consideradas absurdas. Nesse sentido, apresenta explicações que só encontram sustentação dentro de seu próprio universo, como é o caso da criação do conceito "quilômetro redondo" e de sua respectiva definição.

Outro episódio nessa narrativa que nos chama a atenção refere-se à visita que as personagens do Sítio fazem à região ártica, e Pedrinho, ameaçado por um urso branco, é salvo pelos esquimós, que, após o episódio, conduzem as personagens até a costa da Groenlândia. Vejamos:

> A estranha expedição alcançou finalmente a costa da Groenlândia que dá para a baía de Baffin. O brigue foi posto n'água e os esquimós despedidos, depois de pagos e presenteados. Narizinho quis por força trazer um bebê esquimó como lembrança daquelas paragens. Dona Benta opôs-se, dizendo: Esses bichinhos não suportam o clima do Brasil. Estão muito adaptados ao frio.
> – Criamo-lo na geladeira – propôs Emília. (idem, p.142)[24]

Como se observa, a proposta de Emília de criar o bebê esquimó na geladeira é insólita, pois mesmo sendo esse um ser acostumado com o ambiente frio do Ártico, trata-se de um bebê, e não de um objeto qualquer que possa ser guardado como *souvenir* ou conservado na geladeira como alimento.

No capítulo referente à África, uma outra fala de Emília caracteriza-se também pelo tom cômico do alogismo proposto. Nesse capítulo, Dona Benta relata as inúmeras invasões sofridas pelo continente africano, que foi explorado até seus últimos recursos pelas nações europeias que se apropriaram de vários de seus países. Ao final dessas considerações, as crianças querem saber quais foram as consequências dessa exploração:

> – E os africanos com que ficaram? Perguntou Narizinho.
> Com a mosca tsé-tsé – respondeu Emília.
> Dona Benta achou graça. (Lobato, *Geografia de Dona Benta*, 1956g, p.216)

Por apresentar como resposta uma situação completamente inusitada ao contexto, a fala de Emília torna-se cômica, podendo-se até perceber nela, numa leitura mais atenta, um certo tom irônico. Isso ocorre porque, quando Narizinho pergunta a Dona Benta com que os africanos ficaram, em vista do que vinha sendo narrado, a menina espera obter como resposta o nome de uma cidade ou região, já que, segundo o relato de Dona Benta, foi isso o que os europeus lhes tomaram. Porém, subvertendo a ordem da narração dos fa-

---

24 A mesma ideia é explorada também em *Histórias de tia Nastácia* (Lobato, 1956k, p.202), quando, em um episódio sobre o êider, ave marinha que habita as regiões frias do Norte da Europa, Narizinho sugere a criação desse animal no Sítio e Emília completa: "Podiam dormir na geladeira".

tos, Emília acrescenta ao episódio uma situação que, no momento, não lhe é procedente. Ao mencionar a mosca tsé-tsé, embora a boneca se refira a uma situação que realmente caracterizou o continente africano, qual seja a presença desse inseto que assolou a região propagando o bacilo da doença do sono, descontextualiza a situação narrada pela inserção de um fato inesperado no momento. É essa falta de lógica que provoca o riso até em Dona Benta.

Memórias da Emília é também narrativa que se destaca pela utilização desses procedimentos. Exemplo disso é a fala de Emília transcrita por Visconde no momento em que o sabugo descreve os objetos possuídos pela boneca:

> Ela [...] possui um colosso de coisas [...] Tem besouros secos, um morcego seco, flores secas, e até um camarão seco. Tem coleção de fios de cabelo, que ela enrola um por um como cordinhas. Cabelos de Dona Benta, de Narizinho e Pedrinho, do Capitão Gancho, do Popeye. Na sua coleção, diz ela, só falta uma coisa: fio de cabelo dum homem totalmente careca. (Lobato, *Memórias da Emília*, 1956e, p.114)

Visto que o designativo "careca" refere-se à pessoa caracterizada pela calvície, ou falta de cabelos, a menção da possibilidade de se obter um fio de cabelo numa pessoa que não o possui é totalmente absurda. No entanto, pelo fato de essa posse ser ainda um desejo da boneca, observa-se que a personagem desconsidera essa incongruência, o que torna cômico o episódio.

Situação semelhante se apresenta no decorrer desse mesmo episódio. Vejamos:

> E tem mais coisas. Tem uma coleção de selos todos cortados. Emília recorta as cabecinhas e mais figurinhas dos selos e prega-as num álbum. Não há o que não haja naquele quarto. Durante uns tempos andou com mania de colecionar verrugas, das que têm um fio de cabelo plantado no meio. Isso por causa da sogra do compadre Teodorico, que veio um dia aqui. Essa velha possui uma verruga na cara. Emília começou a namorar aquela verruga. Por fim ofereceu à velha um tostão por aquilo – imaginem!
> Emília é uma criaturinha incompreensível. (idem, p.115)

Conforme demonstrado pelo comentário do próprio Visconde, que termina sua fala com a oração exclamativa "Imaginem!" e com a observação "Emília é uma criaturinha incompreensível", os desejos de Emília fogem à normalidade. Nesse sentido, se o fato de a boneca querer colecionar objetos esdrúxulos é até compreensível, dado seu caráter excêntrico, a inserção entre tais objetos de elementos não colecionáveis, como é o caso da verruga, causa o estranhamento.

Em *O picapau amarelo*, um outro episódio também nos chama a atenção pelo uso do *nonsense*. No capítulo 9 dessa narrativa, Belorofonte, o herói grego, conta a história de como, a pedido do rei Iobates, vai juntamente com seu cavalo Pégaso ao encalço de Quimera, um monstro com três cabeças: uma de leão, outra de cabra e a terceira de serpente. Nesse relato, destacam-se, mais uma vez, as intervenções de Emília. Vejamos:

> Fiz Pégaso pousar bem defronte à sombria boca da caverna. Olhei. Lá estava a Quimera dormindo! Mas dormindo ao modo dos bichos de três cabeças: enquanto duas dormem, a terceira vela.
> – Qual a cabeça que velava? – perguntou Pedrinho.
> – A de serpente. Mas assim que me viu acordou as outras.
> – De que modo? – quis saber a Emília. Com um grito ou uma cotovelada?
> Narizinho cutucou-a:
> – Onde você já viu cotovelos em cabeça de cobra, Emília?
> – Numa terra de bichos de três cabeças, bem que pode haver cotovelos, e até tornozelos, na cabeça das cobras.
> Dona Benta deu uma risadinha filosófica. (Lobato, *O picapau amarelo*, 1956l, p.74)

Nesse fragmento, embora se trate de uma narrativa de caráter maravilhoso, é absurdo pensar em "cotovelos em cabeça de cobra". Isso é demonstrado pela observação feita por Narizinho, que, assim como Emília, também estava envolvida pelo relato contado, mas, diferentemente da boneca, questiona a inverossimilhança da proposição de Emília, que, por sua vez, é discretamente aprovada pelo "riso filosófico" de Dona Benta.

Procedimento semelhante é utilizado por Emília em *O minotauro*, livro que narra as aventuras vividas pelos habitantes do Sítio na expedição de salvamento de Tia Nastácia, que havia sido sequestrada por um monstro grego. Antes de partir, Dona Benta atribui algumas funções às personagens que ficariam no Sítio: o Conselheiro seria o "tomador de conta do Sítio" e Quindim seria o guarda. Ao designar a função do rinoceronte, Dona Benta o adverte para não cochilar como havia feito no episódio em que estava designado para vigiar a casa contra o ataque do Capitão Gancho. Nisso, Quindim promete pôr em prática o conselho de Emília: "Cochile com um olho enquanto espia com o outro; depois cochile com o outro e espie com o primeiro".

Como se pode observar, o contrassenso desse conselho é reforçado por sua aceitação por um outro personagem que não o seu produtor. Assim, se, por um lado, esse tipo de alogismo que sugere um sono leve sem a oclusão dos dois olhos é esperado em Emília pelo fato de essa personagem possuir uma lógica particular, por outro, o que surpreende é o mesmo procedimento ocorrer em relação às demais personagens que deveriam se caracterizar, em oposição a Emília, por sua "normalidade" verossímil.

Na mesma narrativa, cogitando sobre o paradeiro de Tia Nastácia, temos a seguinte observação de Emília presente em um diálogo que trava com Narizinho:

– A pobre! – suspirou Narizinho. Por onde andará neste momento?
– Para mim, o Minotauro a devorou – disse Emília. As cozinheiras devem ter o corpo bem temperado, de tanto que lidam com sal, alho, vinagre, cebolas. Eu, se fosse antropófaga, só comia cozinheiras.
Narizinho teve vontade de jogá-la aos tubarões. (idem, p.11)

Estabelecendo uma relação baseada na analogia entre os termos "cozinheira" e "temperos", Emília constrói um raciocínio que, embora parta de um pressuposto aceitável, qual seja o fato de a cozinheira viver rodeada de temperos, chega a uma conclusão falha, imaginando que esse contato com condimentos torne a cozinheira mais saborosa. Ainda mais absurda é a possibilidade aventada pela boneca de Tia Nastácia poder ser consumida como alimento, o que, como se sabe, não é prática comum entre os costumes da civilização moderna.

Ainda nessa expedição pelo mundo grego, Emília, mais uma vez, se destaca por suas intervenções no momento em que ela, Pedrinho e Visconde encontram uma oliveira, árvore típica da região:

Foram andando, andando, sempre a subirem as encostas. Passaram por um grupo de oliveiras silvestres, carregadas de azeitonas. Pedrinho mordeu uma e cuspiu. Horrível! Só prestam depois de curtidas. Emília apenas murmurou de si para si: "Interessante, isto de azeitonas em árvore! Sempre imaginei que nasciam dentro de latas". (idem, p.113)

Visto que o Brasil não comporta em sua flora a presença de oliveiras, árvore que, exigindo certas condições climáticas e de solo, é mais comum nos países da Europa, Emília, por ser de nacionalidade brasileira, desconhece essa vegetação. Por se tratar de uma personagem do século XX, conhece o processo industrial de conservação de alimentos como é o caso do acondicionamento em latas e vidros. Em vista disso, limitando sua percepção ao seu conhecimento de mundo, fica surpresa de observar pela primeira vez uma oliveira produzindo azeitonas. Embora tudo isso seja compreensível, não deixa de causar espanto o fato de uma boneca tão admirada por sua esperteza imaginar que as azeitonas "nasciam dentro de latas".

Como se procurou demonstrar pela apresentação dos exemplos comentados, o uso do *nonsense* ou do alogismo é um procedimento muito utilizado nas obras infantis lobatianas, como recurso para a criação de situações humorísticas. Segundo Marisa Lajolo (1982), a utilização desse procedimento na criação de episódios e situações é, na verdade, uma forma de aproximar a literatura infantil do início do século XX à arte moderna. Falando a respeito do papel de Emília nesse contexto, afirma:

> Em muitas passagens, Emília – a personagem lobatiana por excelência – subverte a lógica, exatamente por levá-la ao extremo, chegando, com isso, ao absurdo. É o que se dá, por exemplo, quando ela oferece uma tesoura de uma perna só para que La Fontaine apare sua barba. Alertada da ineficiência da meia tesoura, sugere que o fabulista corte meia barba. Se é verdade que esta espécie de lógica do absurdo pode coincidir com certas práticas mentais que se costuma atribuir às crianças, ela coincide também com certas práticas e propostas dadaístas e surrealistas que pretendiam subtrair a literatura ao império do mundo cartesiano. (Lajolo, 1982, p.22)

Manifesto, por meio das correções e advertências propostas por algumas personagens, ou latente, esse ilogismo baseia-se na incapacidade – muitas vezes proposital – de juntar uma consequência com suas causas, estupidez propícia para suscitar o riso. Falando a respeito da manifestação do alogismo, Propp (1992, p.108) ressalta que:

> O riso surge no momento em que a ignorância oculta se manifesta repentinamente nas palavras ou nas ações do tolo, isto é, torna-se evidente para todos, encontrando sua expressão em formas perceptíveis sensorialmente. É possível dar-se também outra definição: pode-se entender o alogismo cômico como um mecanismo de pensamento que prevalece sobre o seu conteúdo.

Desse modo, apesar de o personagem deflagrador desse alogismo ver o mundo de modo distorcido, tirando conclusões absurdas de tudo o que o cerca, é capaz de suscitar a simpatia e a compreensão dos ouvintes como retribuição pelo riso evocado. É o que se observa, por exemplo, com Emília.

Paródia

Definida no âmbito da literatura como toda composição literária que recupera, de forma cômica ou satírica, o tema ou/e a forma de uma obra séria (cf. Moisés, 1999, p.388), a paródia é um efeito de linguagem que "consiste na imitação das características exteriores de um fenômeno qualquer de vida [...] de modo a ocultar ou negar o sentido interior daquilo que é submetido à parodização" (Propp, 1992, p.84-5). Nesse sentido, embora seu objetivo seja demonstrar que por trás das formas aparentes não há essência, ou seja, inexiste qualquer conteúdo interior – o que é proposto por meio do desnudamento ou desconstrução da forma literária parodiada –, a paródia é também um meio de se chegar a acordo com os textos que compõem o legado do passado. A esse respeito, ressalta Linda Hutcheon (1989, p.15):

> Os artistas modernos parecem ter reconhecido que a mudança implica continuidade e ofereceram-nos um modelo para o processo de transferência e reorganização desse passado. As suas formas paródicas, cheias de duplicidades jogam com as tensões criadas pela consciência histórica.

Conforme observado, trata-se de um processo dialógico de reconstrução em que se apresentam dois discursos, um já existente, incorporado à tradição, e outro que, embora tenha como base o discurso anterior, propõe-lhe uma ruptura por meio da sátira. Trata-se, segundo Hutcheon, de um método por meio do qual se inscreve a continuidade, embora se permita a distância crítica. Sendo assim, a paródia "pode, com efeito, funcionar como força conservadora ao reter e escarnecer, simultaneamente, de outras formas estéticas; mas também é capaz de poder transformador, ao criar novas sínteses" (idem, p.32). Confrontando-se esses dois universos que, ao mesmo tempo, se conjugam e se excluem, surge a síntese dialética, o estranhamento, nesse caso, responsável pelo riso.

Desse modo, ao se apresentar como uma repetição de outro discurso caracterizada por um distanciamento crítico cujo objetivo é, valendo-se da zombaria ou da exaltação de traços caricatos, assinalar a diferença em vez da semelhança, o texto paródico possui um componente marcadamente ridículo, cômico.

Graças a esse efeito, a paródia é uma técnica humorística não ignorada por Monteiro Lobato, que a utiliza em seus textos em diversos momentos, conforme procuraremos demonstrar pelos exemplos que seguem.

A primeira ocorrência da utilização desse recurso pode ser observada em *Reinações de Narizinho*. Na quinta parte dessa narrativa, Gato Félix, em visita ao Sítio, conta aos seus anfitriões a história de sua vida. Em seu relato bastante fantasioso, o gato diz, entre outras coisas, ser "cinquentaneto" do Gato de Botas e ter um avô que veio para a América no navio de Cristóvão Colombo. Ao ouvir isso, Emília pede para que o Gato Félix lhe conte como foi que Colombo descobriu a América e ouve a seguinte história à qual faz, posteriormente, um comentário muito interessante:

– Meu avô veio justamente no navio de Cristóvão Colombo, que se chamava "Santa Maria". Veio no porão e durante toda a viagem não viu coisa nenhuma senão ratos. Havia mais ratos no "Santa Maria" do que pulgas num cachorro pulguento, e enquanto lá em cima os marinheiros lutavam com as tempestades, meu avô lá embaixo lutava com a rataria. Caçou mais de mil. Chegou a enfarar-se de rato a ponto de não poder ver nem um pelinho de camundongo. Afinal o navio parou e ele saiu do porão e foi lá para cima e viu um lindo sol e um lindo mar e bem na frente uma terra cheia de palmeiras.
– Então era o Brasil! – disse Emília. Aqui é que é a terra das palmeiras com sabiá na ponta!... (Lobato, *Reinações de Narizinho*, 1956a, p.150)

Como se observa, o comentário feito por Emília ("Aqui é que é a terra das palmeiras com sabiá na ponta!") recupera o poema "Canção do exílio" de Gonçalves Dias, estabelecendo com ele um intertexto paródico. Baseando-se nos versos "Minha terra tem palmeiras, / Onde canta o sabiá; / As aves que aqui gorjeiam, / Não gorjeiam como lá.", Emília recupera os termos centrais desses versos do poeta romântico, quais sejam "aqui", "terra", "palmeiras" e "sabiá", e reconstrói o texto de modo bastante inusitado ao criar uma imagem por meio da qual esses elementos são redimensionados. Prova disso é o fato de a boneca acrescentar como dado novo a sua recriação o fato de os sabiás evocados pelo poeta estarem na ponta das palmeiras, informação que, por não constar no texto original, provoca o estranhamento que torna a reconstrução bastante cômica.

Outra narrativa que se destaca pela utilização da paródia como recurso humorístico é *Dom Quixote das crianças*. Conforme já apontado, a presença dessa obra entre as narrativas infantis produzidas por Lobato possibilita considerações interessantes a respeito da verve cômica do autor. Basta atentar para o fato de *Dom Quixote de la Mancha*, obra que serve de referência a Lobato, ser o único clássico pertencente ao cânone da literatura universal adaptado pelo autor para constar entre suas obras destinadas ao público jovem. Mais interessante ainda é observar que essa obra é justamente uma paródia feita por Cervantes às novelas de cavalaria medievais. Nota-se aí a preferência de Lobato por textos que possuem como base o elemento humorístico, processo que também será amplamente por ele utilizado.

Em *Dom Quixote das crianças* chama atenção o episódio em que Emília, depois de ter ouvido grande parte do relato sobre o cavaleiro Dom Quixote, incorpora a personagem, assustando Tia Nastácia que pede ajuda a Dona Benta:

> – Sinhá – veio ela dizer – Emília parece louca. Entrou na cozinha montada no Rabicó, toda cheia de armas pelo corpo, com uma lança e uma espada, e uma latinha na cabeça que diz que é o "érmo" de Mambrino, e começou a me espetar com a lança, gritando: "Miserável mágico! Por mais que te pintes de preto e ponhas saias, não me enganarás! Pérfido! Infame encantador!" E uma porção de coisas assim, sem pé nem cabeça. E a diabinha me espetaria de verdade com a lança, se eu não jogasse no quintal umas cascas de abóbora. Rabicó foi voando para cima das cascas e levou consigo a louquinha. E o pobre Visconde atrás, Sinhá – isso é o que dá mais dó! O pobre Visconde barrigudo, carregando uns saquinhos que ele diz que é alforje...
> Dona Benta foi espiar pela janela e de fato viu as estrepolias que a Emília del Rabicó estava fazendo no quintal. Vestidinha de cavaleira andante, toda cheia de armaduras pelo corpo e elmo na cabeça, avançava contra as galinhas e pintos com a lança em riste, fazendo a bicharada fugir num pavor, na maior gritaria [...] (Lobato, *Dom Quixote das crianças*, 1956i, p.180-1)

Construída por meio do travestismo das personagens que exageram em sua caracterização, a paródia do texto de Cervantes nesse episódio tange a caricatura. Tomando como base para sua reconstrução as personagens centrais de *Dom Quixote de la Mancha*, Emília assume o lugar do cavaleiro, utilizando todos os ornamentos pertencentes a essa personagem, como armadura, lança, espada e uma latinha na cabeça como elmo; a Rabicó atribui o papel do magro cavalo Rocinante; Visconde fica com a representação do fiel escudeiro Sancho Pança, e Tia Nastácia representa o temível mágico. Se a aventura original já é cômica pela incongruência apresentada pela visionária personagem central em seu confronto com o mundo real, a reconstrução paródica dessa situação o é em grau ainda maior, uma vez que utiliza personagens sem qualquer ligação física ou moral com os seres parodiados. Exemplo disso é que Dom Quixote, um homem adulto, é representado por uma boneca criança; Rocinante, um magro e decrépito cavalo, tem em seu lugar um gordo e jovem leitão; Sancho Pança, um rústico, gordo e bronco serviçal, é representado por Visconde, um pequeno e sábio sabugo de milho; e Tia Nastácia, uma simplória cozinheira, representa um poderosíssimo e temido mágico.

Como se pode observar, por ser uma máscara que denuncia a duplicidade, a ambiguidade e a contradição, a paródia corresponde a um recurso de configuração complexa. Apresentando uma fusão de vozes que se colocam no discurso de modo antagônico, trazendo informações que estavam ocultas, trata-se de uma técnica que exige, para sua eficaz apreensão, um conhecimento do receptor que transcenda o nível superficial. Isso talvez explique o fato de esse recurso, embora seja utilizado, não aparecer em grande número nas obras infantis lobatianas, limitadas pela especificidade de seu público-alvo, formado por seres em processo de formação enquanto indivíduos e enquanto leitores.

Nesse sentido, embora o enfoque pretendido com a apresentação desses exemplos não tenha sido a análise da paródia nos textos de Lobato, mas apenas a demonstração de como esse procedimento contribui para a construção do humor que caracteriza as produções do autor, vale ressaltar a relevância dessa técnica na construção da comicidade, tendo em vista o fato de ser a paródia "elemento inseparável da 'sátira menipeia' e de todos os gêneros carnavalizados" (Bakhtin, 1997, p.127) presentes na origem da literatura de caráter cômico.

A esse respeito, comenta Bakhtin (1997):

> A paródia é organicamente estranha aos gêneros puros (epopeia, tragédia), sendo, ao contrário, organicamente própria dos gêneros carnavalizados [...] O parodiar é a criação do *duplo destronante*, do mesmo "mundo às avessas". Por isso a paródia é ambivalente [...] Tudo tem a sua paródia, vale dizer, um *aspecto cômico*, pois tudo renasce e se renova através da morte. (grifo nosso)

Como se observa, embora tome como base algo que já se encontra recalcado, o texto parodístico, ao reapresentá-lo, propõe uma maneira nova e diferente de ler o convencional. Não se trata de uma simples imitação nostálgica de modelos do passado, mas de uma "confrontação estilística, uma recodificação moderna que estabelece a diferença no coração da semelhança" (Hutcheon, 1989, p.19).

Affonso Romano de Sant'Anna (2000, p.32), ao estabelecer uma distinção entre a paródia e a paráfrase, afirma que, enquanto esta, situando-se na linha da continuidade, pode converter-se numa repetição do discurso alheio, aquela propõe a ruptura, "é o texto ou o filho rebelde, que quer negar sua paternidade e quer autonomia e maioridade". Nesse processo de insubordinação, resolve-se, na forma do riso, muito daquilo que é inacessível na forma do sério. Foi justamente a expressão desse efeito que os exemplos selecionados procuraram demonstrar.

Comparações inusitadas

Entusiasta da linguagem concreta, Monteiro Lobato apresenta em seus textos um estilo que se caracteriza pela utilização de um tipo de discurso em que predominam a visualidade e a tendência ao figurativo. Nesse sentido, é comum encontrar em suas produções o emprego de comparações visuais e cinemáticas retiradas da vida cotidiana. Visto que, conforme afirma Cassiano Nunes (1983, p.63), "a comparação ilustrativa, animada, constitui o recurso mais frequente desse artista", e o humor é "um dos mais manifestos e valorosos predicados de Lobato" (idem, p.64). É interessante observar de que modo o autor taubateano conjuga esses dois recursos para a criação do efeito cômico predominante em muitos de seus textos.

A primeira ocorrência da utilização desse procedimento pode ser observada em *O Saci*, no capítulo em que se descreve o Sítio de Dona Benta. Observando as belezas naturais do pomar que ficava nos fundos da casa, certa vez, as crianças detiveram-se a admirar o trabalho de um casal de joões-de-barro na construção de seu ninho, conforme demonstra o seguinte fragmento:

> O mais curioso foi que depois de acabado o ninho novo, eles, em vez de se mudarem, resolveram fazer um segundo ninho em cima daquele. Quem primeiro notou isso foi o Visconde, que foi, todo assanhado, contar a Dona Benta.

– Venham ver, disse o sabuguinho. Eles terminaram ontem a construção do ninho novo, mas não se mudaram do velho; em vez disso estão a construir um segundo ninho sobre o novo – uma espécie de segundo andar.
Dona Benta foi com os meninos e viu.
– Por que será, vovó? – quis saber Pedrinho.
– Não sei, meu filho, mas eles devem ter lá suas razões.
– Eu sei – berrou Emília. É para alugar!...
Todos riram-se. (Lobato, *O Saci*, 1956b, p.177)

Embora não seja explicitado no episódio, o segundo elemento necessário ao estabelecimento da relação comparativa pode ser facilmente depreendido pelo contexto. Nele, o que se observa é uma aproximação entre o homem e o joão-de-barro, possibilitada pela observação de uma prática comum aos dois seres: a construção de casas. Tomando como referência a ação humana, o que se observa é que o homem, para se proteger das intempéries, constrói edifícios destinados à habitação, sendo-lhe, portanto, necessária para suprir suas necessidades apenas uma dessas construções. Porém, movido pela ganância, pelo desejo de obtenção de lucro, mesmo após ter suas necessidades atendidas, o ser humano continua construindo casas com o intuito de cedê-las à locação. Visto que, no episódio transcrito, o joão-de-barro já havia construído um meio de suprir suas necessidades básicas, a única explicação encontrada por Emília para justificar a segunda construção foi a mesma utilizada para o mundo dos homens: o "ganhar dinheiro". No entanto, ao atribuir a um animal, que apenas age por instinto, os mesmos propósitos racionais que caracterizam o ser humano, a boneca cria uma situação incongruente. Além disso, ao revelar por meio do animal um "defeito" do ser humano, torna o episódio cômico e de intenção corretiva.

Outra narrativa em que ocorre a utilização desse procedimento é *Peter Pan*. No capítulo 1 dessa narrativa, quando Dona Benta conta a justificativa dada por Peter Pan para a existência de fadas, Tia Nastácia interrompe-a, sugerindo que ele estava mentindo, uma vez que ela já era velha e nunca havia visto uma única fada. Essa interrupção irrita Emília, que agride a cozinheira, ridicularizando-a por essa ser negra. Nisso, Dona Benta repreende a boneca, e Visconde explica que Tia Nastácia é negra pelo fato de possuir muitos pigmentos na pele. Ouvindo isso, Emília faz a seguinte observação:

– Quer dizer [...] que se os pigmentos de tia Nastácia fossem cor de burro quando foge ela não seria negra e sim uma burra fugida...

– Chi, meu Deus do Céu! – exclamou Narizinho. Como a Emília está asneirenta hoje... (Lobato, *Peter Pan*, 1956e, p.166)

Partindo de uma premissa lógica que supõe que Tia Nastácia seja negra porque possui pigmentos negros, Emília utiliza esse conceito como base para uma comparação absurda. Segundo ela, se o pigmento negro é determinante para a manifestação da cor negra, o pigmento "cor de burro quando foge" por ela criado também será determinante para o estado de "burra fugida".[25] Porém, se atentarmos para a comparação feita, notaremos a distorção procedida pela boneca para intensificar o processo de ridicularização por ela empreendido e em razão do qual ela foi admoestada. Isso pode ser observado pelos elementos que compõem essa comparação: de um lado, temos "pigmento negro = *cor* negra"; de outro, "pigmento cor de burro quando foge = *burra fugida*". Nesse sentido, se, num primeiro momento, a boneca se restringe à *cor* da cozinheira, a seu aspecto físico, posteriormente, quando, em vez de usar a expressão "cor-de-burro-quando-foge", que corresponde a uma cor difícil de ser definida, compara Tia Nastácia a uma "burra fugida", faz um julgamento moral depreciativo de caráter derrisório.

Tal postura revela, na verdade, mais uma das ambivalências possibilitadas pela utilização do humor na obra lobatiana. Tendo uma formação marcada pelas tensões que caracterizaram o final do século XIX e o início do XX, Monteiro Lobato conjugou posturas aparentemente dissonantes, quais sejam, por um lado, traços da educação clássica que recebiam os jovens provenientes de famílias cuja base econômica era a propriedade rural e a produção agrícola com mão de obra escravocrata, e, por outro, um espírito crítico e renovador de um jovem que foi forçado a sair em busca de sua própria afirmação econômica.

Nesse período histórico, que serviu de cenário para sua formação intelectual, o pensamento social dominante no Brasil adotava as teorias científicas surgidas na Europa para pensar a identidade cultural brasileira. Para tais ideias cientificistas, o clima, a localização geográfica e a *raça* determinavam a evolução e a hierarquia das sociedades humanas, conforme aponta R. A. Santos (2003):

---

25 Na mesma narrativa, Emília define a cor-de-burro-quando-foge como a cor de outono, depois de ouvir que a cor dessa estação era o tom de palha, da folha murcha quase sem cor (Lobato, *Peter Pan*, 1956e, p.226).

Quase todos os pensadores do período, que podemos datar entre 1870 e 1930, pelo menos em algum momento de suas vidas, pensaram a miscigenação racial como um problema a ser solucionado. Em maior ou menor grau, para estes autores, a questão racial era a grande questão nacional. Para alguns, a "mistura racial" era um obstáculo ao desenvolvimento econômico e social. Viam como prova da evolução do Brasil um suposto e crescente "branqueamento das nossas gentes". Acreditamos que aos olhos destes homens, esta expressão não se referia apenas à cor da pele. Naquela conjuntura, com o país recém-saído do escravismo colonial e da abolição da escravidão, as ideias e as atitudes estavam, e ficariam por muito tempo, impregnadas por símbolos que marcaram as relações sociais escravistas.

Apesar de, em alguns momentos, compactuar com essa ideologia dominante, Lobato também se via atraído pelo movimento, pela inquietude e pelas novas ideias de um cenário mutante que o novo século apresentava. Desse modo, a observação que Lobato tem da realidade é fortemente dualista: ao mesmo tempo, portador de um discurso modernizador, mas também mantenedor de concepções de base ontológica que desqualificam certos grupos da população em virtude de sua formação étnica. Exemplo disso é o que ocorre com a imagem do caboclo brasileiro apresentada pelo autor em seus primeiros textos, conforme ressalta L. Starobinas (1992, p.31-2):

> Há, na rejeição ao Jeca, uma forte base ontológica, que o desqualifica devido a sua formação racial. O caboclo brasileiro, apresentado por Lobato, seria descendente dos degredados portugueses [...] ou de uma negativa miscigenação entre brancos, índios e negros. Essa avaliação se completa com a apologia do imigrante italiano e alemão, que exaltaria sua estabilidade de caráter e constante estímulo para o trabalho.

Quanto à representação da figura do negro, que em algumas narrativas lobatianas é descrito, assim como o caboclo, de modo derrisório, a questão é mais controversa. Embora muitos apontem essa descrição feita por Lobato como um indício de sua postura racista, Marisa Lajolo (1998) argumenta:

> Nessas obras [*Histórias de tia Nastácia* e *O presidente negro*], a representação do negro e de sua inserção no seio de uma sociedade que se quer branca não hesita no realismo das soluções narrativas adotadas, inscritas ambas na moldura da oralidade. Quer na chave do realismo fantástico da história norte-americana, quer na do realismo miúdo e cotidiano do sítio de Dona Benta, o conflito é violento porque não era menos violento na vida real, nem abaixo nem acima do

Equador. E a literatura, uma das arenas mais sensíveis na encenação desse conflito, representa-o, no caso de Lobato, num discurso sinuoso que ao desvelar as convenções de apaziguamento inaugura uma tradição que, ainda que do avesso, é hoje passada a limpo [...]

A autora ainda acrescenta:

a representação do negro, em Lobato, não tem soluções muito diferentes do encaminhamento que a questão encontra na produção de boa parte da intelectualidade brasileira, e não só da contemporânea de Lobato [...] Longe de desqualificar a questão, essa ambiguidade torna-a ainda mais relevante. Mas os melhores ângulos para discuti-la não se esgotam na denúncia bem-intencionada dos xingamentos de Emília, absolutamente verossímeis e, portanto, esteticamente necessários numa obra cuja qualidade literária tem lastro forte na verossimilhança das situações e na coloquialidade da linguagem. (idem, ibid.)

Como se observa, a questão é polêmica. Apesar disso, o que se pode afirmar é que, embora a postura do escritor taubateano em relação ao caboclo, representado, pelo Jeca tenha sido retomada com outro viés alguns anos depois da publicação de *Urupês*, operando-se uma transformação na análise de Lobato; formado por uma tradição determinista, o escritor mantém em relação ao negro um estado de espírito oscilante e marcadamente ambíguo. Desse modo, é por meio do humor, utilizado por ele como arma para amenizar o tom derrisório com que, muitas vezes, trata as personagens dessa etnia, que Monteiro Lobato conjuga essas contradições.

Ainda em relação às comparações que produzem um efeito jocoso, *Viagem ao céu* nos apresenta mais um exemplo bastante expressivo da utilização desse recurso. Em sua estada na Lua, Pedrinho, aproveitando a presença de São Jorge, começa a lhe fazer uma série de perguntas que são respondidas pacientemente pelo santo. Entre tais respostas destaca-se a que apresentamos na citação, seguida do comentário feito por Emília:

– Pois isto aqui, meus meninos, é o satélite da nossa querida Terra. Satélite vocês devem saber o que é...
– Eu sei – gritou Emília. É como um cachorro que segue o dono!
São Jorge riu-se. (Lobato, *Viagem ao céu*, 1956b, p.50)

Valendo-se da característica determinante dos satélites, qual seja, o fato de esses corpos celestes gravitarem em torno de outro, que é denominado principal, Emília compara-os a cães "que seguem o dono". Nessa relação, o corpo celeste principal é comparado ao dono do cão por sua função de orientador, e os corpos secundários guiados pelo primeiro correspondem aos cães que são conduzidos por seus proprietários. Nesse caso, a comparação é cômica porque, ao aproximar elementos de ordens diferentes, torna-se inusitada.

Outro episódio que chama atenção nessa narrativa ocorre quando Emília, para salvar o burro falante das garras do dragão de São Jorge, dá ao animal uma quantidade inadequada de pó de pirlimpimpim, fazendo que ele ficasse perdido no espaço. Para salvá-lo, as crianças do Sítio resolvem capturar um cometa para, montadas nele, vasculhar o céu em busca do animal. Depois da captura, surge-lhes um outro problema:

> – E rédea? Como arranjar rédea para guiar este potro pelos espaços?
> – Faça uma rédea de cauda de outros cometas – gritou Emília. Rabo de cão se cura com mordedura do próprio cão, como diz tia Nastácia.
>
> Pedrinho gostou da ideia, e mesmo montado conseguiu alcançar e arrancar vários rabos de cometinhas menores, que num instante teceu em forma de rédea e passou pelo "núcleo" do potro. Os pobres cometinhas derrabados olhavam para trás desapontadíssimos e muito sem jeito. Quem se acostuma com rabo não sabe viver sem ele.
>
> – Não se aflijam! – gritou-lhes a boneca. Lá em casa há um ilustre marquês que também não tem rabo e vive muito bem. E chama-se Rabicó justamente por isso. Rabicó quer dizer sem rabo. Vocês ficam sendo os Rabicós celestes...
> (idem, p.101)

No fragmento transcrito, a comparação feita ocorre entre os cometas cujas caudas foram retiradas por Pedrinho para lhe servir de rédeas e Rabicó. O traço comum aos dois elementos e que permite essa aproximação é o fato de ambos terem sido privados de suas caudas. Visto que para os seres terrestres essa característica permite a utilização da designação "rabicó", que corresponde a "animal sem cauda", Emília, procedendo a uma extensão de sentido, utiliza a mesma expressão para se referir aos cometas. Porém, como os seres, por ela aproximados, pertencem a universos completamente distintos, essa relação por ela estabelecida, que permite chamar os cometas de "Rabicós do céu", revela-se um despropósito, sendo, portanto, cômica.

Finalizando as considerações sobre essa narrativa, temos um último episódio que demonstra uma outra aproximação bastante peculiar entre elementos diversos feita por Emília. Isso ocorre quando os astrônomos, tendo descoberto que a causa das perturbações celestes, por eles detectadas, eram as crianças do Sítio, chegam à casa de Dona Benta para interrogar os netos da dona do Sítio. "Mas como fossem 'adultos' de sobrecasaca e cartola, desses que tratam as crianças como seres inferiores e não acreditam em nada" (idem, p.157), recebem as explicações fornecidas com evidente descrédito:

> – Estou vendo que os senhores marmanjos não acreditam em nossa história. Estamos pagos. Nós também não acreditamos nas suas "hipóteses" muito sem jeito...
> Os astrônomos não esperavam por aquela resposta, de modo que abriram de novo as bocas. Uma boneca que falava que nem gente e sabia o que era hipótese! Maior assombro era impossível. Mas em vez de apenas assombrar-se, só, sem mais nada, o maioral caiu na asneira de sorrir de novo, com superioridade ariana, e de dizer, como que ofendido:
> – Bravos! Com que então não acredita em nossas hipóteses? Muito bem. E que vem a ser hipótese, senhora bonequinha impertinente?
> Emília pôs as mãos na cintura.
> – Hipótese são as petas que os senhores nos pregam quando não sabem a verdadeira explicação duma coisa e querem esconder a ignorância, está ouvindo, seu cara-de-coruja? [...] (idem, ibid.)

Com o intuito de demonstrar que seu relato era digno de confiança, Emília faz que os astrônomos percebam que as teorias por eles propostas como hipóteses também eram passíveis de dúvidas e questionamentos. Para tanto, apresenta uma definição de "hipótese" que justifica seu ponto de vista. Como se sabe, "hipótese" corresponde a uma proposição que se admite, independentemente do fato de ser verdadeira ou falsa, mas unicamente a título de um princípio a partir do qual se pode deduzir um determinado conjunto de consequências. Nesse sentido, ela tanto pode ser comprovada posteriormente, como não passar de uma suposição sem fundamento verificável. No segundo caso, aproxima-se da mentira (ou "peta", como propõe Emília), por se tratar de algo que se aproxima da verdade, mas é real apenas na aparência. Valendo-se dessa proximidade, a boneca argumenta que os criadores de hipótese são, na verdade, grandes mentirosos que escondem sua ignorância, usando explicações nem sempre verdadeiras. No caso dos astrônomos, essa relação torna-se procedente tendo em vista o fato de tais cientistas terem como objeto de estudo o espaço sideral e os corpos celestes, ou seja, elementos muito distantes para possibilitar constantes verificações concretas *in loco*. O rebaixamento da condição de superioridade mantida pelos astrônomos, ilustres cientistas responsáveis por grandes descobertas, provocado pela comparação da boneca, é o que torna o episódio cômico.

Por se tratar de uma narrativa com evidente intenção didática, *História do mundo para as crianças* oferece um campo fértil para a análise dos procedimentos humorísticos, elementos utilizados para diminuir a aridez do teor "pedagógico" do texto. Entre tais procedimentos, destacam-se as comparações inusitadas que, além de facilitarem a compreensão, tornando mais concretos e próximos do leitor os conceitos abordados, granjeiam sua atenção pela graça da expressão. Isso pode ser observado nos fragmentos apresentados a seguir. No primeiro deles, Dona Benta conta a história da Grécia e dos deuses gregos, dizendo que essas divindades se alimentavam de ambrosia e bebiam néctar. Ao ouvir isso, as crianças comentam:

– Que gostoso devia ser! – exclamou Pedrinho. E não se sabe hoje o que eram esse néctar e essa ambrosia, vovó?

Para mim, a tal ambrosia era pamonha de milho verde – murmurou Emília ao ouvido do Visconde. (Lobato, *História do mundo para as crianças*, 1956d, p.35)

O comentário de Emília torna-se engraçado pelo fato de a boneca aproximar dois elementos que são diametralmente opostos: a ambrosia e a pamonha de milho verde. Enquanto o primeiro refere-se ao alimento dos deuses do Olimpo, responsável por conceder e manter sua imortalidade, sendo, portanto, uma expressão que remete a estratos superiores, divinos, o segundo corresponde a uma expressão de origem indígena utilizada para designar um tipo de comida típica das zonas rurais muito apreciada pelos moradores dessas regiões que, por sua vez, se caracterizam pela rusticidade e simplicidade. Destituído, como se observa, de qualquer requinte, o elemento utilizado por Emília para estabelecer sua comparação provoca uma transposição de séries, uma mistura de universos sem nenhum ponto de contato entre si a não ser a sua própria experiência de boneca criada na zona rural.

No relato feito por Dona Benta sobre a Babilônia, surpreende-nos, mais uma vez, a fala de Emília, que, depois de ter sido proibida de dizer qualquer palavra por causa de suas interrupções impertinentes, recebe permissão para falar e faz o seguinte comentário a respeito do rei Nabucodonosor:

Dona Benta comentou:
— Nós dizemos Nabucodonosor, mas parece que a ortografia mais correta é Nabucadnezar. Escolham. E, para facilitar, daqui por diante direi Nabuco, simplesmente.
— Chame logo Joaquim Nabuco — observou Emília que já tinha recebido licença para falar.
— Feche a torneira, Emília! — gritou Narizinho. (idem, p.61)

Ignorando o fato de Nabucodonosor e Joaquim Nabuco serem pessoas diferentes, que viveram em épocas e locais igualmente distintos, a boneca aproxima-os, valendo-se, para tanto, simplesmente da semelhança parcial entre seus nomes. Enquanto Nabucodonosor foi um dos maiores reis da Babilônia, tendo se tornado uma figura histórica universal em virtude de suas construções suntuosas, Joaquim Nabuco foi, no Brasil, o fundador da Academia Brasileira de Letras e um dos principais abolicionistas que o país já teve. Como Emília só havia ouvido falar da personagem histórica local, ao perceber a semelhança entre os nomes próprios Nabucodonosor e Nabuco, propõe a inversão baseada na substituição da figura desconhecida por aquela que já lhe era familiar. Ao assim proceder, conjuga num mesmo universo locais, épocas e personalidades diferentes, provocando o estranhamento cômico.

Ao contar a história de Sócrates, filósofo grego que, por não acreditar nos deuses do Olimpo, foi denunciado como inimigo das divindades e corruptor da mocidade, sendo condenado à morte, Dona Benta diz que os modos mais comuns de condenação na Grécia eram o enforcamento e a ingestão de chá de cicuta. Impressionada com esses procedimentos, Emília intervém no relato:

Emília declarou que ia plantar cicuta na horta.
— Para quê? Perguntou Narizinho.
— Para não ser preciso enforcar o Visconde, se algum dia ele for condenado à morte... (idem, p.94)

Nesse fragmento, a comparação que nos chama a atenção ocorre entre Sócrates e Visconde, que, na lógica própria de Emília, têm em comum a sabedoria e erudição que os fazem admirados. Partindo do pressuposto de que os dois são sábios, a boneca supõe que, se essa característica condenou Sócrates à morte, o mesmo ocorrerá com Visconde, que possivelmente um dia também se confrontará com a possibilidade de dois tipos de execução. Precavendo-se da crueldade do enforcamento, Emília soluciona o problema com o cultivo da cicuta que proporcionará ao sábio sabugo uma morte menos traumática. Ocorre, porém, que a personagem, ao estabelecer essa aproximação entre Sócrates e Visconde, ignora que as personagens por ela relacionadas são de épocas diferentes. Portanto, o que era comum na Grécia, por exemplo, não caracteriza a realidade em que o sabugo feito por Tia Nastácia se encontra. Sendo assim, se a possibilidade de que Visconde seja um dia condenado à morte é absurda, a precaução da boneca com o cultivo da planta venenosa é mais absurda ainda.

Ainda nessa narrativa, no capítulo referente a Nero, Dona Benta conta às crianças como a cidade de Pompeia foi destruída pela fúria do Vesúvio. Nesse episódio relata também o interesse que essa cidade tem despertado nos pesquisadores que lá têm encontrado muitas coisas curiosas, por meio das escavações feitas, entre as quais se destacam:

> Ossos dos que morreram no desastre; corpos petrificados, ainda em posição indicativa do terror dos últimos momentos; joias e ornatos usados pelas mulheres; vasos e enfeites caseiros; lâmpadas, panelas e pratos – tudo conservado! O mais notável, porém, foi o encontro em certa casa dum prato de bolos em cima da mesa e dum pedaço de pão meio comido; nessa mesma casa, mais isto: carne preparada para ir ao fogo, um caldeirão ainda com cinzas embaixo, feijão e ervilha – e ainda – imaginem – um ovo perfeitinho!...
> – Um ovo? Repetiu a menina. Oh, com certeza é o ovo mais velho do mundo!
> – E chocaram esse ovo? Perguntou Emília.
> Dona Benta mandou que tia Nastácia a levasse para a cozinha. Aquilo também era demais... (idem, p.132)

Aproximando-se do *nonsense*, a comparação feita por Emília entre o ovo encontrado nas escavações de Pompeia e um ovo comum surpreende pelo despropósito. Estrutura comum em alguns animais expelida do corpo da mãe, o ovo consiste no óvulo fecundado, juntamente com as reservas alimentares e os envoltórios protetores, que, recebendo calor, propicia o desenvolvimento do embrião e o consequente nascimento dos filhotes. Porém, para que isso ocorra são necessárias condições ideais, como um animal que o ponha e o choque; condições espaciais e climáticas adequadas e a obediência ao tempo exato de gestação de cada espécie. Na narrativa, o ovo a que Emília se refere foi encontrado nas escavações de Pompeia, cidade inteiramente sepultada em uma erupção do Vesúvio, em 79 d.C., ou seja, há mais de 1900 anos em relação à escrita da narrativa em questão. Tendo isso em vista, observa-se que, quando Emília pergunta sobre o fato de esse ovo ter sido chocado, utiliza como base para sua indagação os processos a que é submetido um ovo comum. Nesse sentido, ao comparar o ovo achado em Pompeia debaixo de lavas vulcânicas seculares com um ovo corriqueiro, torna sua questão incongruente.

Também caracterizada por certo alogismo é a comparação feita por Emília no capítulo referente à história de Maomé. Ao contar às crianças quais foram os eventos que levaram esse árabe a fundar o islamismo, Dona Benta diz:

> Maomé tinha o hábito de ir frequentemente a uma certa gruta do deserto, perto da cidade, para estudar – e pensar. Ele pensava muito...
> – Devia então ser parente daquele papagaio que o caipira vendeu ao inglês – disse Emília referindo-se a uma anedota que ouvira contar dias antes. Um papagaio que não falava, mas pensava muito... (idem, p.154)

A comparação nesse fragmento é evidente e revelada pela própria personagem. Trata-se da insólita aproximação feita por Emília entre Maomé e um papagaio. Valendo-se de uma característica do profeta apontada por Dona Benta, qual seja o hábito de pensar muito, a boneca compara Maomé a um papagaio, personagem de uma piada por ela ouvida. Na anedota, um caipira vende um papagaio a um inglês, prometendo que o animal surpreenderá o estrangeiro pela sua extraordinária desenvoltura na fala. Ao verificar que fora enganado, o inglês, contatando o caipira, recebe dele a explicação de que, embora o papagaio não fale como o prometido, o animal pensa muito, isso justifica seu silêncio.

Se atentarmos para essa anedota, notaremos que, na verdade, a arte de pensar, apontada pelo caipira como qualidade superior à fala no papagaio, é uma justificativa para seu logro, tendo em vista o fato de a ave ser um animal caracterizado por sua irracionalidade. Nesse sentido, usando o papagaio como base da comparação, assim como fez Emília, pode-se entender que o "pensar muito" e o "não se expressar" correspondem à ausência da faculdade de raciocínio. Sendo assim, quando Emília diz que Maomé, por pensar muito, "devia ser parente daquele papagaio", está na realidade chamando-o de néscio, o que é muito peculiar, se considerarmos que o árabe é um profeta criador de uma seita com milhares de seguidores.

Promovendo uma dessacralização da figura mística de Maomé, Monteiro Lobato permite, por meio dessa comparação insólita, a observação de suas concepções em relação à religião. A esse respeito, afirma Eliana Yunes Garcia (1982, p.33):

> A questão religiosa – do catolicismo às crendices e superstições – em Lobato, passa antes pelo repúdio ao conformismo das massas sob uma ótica mística, que pelo ateísmo iconoclasta. Distingue claramente Cristo e o Cristianismo, entre a revelação e a manipulação que anula a iniciativa humana numa disposição à vontade de Deus, confundindo conformismo com fé. Este jogo serviria aos interesses da classe dominante, identificando-se a revolta com o pecado, já que a insatisfação remeteria diretamente à autoridade constituída pela tradição. De um lado as Cruzadas Cívicas, de outro o rearmamento moral. Como se vê, é sobretudo o caráter político das religiões que está na aiça (sic) de mira de Lobato, muito mais que a existência de um criador.

São esses elementos implícitos à comparação e capazes de, ao mesmo tempo, ocultar e revelar a essência dos objetos cotejados que a tornam humorística.

Outro comentário de Emília que chama a atenção ocorre quando Dona Benta fala a respeito dos reis que participaram das Cruzadas, dando um destaque a um dos que se destacaram na terceira delas. Vejamos:

> Nesta segunda Cruzada os três reis [Ricardo da Inglaterra, Felipe da França e Frederico da Alemanha] não tomaram parte. Estavam reservados para a terceira, que começou no ano de 1189, quase cem anos depois da primeira.
> – Três reis! Imaginem! Estou quase com dó dos turcos...
> – Não perca o seu dó, Pedrinho, porque ainda é cedo. Esses três reis nada conseguiram. Frederico Barbarruiva...
> – Que nome! – interrompeu Narizinho. Quem era ele?
> – Parente de Barba-Azul com certeza – gritou Emília. (Lobato, *História do mundo para as crianças*, 1956d, p.196)

Bastante pitoresca, a comparação feita por Emília nesse fragmento aproxima dois seres de configurações distintas: Barba-Azul, um personagem fictício, e Barbarruiva, uma personalidade histórica. Segmentando em duas unidades as expressões que os nomeiam, a boneca chega a dois pares de vocábulos, quais sejam, "barba / azul" e "barba / ruiva". Visto que os primeiros elementos de cada par são idênticos, estabelecendo entre si uma concordância perfeita, e os últimos, embora sejam diferentes, apresentam como traço comum o fato de designarem cores, a boneca aproxima-os como se fizessem parte do mesmo campo de significação. Desse modo, segundo a lógica emiliana, se já existe um Barba-Azul, a referência a um Barbarruiva só é compreensível se aproximada ao personagem do conto de fadas. Isso justifica o fato de, ao compará-los, Emília chegar à conclusão de que são parentes.

Ainda nessa narrativa, Emília intervém em outro momento de modo interessante. Ao falar sobre o processo de formação da Península Ibérica, Dona Benta chama a atenção para os inúmeros povos que invadiram essa região, tornando-a um mosaico de influências. Temos o seguinte relato a esse respeito:

– Que salada não era essa península! – observou Narizinho.
– Realmente, minha filha. Aquilo por lá virou o que os ingleses chamam um *melting pot* – uma panela de misturas. E não ficou aqui a salada. Estava faltando alguma coisa, e vieram os mouros.
– Esses fizeram o papel de azeitonas – berrou Emília. Foram as azeitonas do pastel.
Dona Benta riu-se da comparação e concordou. (idem, p.263)

Comparando os mouros a uma azeitona em um pastel (ou em uma salada), Emília consegue de modo bastante expressivo demonstrar a importância desse povo na constituição da Península Ibérica. Desempenhando o papel que as azeitonas desempenham na elaboração de um pastel, isto é, o toque final responsável pelo sabor especial de um prato, os mouros tiveram atuação significativa entre a mistura de povos que se uniram na formação da referida Península. Embora simples, trata-se de uma comparação interessante, porque consegue, por meio da valorização do concreto e até visual, materializar o conceito pretendido, fazendo o relato ganhar em expressividade.

No relato que Dona Benta faz sobre a história da humanidade, um episódio chama a atenção de Pedrinho. Trata-se da história de seu homônimo Pedro, o Grande (1672-1725), czar e um dos maiores estadistas russos que, com suas campanhas militares e esforços de modernização, tornou a Rússia uma potência influente na Europa. Segundo Dona Benta, embora Pedro fosse uma criança de caráter muito especial, um medo atormentava-o. Ao ouvir falar desse medo, Emília faz sobre a personagem um comentário curioso, conforme demonstra o fragmento a seguir:

[...] Em criança tinha um pavor invencível pela água – não água de beber, mas água rio, água lago ou mar. [disse Dona Benta]
– Sei – disse o menino – água onde a gente se afoga.
– Isso mesmo. Mas sentiu-se de tal modo envergonhado com esse medo, que resolveu curar-se.
– E foi para a praia com pedrinhas na boca! – disse Emília, lembrando-se de Demóstenes. (idem, p.267-8)

Nesse fragmento, Emília compara Pedro, o Grande, a Demóstenes (385--322 a.C.), que, embora tenha se tornado o maior orador da antiga Grécia, quando jovem sofria de uma terrível gaguez. Para curar-se de seu problema, Demóstenes vai à praia, coloca pedras na boca e discursa para uma plateia imaginária por longos períodos. Usando como ponto de contato entre essas duas figuras históricas os problemas que as afligiam (gaguez em Demóstenes e medo da água em Pedro), Emília atribui a um a mesma solução encontrada para o problema do outro, ou seja, sugere que, para curar o medo da água, Pedro tenha feito como Demóstenes, ido à praia discursar com pedras na boca, o que é absurdo. Sendo personagens de épocas, lugares e temores diferentes, as figuras citadas são completamente díspares, não havendo entre elas nenhum ponto de contato, fatos que, desconsiderados, geram o estranhamento e a consequente comicidade.

Em *Emília no país da Gramática* encontramos outros exemplos interessantes de comparações inusitadas que contribuem para a construção de passagens humorísticas. A primeira delas que merece destaque ocorre quando as personagens encontram-se com os nomes próprios e os comuns cuja função é explicada por Quindim. Complementando a explicação do rinoceronte, Emília apresenta um comentário bastante sugestivo:

– Estes Nomes Próprios – explicou Quindim – têm a seu serviço essa infinidade de *Nomes Comuns* que formigam pelas ruas. Os Nomes Comuns formam a plebe, o povo, o operariado, e têm a obrigação de designar cada coisa que existe, por mais insignificante que seja. Qual será a coisa mais insignificante do mundo?
– Cuspo de micróbio! – gritou Emília. (Lobato, *Emília no país da Gramática*, 1956f, p.22)

Tendo em vista que a expressão "micróbio" refere-se a qualquer organismo que se caracteriza por seu tamanho diminuto e "cuspo" remete à secreção salivar que, por seu caráter repugnante, causa aversão, Emília utiliza o sentido evocado por esses vocábulos para estabelecer sua comparação. Desse modo, o raciocínio elaborado pela boneca baseia-se no fato de que, se um micróbio, por seu tamanho, já é considerado insignificante, um cuspo por ele produzido o seria em grau ainda maior. Trata-se de um processo chamado por Nilce Sant'anna Martins (1972, p.133) de "comparação superlativante", que, além de intensificar a ideia sugerida, contribui para a criação de episódios de cunho marcadamente humorístico.

Outra comparação que surpreende por sua originalidade tem, entre seus elementos constituintes, a figura de Tia Nastácia. Levadas pelo verbo Ser à casa dos Advérbios, as crianças descobrem que esses possuem a capacidade de modificar verbos, adjetivos e até modificarem a si próprios. Nesse momento, mostrando as prateleiras presentes na casa, o verbo Ser chama a atenção para as circunstâncias de TEMPO, MODO e LUGAR que ali estão dispostas, dizendo:

> [...] Pelos rótulos das prateleiras você poderá ver de que jeito elas modificam a gente.
> – A gente verbática – frisou Emília, porque eu também sou gente e nada me modifica. Só tia Nastácia, às vezes...
> – Quem é essa senhora?
> – Uma Advérbia preta como carvão, que mora no sítio de Dona Benta. Isto é, Advérbia só para mim, porque só a mim é que ela modifica. Para os outros é uma Substantiva que faz bolinhos muito gostosos. (Lobato, *Emília no país da Gramática*, 1956f, p.58)

Reconhecendo que por ser uma boneca de pano ela está sujeita a sofrer constantes modificações para conservar-se em bom estado e que a pessoa responsável por essas alterações é Tia Nastácia, Emília compara sua relação com a cozinheira com aquela que ocorre entre certos vocábulos e os advérbios, palavras também utilizadas como modificadores. Ampliando essa comparação, estabelece ainda uma relação de proximidade entre tia Nastácia e os substantivos. Segundo Emília, se os substantivos são palavras utilizadas para expressar a substância, a cozinheira, ao ser responsável pelo provimento da alimentação ou da substância aos moradores do Sítio, assemelha-se aos representantes dessa classe de palavras. Nesse sentido, observa-se que as comparações feitas pela boneca tornam-se expressivas por proporem uma materialização dos conceitos apresentados, tornando-os facilmente apreensíveis, e por surpreenderem pela originalidade das aproximações propostas.

Outro episódio, envolvendo Tia Nastácia, ocorre quando as crianças visitam o bairro de Dona Sintaxe que lhes explica quais são as regras por ela usadas para a construção de frases. Ao falar sobre essas regras, Dona Sintaxe menciona aquela que determina a colocação dos pronomes oblíquos:

– Esses eu mando colocar de três modos diferentes – *antes* do Verbo, no *meio* do Verbo e *depois* do Verbo.
– No meio do Verbo? – indagou Emília com cara de espanto. Como? Então a senhora corta o Verbo com a faca para enfiar o Pronome dentro?
– Exatamente. Abro o Verbo e ponho o Pronome dentro. Nesta frase: O GATO SE FARTARÁ DE RATOS eu posso fazer essa operação cirúrgica. Abro o Verbo FARTARÁ, ponho o Pronome dentro, assim: FARTAR-SE-Á. E a frase fica esta: O GATO FARTAR-SE-Á DE RATOS – muito mais elegante que a outra.
– Tal qual tia Nastácia costuma fazer com os pimentões. Abre os coitados pelo meio, tira as sementes e enfia dentro uma carne oblíqua. (idem, p.109)

Utilizada mais uma vez com fins didáticos, a comparação presente no fragmento transcrito tem o mérito de conjugar num mesmo contexto o conhecimento teórico e o empírico. Isso prova que, embora as crianças de Dona Benta estejam desobrigadas de frequentar os bancos escolares, isso não significa que a aquisição de conhecimento seja menosprezada no Sítio. Prova disso é o fato de o domínio da cultura e de seus resultados terem incidência marcante nas histórias de Lobato. Porém, consciente de que o saber erudito e a ciência, quando utilizados como elementos descontextualizados de uma situação que os solicita podem tornar-se indigestos, o autor promove a associação entre deleite e aprendizagem, fazendo que à casmurrice erudita oponha-se o bom humor (cf. Sanchez, 1982, p.142). No excerto citado, esse bom humor resulta da comparação inusitada, mas muito expressiva, feita por Emília, ao aproximar a mesóclise, um procedimento gramatical, ao recheio de pimentões, uma prática culinária. Tal comparação baseia-se no fato de em ambos os procedimentos os processos de manipulação dos objetos serem os mesmos: corte e inserção central. Desse modo, assim como o verbo na mesóclise é segmentado e entre seu radical e a desinência é inserido um pronome oblíquo, no preparo de um pimentão recheado, esse vegetal é cortado ao meio e recebe em seu interior recheios diversos. Apresentada dessa maneira, a mesóclise torna-se um procedimento comum e mais próximo do universo do leitor.

Técnica semelhante pode ser observada quando Dona Sintaxe apresenta às crianças o processo de composição das orações. Vejamos:

> Foram todos para o jardim, onde numerosas Orações costumavam passear ao sol. Dona Sintaxe apontou para uma delas e disse:
> – Vamos ver, Emílinha, se você sabe o que significa um grupo de palavras como aquele que ali está, junto ao canteiro de margaridas.
> – Pois é uma Oração, está claro! Quem não sabe?
> – Você não sabe, Emília. Aquilo é mais que uma oração – é todo um *Período Gramatical*, composto de várias Orações.
> – Um Período é então um cacho de Orações – disse Emília. Estou entendendo. A oração é uma banana: o Período é um cacho de bananas.
> O rinoceronte gostou do exemplo e lambeu os beiços [...] (Lobato, *Emília no país da Gramática*, 1956f, p.122)

Percebendo que Oração é uma frase, ou seja, uma construção que encerra um sentido completo, contendo um verbo, e que Período é um conjunto frasal que pode abarcar uma ou mais orações, Emília utiliza novamente elementos comestíveis como base para sua comparação. Ao assim proceder, compara Frase a uma única banana, valendo-se do caráter de singularidade determinado pela presença de uma única forma verbal nessa construção. Quanto ao Período, tendo em vista a possibilidade de essa estrutura conjugar em sua composição várias orações, é comparado a um cacho de bananas. Embora a comparação proposta pela boneca seja bastante incomum, possibilita, pela simplicidade, gratuidade e pelo tom jocoso da situação proposta, tornar o conceito abordado mais apreensível ao pequeno leitor.

Em *Aritmética da Emília*, por se tratar também de uma narrativa de objetivos marcadamente didáticos, a utilização dessas comparações de tom cômico é também bastante expressiva. A primeira ocorrência desse procedimento aparece logo no início da narrativa, quando Visconde sugere que em vez de os habitantes do Sítio irem até o país da Aritmética como fizeram em sua viagem ao país da Gramática, as personagens desse mundo matemático viessem até o Sítio se apresentar no circo organizado pelo sabugo. Ao ouvir essa ideia, Emília comenta: "Que ideia batuta! – exclamou Emília encantada. Todas as viagens deviam ser assim. A gente ficava em casa, no maior

sossego, e o país vinha passear na gente. Mas como vai resolver o caso, maestro?" (Lobato, *Aritmética da Emília*, 1956f, p.160).
Ao ouvir o comentário da boneca, Narizinho pergunta:

> – Por que razão, Emília, você tratou o Visconde de "maestro"? O pobre Visconde dará para tudo, menos para música. Nem assobia.
> – É porque ele teve uma ideia *batuta* – respondeu a boneca. (idem, p.162)

Explorando o aspecto semântico das palavras "batuta" e "maestro", Emília propõe uma comparação entre Visconde e um maestro que, de tão inusitada, é estranha até para Narizinho. Como se sabe, maestro é aquele profissional que dirige uma orquestra, utilizando como instrumento de trabalho uma batuta, um bastão delgado, em geral de madeira leve, com o qual orienta os músicos. Nesse contexto musical, torna-se perfeitamente aceitável a utilização das expressões "maestro" e "batuta". Porém, quando Emília diz que Visconde teve uma ideia "batuta", utiliza essa expressão com seu sentido mais informal, ou seja, como sinônimo de algo com caráter excepcionalmente bom, excelente, primoroso. Nesse sentido, a comparação feita por Emília, segundo a qual o Visconde se assemelharia a um maestro, é válida apenas na aparência e, por não possuir consistência, provoca o estranhamento responsável pela manifestação do riso.

Em um outro episódio da mesma narrativa, Emília novamente é responsável pela situação cômica resultante de suas comparações. Isso ocorre quando Visconde começa a explicar às crianças do Sítio como os números se organizam. Para isso, escreve no chão o número 845.768.963.524.637 e, em seguida, desenha uma casinha para as Unidades, outra para os Milhares, outra para os Milhões e outra para os Trilhões, e começa sua explicação, que logo é interrompida por Emília:

> – Na casa das Unidades – explicou ele, há três janelinhas [...]
> Depois temos a casa vizinha, onde moram os milhares [...] Depois temos a terceira casa, onde moram os Milhões...
> – Milhão é muito grande. Logo, a casa dos Milhões é o paiol! – gritou Emília, que não perdia ocasião de fazer graça.
> Todos riram-se e o Visconde continuou: [...] (idem, p.180)

Também baseada na exploração do aspecto semântico dos vocábulos, a comparação feita por Emília, nesse fragmento, fundamenta-se em uma transposição de séries. Tomando como base para as relações estabelecidas a palavra "milhão", a boneca propõe um jogo de palavras determinante para a manifestação do tom lúdico e cômico do episódio. Utilizada por Visconde com o sentido de numeral correspondente a mil milhares, a palavra "milhão" ganha na fala de Emília uma nova acepção, qual seja, a de um substantivo utilizado para nomear uma espécie de vegetal, o milho. Porém, para tornar sua aproximação mais expressiva e engraçada, a boneca não se restringe a esse significado básico da palavra, mas, procedendo a mudanças na estrutura do vocábulo, flexiona-o no grau aumentativo e o utiliza como se "milhão", correspondesse a um "milho muito grande". A partir dessas alterações mórficas e semânticas operadas por Emília, a boneca parte para outro estágio de comparação, utilizando agora a palavra "casa".

Conforme demonstrado pela recuperação da situação apresentada no episódio transcrito, antes de começar sua exposição, Visconde havia desenhado algumas casinhas para representar a ordem de disposição dos numerais. Valendo-se desse dado e aliando-o às modificações realizadas no vocábulo "milhão", por meio das quais essa palavra passou a ter o sentido de "milho grande", a boneca sugere que, como se trata de um vegetal que se destaca por seu tamanho, o melhor lugar para guardá-lo seria o paiol, um armazém para depósito de grande quantidade de produtos agrícolas, e não uma casa como propõe Visconde. Assim, além de subverter o sentido da palavra "milhão", Emília opera também modificações em relação ao sentido da palavra "casa", que, usada por Visconde apenas como ilustração para facilitar o entendimento dos conceitos por ele apresentados, é materializada por Emília. Desse modo, a boneca utiliza o vocábulo como se ele tivesse como referência um edifício real cuja designação se modifica de acordo com as alterações em sua estrutura e dimensão. Por essa subversão completa da ordem das coisas em razão da comparação pretendida, o episódio torna-se cômico.

Geografia de Dona Benta, narrativa também de caráter paradidático, nos fornece interessantes exemplos da utilização desses procedimentos. Nessa narrativa, o primeiro episódio que merece destaque ocorre quando, a bordo do Terror dos Mares, as personagens, em sua viagem de expedição pelo mundo para aprender Geografia, chegam à Amazônia. Falando sobre a vegetação nativa dessa região, Dona Benta descreve a seringueira com o auxílio do comentário picaresco de Emília:

Outra árvore de grande importância na bacia amazônica é a Seringueira, produtora da borracha. A borracha é o leite dessa árvore. Os seringueiros fincam na casca da árvore uma pequena vasilha e dão um corte de machadinha em cima, de modo que o leite escorra. Depois recolhem num tacho o leite juntando em numerosas dessas vasilhas e o coagulam, obtendo assim blocos de borracha bruta.
– Sei – disse Emília. Essas árvores são as vacas vegetais do Amazonas. Os tais seringueiros tiram-lhes o leite e fazem coalhada; e depois da coalhada fazem requeijão – que é a tal borracha.
Quindim de longe fez *quó, quó, quó*.
– Pois é – continuou Dona Benta que também achou graça na comparação [...] (Lobato, *Geografia de Dona Benta*, 1956g, p.78-9)

Iniciada por Dona Benta quando relaciona a borracha da seringueira ao leite, a comparação presente no trecho transcrito chega ao seu grau maior de intensidade com os comentários de Emília. Embora a aproximação feita por Dona Benta seja procedente, tendo em vista o fato de a seiva branca encontrada em certas plantas, como na seringueira, e em virtude de sua aparência, possa também ser chamada de leite; não é com esse sentido que a boneca utiliza o vocábulo. Ao propor que as seringueiras são as "vacas vegetais do Amazonas" e que os seringueiros ao tirar-lhes o leite utilizam o líquido para a fabricação de coalhada e requeijão, a aproximação proposta pela boneca é entre a seiva retirada da seringueira e o leite tomado a partir da acepção de líquido fisiológico branco secretado pelas glândulas mamárias da mulher e das fêmeas dos mamíferos. Isso ocorre porque os produtos que segundo Emília derivam dessa seiva como coalhada e requeijão são produtos cuja matéria-prima é o leite fisiológico e não o vegetal. Nessa aproximação, Emília propõe uma relação de identidade perfeita entre os dois elementos cotejados. Adaptando o comentário de Dona Benta, aproxima o "leite-seiva coagulado" à coalhada e a "borracha bruta" é relacionada a requeijão, comparação que, por seu caráter inusitado, provoca o riso até nas personagens que participam do episódio.

Prosseguindo a viagem, as personagens chegam à América Central. Ao navegarem pelo Mar das Antilhas, Dona Benta fala sobre os países que são banhados por esse mar e ouve de Emília um comentário muito engraçado em virtude da comparação feita pela boneca. Vejamos:

– Este mar banha uma porção de ilhas pequenininhas e outras bem grandes, como a de *Cuba*, que é a república do açúcar e do bom fumo, e a de *São Domin-*

gos, onde existem dois países: a *República do Haiti*, formada só de pretos e a *República de São Domingos*, formada de descendentes de espanhóis. As outras são colônias dos europeus. A ilha da *Jamaica* pertence à Inglaterra;[26] *Guadalupe* e *Martinica* pertencem à França. A população de todas é composta sobretudo de pretos, descendentes dos antigos escravos africanos trazidos para cá a fim de trabalhar na lavoura de açúcar.

— Estou vendo que isso aqui é um açucareiro — disse Emília. Açúcar em Cuba, açúcar em Jamaica, açúcar por toda parte...

— E não está longe da verdade. O Açucareiro do globo é de fato aqui. Só Cuba produz quase tanto como o resto do mundo. É uma fornecedora universal. Sua linda capital, *Havana*, é uma filha do Açúcar.

— Um pirulito! — gritou Emília. (Lobato, *Geografia de Dona Benta*, 1956g, p.90-1)

Valendo-se do fato de que as ilhas citadas por Dona Benta se destacam pela produção de açúcar, Emília, ao perceber que esse elemento foi mencionado duas vezes, compara o conjunto das regiões estudadas a um açucareiro. Segundo sua lógica, assim como em um açucareiro, o que se observa é uma grande quantidade de açúcar presente em um mesmo lugar. A região mencionada, por possuir muitas terras produtoras de açúcar, reúne também esse elemento em grande quantidade, podendo, portanto, ser comparada a um açucareiro. Mais espirituosa é a comparação seguinte, por meio da qual a boneca aproxima Havana a um pirulito. Visto que pirulito é uma iguaria cuja principal matéria-prima é o açúcar, quando Dona Benta, de modo metafórico, diz que Havana é filha do açúcar, Emília imediatamente associa essa capital ao pirulito, também, segundo ela, "filho do açúcar". Além de inusitadas, essas comparações são cômicas porque aparecem abruptamente, como o efeito de uma caixa de surpresas diante da qual o espectador sabe que se confrontará com algo inesperado, mas, mesmo assim surpreende-se diante da revelação.

No capítulo referente à visita que as personagens fazem ao Mediterrâneo, Emília, que, segundo o narrador, "nunca vinha espiar na luneta feita por Pedrinho, porque sua preocupação era ouvir a conversa dos outros para fazer piadas, resolveu dar uma espiadela na África" (idem, p.219). Relatando aos demais sua observação, a boneca diz:

---

26 Esse país tornou-se independente em 1962.

— Estou vendo um *Oásis* – continuou Emília. É uma ilhota de palmeiras perdida na imensa brancura do mar de areia. Acaba de chegar lá uma caravana de vinte camelos. Os maomés estão dando água aos camelos... São árabes... vestidos dum camisolão branco...
 — Que história de "maomés" é essa? – perguntou Narizinho.
 — Pois assim como Maomé foi um tocador de camelo, os tocadores de camelo podem ser maomés – respondeu a diabinha.
 — Mau, mau, mau! – exclamou Dona Benta. Emília já abriu a torneira... (idem, p.220)

Tendo ouvido de Dona Benta que Maomé, antes de virar profeta, era tocador de camelos (cf. Lobato, *História do mundo para as crianças*, 1956d, p.154), Emília compara os tocadores de camelo por ela avistados ao profeta árabe. Utilizando uma lógica que lhe é peculiar, a boneca ignora o fato de que "Maomé" era o nome de um tocador de camelo específico, de uma figura histórica precisamente localizada que se destacou por ter fundado uma religião para a qual conseguir atrair inúmeros adeptos. Essa designação não se refere, portanto, a todo e qualquer indivíduo que execute a mesma função outrora desempenhada pelo profeta. Por proceder a essa excessiva generalização, Emília torna o relato incongruente e propício ao riso.

Visto que Emília é a personagem responsável pela maior parte das comparações humorísticas presentes nas obras infantis escritas por Lobato, *Memórias de Emília*, por se tratar de uma narrativa focada nas impressões reveladas pela boneca, torna-se um texto propício para a observação do uso desse procedimento. A primeira comparação que nos chama a atenção nessa narrativa tem por objetivo explicar, segundo a lógica emiliana, o que é um filósofo. Ao se autodescrever para Visconde, Emília utiliza a fala de Dona Benta que disse ter a boneca "coisas de verdadeiro filósofo", e pergunta ao sabugo:

Sabe o que é filósofo, Visconde?
 O Visconde sabia, mas fingiu não saber. A boneca explicou:
 — É um bicho sujinho, caspento, que diz coisas elevadas que os outros julgam que entendem e ficam de olho parado, pensando, pensando, pensando. Cada vez que digo uma coisa filosófica, o olho de Dona Benta fica parado e ela pensa, pensa...
 — Ficam pensando o quê, Emília?
 — Pensando que entenderam. (Lobato, *Memórias da Emília*, 1956e, p.11-2)

Para explicar o que é um filósofo, Emília compara-o a "um bicho sujinho, caspento, que diz coisas elevadas que os outros julgam que entendem e ficam de olho parado, pensando [...] que entenderam". Explicitamente cômica, a comparação estabelecida por Emília promove a junção de dois seres completamente díspares: o filósofo, indivíduo que se caracteriza pela manifestação de uma prodigiosa sabedoria e que contempla os fenômenos a sua volta procurando entendê-los e explicá-los teoricamente, e um bicho, ser irracional, movido apenas pelos instintos. Além de se situar em uma posição inferior, se comparada à do pensador, esse bicho recebe como elementos caracterizadores os adjetivos "sujinho" e "caspento", que suscitam certa repugnância em relação ao ser descrito. Tendo como traço positivo apenas o fato de "dizer coisas elevadas" que, por não serem compreendidas pelos ouvintes, comprovam a ignorância do receptor, o filósofo é descrito com traços que tangenciam o ridículo e contribuem para o caráter cômico da situação.

Outra comparação interessante é a utilizada pela boneca para explicar a vida e a morte. No que se refere à vida, diz a boneca:

[...] A vida das gentes neste mundo, senhor sabugo, é isso. Um rosário de piscadas. Cada pisco é um dia. Pisca e mama; pisca e anda; pisca e estuda; pisca e ama; pisca e cria filhos; pisca e geme os reumatismos; por fim pisca pela última vez e morre.
– E depois que morre? – perguntou o Visconde.
– Depois que morre vira hipótese. É ou não é?
O Visconde teve de concordar que era. (idem, p.12-13)

Como se pode observar, para explicar a vida, Emília compara-a a uma sucessão de piscadas, apresentadas em ordem gradativa, compreendendo fases como nascimento ("mama"); primeira infância ("anda"); pré-adolescência ("estuda"); adolescência ("ama"); idade adulta ("cria filhos"); velhice ("geme os reumatismos") e morte ("morre"). Quanto à morte, a comparação feita por Emília é entre esse fenômeno e uma hipótese, ou seja, como o fim da existência é ainda um mistério para o homem, as explicações sobre a morte são vistas como suposições, conjecturas, por meio das quais a imaginação antecipa o conhecimento, com o fim de explicar o fenômeno, prever sua possível ocorrência ou deduzir-lhe as consequências. Embora aborde questões metafísicas, ontológicas, de caráter complexo, a comicidade do fragmento resulta da simplicidade com que essas questões são tratadas e da originalidade espirituosa das explicações a elas fornecidas.

Na mesma narrativa, outra comparação interessante ocorre no capítulo em que Emília ordena a Visconde que conte as aventuras vividas por ela quando o anjinho de asa quebrada é trazido ao Sítio. Como essa criatura celestial não conhecia os seres da Terra, sendo tudo para ele novidade, Emília torna-se sua professora, utilizando, em suas explicações, comparações bastante cômicas, conforme se pode notar pelo fragmento transcrito:

– "Árvore, sabe o que é?" – perguntava ela.
E como o anjinho arregalasse os olhos azuis esperando a explicação, Emília vinha logo com uma das suas.
– "Árvore, dizia, é uma pessoa que não fala; que vive sempre de pé no mesmo ponto; que em vez de braços tem galhos; que em vez de unha tem folhas; que em vez de andar falando da vida alheia e se implicando com a gente (como os tais astrônomos), dão flores e frutas [...]"
– Raiz é o nome das pernas tortas que elas enfiam pela terra a dentro [...] (idem, p.16-17)

Comparando a árvore e seus elementos constituintes a uma pessoa e seus membros, ou seja, um ser humano a uma coisa – uma das técnicas de caracterização cômica mais utilizadas pelos textos humorísticos, segundo Propp (1992), Emília faz sua explicação ganhar em simplicidade e originalidade, ao utilizar como base para a relação estabelecida um ser humano, indivíduo já conhecido pelo anjinho, o que possibilita uma compreensão mais rápida e eficaz do elemento descrito.

Ainda entre as explicações fornecidas ao pequeno anjo, temos o episódio em que a boneca explica que as diferença entre as diversas línguas existentes só servem para "armar bate-bocas". Ao ouvir essa expressão, o anjinho pergunta:

– "Que é isso?"
– "Brigas sonoras. Antes de brigar com socos e tapas e tiros, as criaturas brigam com desaforos."
– Que é desaforo?"
– "Desaforo é fazer certos elogios a uma pessoa. Vou dar um exemplo. Temos por aqui um animal chamado cachorro ou cão, bicho de muito bons sentimentos, o mais amigo do homem. É tão dedicado e amoroso, que o consideram o símbolo da fidelidade. É o cão que guarda os quintais contra os homens ladrões. É o cão que descobre a caça no mato. É o cão que puxa o trenó nas regiões só de gelo. É no cão que o homem faz experiências de laboratório. O cão é um colosso. Pois

bem. Quando um homem compara outro homem ao cão, dizendo "Tu és um cão", o outro puxa faca. Desaforo é isso..." (Lobato, *Memórias da Emília*, 1956e, p.20)

Comparação baseada na subversão dos sentidos, a aproximação entre "desaforo" e "elogio" revela como Emília trabalha conceitos a partir de uma lógica própria. Ignorando o fato de que a palavra "desaforo" refere-se a qualquer comportamento ou fala desrespeitosos e insolentes, opondo-se ao sentido evocado pelo vocábulo "elogio" cuja acepção mais comum é a que remete a um discurso feito a favor de alguém; a boneca trata esses termos como sinônimos. Ao assim proceder, utiliza como exemplo o vocábulo "cão", segundo ela, um elogio, tendo em vista as inúmeras qualidades do animal nomeado por esse vocábulo. Baseando-se nisso, argumenta que quando as pessoas dizem ter ouvido um desaforo, na verdade foram elogiadas. Porém, a personagem desconsidera que, em sentido figurado e de acordo com o contexto, a palavra "cão" possui quase que exclusivamente conotações negativas, sendo esse desconhecimento o motivo do estranhamento e do traço cômico no episódio.

Em *O poço do Visconde* também encontramos comparações interessantes. Uma delas ocorre quando o sabugo explica o processo de composição do petróleo, líquido formado pelo acúmulo de sedimentos de animais e vegetais mortos que se depositam nos mares. Ao ouvir essa explicação, Emília comenta:

– Bom – disse Emília – estou vendo que o tal petróleo não passa de azeite de defunto. Cadáveres de foraminíferos, peixe podre, cemitérios de caramujo – até já estou ficando com o estômago enjoado...
– Por isso é que é tão fedorento – ajuntou Narizinho. (Lobato, *O poço do Visconde*, 1956j, p.28)

Utilizando em sua comparação os próprios elementos que compõem o petróleo, Emília relaciona esse precioso líquido a um "azeite de defunto". Nessa aproximação, a expressão "azeite" é mencionada pelo fato de o petróleo corresponder a uma substância oleaginosa; quanto ao qualificativo "de defunto" que designa a composição do referido azeite, sua menção justifica-se em virtude de esse óleo ser composto basicamente pelo sedimento de matéria orgânica morta. Isso demonstra que, embora a expressão utilizada por Emília seja aparentemente gratuita e absurda, a boneca comprova sua validade científica. Desse modo, em virtude da inovação por ela proposta com essa criação, o tom cômico do episódio prevalece na medida em que logra e surpreende o leitor, obrigando-o a ler o texto com outros olhos.

Serões de Dona Benta é outra narrativa que nos fornece dois episódios em que essas comparações jocosas podem ser observadas. O primeiro deles aparece no capítulo "A água", quando Dona Benta fala a respeito do Hidrogênio e do Oxigênio, elementos químicos que compõem o precioso líquido. Ao falar do primeiro desses elementos, Dona Benta pergunta:

> [...] E sabem por que o hidrogênio tem esse nome?
> – Porque gera água – respondeu Pedrinho. *Hidro*, água; *gênio*, gerar. Isso eu sei porque é da gramática.
> – E está certo. Hidrogênio quer dizer isso – o gerador da água.
> – Viva o hidrogênio! – berrou Emília. Ele é o pai da água, e como a água é nossa mãe, ele é nosso avô. Viva o vovô Hidrogênio! (Lobato, *Serões de Dona Benta*, 1956h, p.35)

Estabelecendo uma relação de proximidade entre as palavras "gerador" e "pai", Emília conclui que se o Hidrogênio é o gerador ou o "pai" da água, e essa é "nossa mãe", tendo em vista o fato de ser a geradora da vida, nós somos netos do Hidrogênio. Essa comparação inusitada ocorre porque a boneca, ignorando que a palavra "gerador" pode também ser entendida como "elemento responsável pela existência", limita seu significado apenas à acepção de progenitor. Ao assim proceder, cria uma relação até então impensada, tida como improvável, estranha, absurda, características que a tornam também risível.

O segundo episódio que se destaca pelo uso dessas comparações aparece na narrativa quando Dona Benta fala a respeito do poder de conhecimento do homem. Segundo ela, o desenvolvimento do homem depende do desenvolvimento de seu cérebro. Mas como não sabemos a potencialidade de aperfeiçoamento do ser humano, o futuro nos é, segundo ela, "incognoscido", ou seja, algo que no momento ainda não podemos conhecer. A esse respeito, comenta:

> Quem pode dizer o que será o nosso cérebro daqui a milhões de anos, quando cada homem tiver uma cabeça tão grande que perto deles Rui Barbosa pareça um microcéfalo? Microcéfalo quer dizer cabeça pequenininha.
> – Os homens do futuro terão de andar carregados em carrinhos, ou berços de rodas, como os nenês de hoje, por causa do peso da cabeça – sugeriu Emília. Já imaginei isso. (idem, p.69)

Nesse fragmento observamos duas comparações, uma cujo objetivo é ressaltar as diferenças, e outra que prioriza as semelhanças entre os seres cotejados. No primeiro caso, compara-se a cabeça do ser humano do futuro com a cabeça de Rui Barbosa, jurista brasileiro que, tendo se destacado no cenário nacional por sua inteligência, foi objeto de inúmeros caricaturistas que sempre o retrataram com uma enorme cabeça. Nessa comparação, o homem do futuro destaca-se, pois, comparado a Rui Barbosa, será infinitamente mais inteligente, tendo, portanto, uma cabeça maior do que a do jurista. A segunda comparação presente no fragmento evidencia as semelhanças entre o ser humano do futuro e os bebês atuais. Em virtude do aumento de sua cabeça, resultado do desenvolvimento de sua inteligência, o homem que há de vir não conseguirá suster o peso de seu cérebro, devendo ser carregado em carrinhos como acontece com os bebês.

Como se observa, por se basearem em deformações obtidas por um traço cheio de exageros, como é o caso da apresentação de um ser que apresenta uma cabeça de um tamanho desproporcional em relação ao resto do corpo, e por proporem situações ridículas operadas por meio da transposição de séries, como a de um adulto inteligentíssimo sendo carregado como um bebê, as comparações estabelecidas apresentam-se como forma de expressão jocosa cuja observação torna a manifestação do riso inevitável.

Finalmente, a última narrativa que nos oferece uma comparação com traços cômicos é o primeiro volume de *Os doze trabalhos de Hércules*. Nessa narrativa, há um capítulo, "Em Micenas", que relata a ida de Hércules a essa cidade para prestar contas ao rei Euristeu da realização do primeiro trabalho a que fora incumbido o herói grego. Em vista do sucesso nessa primeira aventura, a alegria das personagens nesse episódio é evidente, conforme se pode observar pelo seguinte relato:

> [...] Até o Visconde que nunca havia brincado por causa de sua gravidade de sábio, resolvera brincar também – e brincava muito desajeitadamente, mas com grande prazer.
> Emília cochichou para Pedrinho:
> – Veja o milagre! O nosso Visconde era um verdadeiro caixão de defunto, de tão sério – parecia até o Burro Falante, que jamais brincou em toda sua vida. Agora está até bobo, a fazer coisas de palhaço. (Lobato, *Os doze trabalhos de Hércules*, 1956p, v.1, p.63)

Comparado por Emília a um "caixão de defunto", em virtude de sua seriedade, Visconde tem sua gravidade ressaltada. Assim como ocorre com um "caixão de defunto", que, mesmo vazio, ao ser avistado já evoca nos observadores a possibilidade de consequências nefastas ou fatais de algo, obrigando-os a um comportamento circunspecto, a postura de Visconde sempre evocou também seriedade, austeridade e compostura. Portanto, não é o sentido manifestado por essa aproximação que a torna cômica, mas seu caráter incomum e imprevisível.

De acordo com as comparações apresentadas, observamos que, possuindo como um dos traços fundamentais de seu estilo o gosto por visualidade, movimentação e teatralidade, Monteiro Lobato destaca-se em suas produções pela dinâmica capacidade inventiva. Transformando palavras em coisas, como em um livro de figuras, o autor desperta uma visualização repentina que se resolve espontaneamente em ação.

Para tanto, Lobato utiliza alguns recursos de estilo e de linguagem fundamentais a esse processo de construção, conforme apontado por Cassiano Nunes (1984, p.79):

> Em primeiro lugar, devemos indicar que a tendência natural do espírito de Lobato é tudo ver analogicamente, alegoricamente, metaforicamente, predicado que não apenas enriquece o escritor, como artista, mas também o didata, que existiu sempre ancilar no autor em questão. A metáfora pura, tão cara aos poetas, aparece só infrequentemente em Lobato, mas símiles e comparações abundam em suas páginas. Difícil encontrar artigo ou carta (as cartas de Lobato são porventura as mais notáveis das letras nacionais), em que as comparações não apareçam numerosas; às vezes chegam mesmo a cumular-se. Lobato tinha horror a explicações sem exemplos concretos, vivos. Manifestava forte ojeriza contra a linguagem abstrata. Tudo se relacionava com um tipo de imaginação que chamarei de animista.

Por meio de um processo lúdico-visual, Lobato promove uma amálgama entre fantasia e comicidade, ao estabelecer correlações entre determinadas situações e elementos materiais frequentemente retirados de seu mundo cotidiano. Assim, ao perceber em alguns acontecimentos e circunstâncias semelhanças com objetos, animais ou pessoas, correlacionando-os de modo harmonioso e tornando os conceitos mais nítidos, mais cromáticos e mais plásticos, "produziu um enriquecimento estético e dinâmico em tudo o que escreveu" (idem, p.80).

Desse modo, utilizando um humor saboroso, Lobato explica analogicamente os fatos naturais, visíveis ou invisíveis, por meio de comparações animadas que fazem que o leitor não só entenda, de modo cabal, o processo anteriormente obscuro, mas o grave na memória em virtude da explicação movimentada, fantasiosa e divertida.

Ironia

Figura que se caracteriza pelo emprego inteligente de oposições sutis, usada literariamente para criar ou ressaltar certos efeitos humorísticos, a ironia baseia-se em um contraste transparente entre a mensagem literal e a mensagem verdadeira. Nesse sentido, é definida por Beda Allemann (1978, p.388) da seguinte maneira:

> [...] De modo puramente formalista, poder-se-ia definir ironia literária como um modo de discurso [...] no qual existe uma diferença entre aquilo que se diz literalmente [...] e aquilo que se quer verdadeiramente dizer [...] No caso particular, o mais simples, essa diferença adquire a forma do contrário, diz-se o contrário do que se quer realmente dizer.

Como se pode observar, assim como ocorre com os procedimentos paródicos, o papel de um leitor de um texto irônico consiste em completar a comunicação que se originou na intenção do autor. Em outros termos, além de reconhecer os códigos literários usuais, o leitor deve também reconhecer que aquilo que está lendo é um texto que se baseia na inversão de sentidos. Além disso, deve perceber que o texto irônico opera sobre dois níveis: um nível primário, de superfície, em primeiro plano (expresso por aquilo que se diz), e um outro nível secundário e implícito, em segundo plano (expresso por aquilo que se pretende dizer). É, pois, por essa razão que D. C. Muecke (1978, p.479), baseando-se em Kerbrat-Orecchioni, diz que:

> [...] A decodificação da ironia coloca em operação as competências culturais e ideológicas do emissor e do receptor, e formula o problema da maneira pela qual elas se articulam sobre a competência linguística e de como elas intervêm no funcionamento da comunicação.

Visto que a noção de contradição está no centro do conceito de ironia, Freud (1969, p.63), chamando a atenção para o caráter de representação antinômica presente nos procedimentos irônicos, considera a ironia uma subespécie do cômico na medida em que, baseando-se em conceitos que se opõem, sua percepção revela o estranhamento e a incongruência, elementos caros a todas as técnicas de cunho humorístico.

É justamente em virtude das inúmeras possibilidades significativas propiciadas pela ironia que Monteiro Lobato a utiliza em seus textos, explorando os recursos cômicos proporcionados por seu emprego, conforme demonstram os fragmentos selecionados a seguir.

Destacando o aparecimento desse recurso nas obras infantis lobatianas, seguindo a ordem de sua publicação, a primeira ocorrência da utilização da ironia como processo de construção pode ser observada em *Fábulas*. Nessa narrativa, uma das fábulas, "O macaco e o gato", narra a história desses dois animais que, embora vivendo na mesma casa, tinham sorte diferente. Por ser mais esperto, o macaco, sempre que sentia vontade de comer uma iguaria que não lhe pertencia, convencia o felino a roubá-la, fazendo que a culpa e o castigo pela ação recaíssem apenas sobre o ingênuo gato. Ao ouvir que a moralidade da fábula era "o bom bocado não é para quem o faz, é para quem o come", Emília aprova-a, mas é, de certa forma, contrariada por Visconde. Vejamos:

– Quem é bobo, peça a Deus que o mate e ao diabo que o carregue – comentou Emília.
O Visconde vinha entrando. Ouviu a discussão e disse:
– Aqui está um que nunca jamais teve o gosto de comer o bom bocado. Quando chega a vez dele, aparece sempre *alguém* que o logra.
Todos compreenderam a indireta... (Lobato, Fábulas, 1956o, p.90)

Assinalada no próprio texto que fornece ao leitor indícios da ideia implícita no relato, a ironia nesse fragmento revela-se como uma crítica sutil feita a Emília. Embora a verdadeira intenção de Visconde seja dizer à boneca que ela concorda com a moralidade da fábula porque age de modo semelhante ao macaco descrito, ou seja, sempre leva vantagem sobre o sabugo, Visconde limita-se a dizer que nunca consegue se sair bem porque "alguém" o logra. Desse modo, apesar de a palavra "alguém" se tratar de um pronome indefinido utilizado para indicar uma pessoa cuja identidade não é especificada ou definida, percebe-se claramente pelo contexto que esse vocábulo apresenta como referente direto a própria boneca. Dois índices no texto provam isso:

primeiro, o fato de o pronome aparecer em destaque no comentário do sabugo, fato que alerta o leitor sobre a apenas aparente gratuidade dessa expressão; depois, o comentário feito pelo narrador de que a fala de Visconde era, na verdade, uma indireta. Desse modo, observamos que, embora o relato expresse uma determinada ideia, sua intenção é revelar outra, é isso o que o torna irônico.

Outra construção irônica de Visconde ocorre na fábula "A mosca e a formiguinha". O texto narra as aventuras vividas por uma mosca que, vangloriando-se de não precisar trabalhar, zomba de uma formiga que encontra pelo caminho. Ocorre que, passados alguns dias, a diligente formiga encontra a mosca faminta a se debater em uma vidraça por ter ficado presa em uma casa cujos donos viajaram. Ao ouvir a moralidade da fábula, qual seja "quem quer colher, planta. E quem do alheio vive, um dia se engasga", o sabugo comenta:

> – Seria muito bom se fosse assim – disse o Visconde. Mas muitas e muitas vezes um planta e quem colhe é o outro...
> Emília fuzilou-o com os olhos. Aquilo era indireta das mais diretas. O Visconde, amedrontado, encolheu-se em seu cantinho. (idem, p.92)

Semelhante ao que ocorre no fragmento anterior, a ironia no excerto citado é provocada por Visconde, que, indiretamente, critica a esperteza de Emília que se aproveita dos outros para levar vantagem. Trata-se de uma crítica implícita por não revelar o nome dos envolvidos, designados de modo vago como "um" e "outro". Porém, percebendo a ideia subjacente à fala do sabugo, Emília revela sua ira "fuzilando-o com os olhos".

Procedimento análogo observa-se na fábula "O imitador de animais", que conta a história de certo homem famoso em sua região pelas imitações de animais que conseguia fazer. Certo dia, chega à cidade um concorrente e propõe-lhe um concurso para saber qual dos dois é melhor imitador. Depois que o morador da cidade faz sua imitação, muito aplaudida por todos, é a vez do estrangeiro. Percebendo que recebe muitas vaias, esse concorrente revela aos espectadores que, na verdade, o som emitido não fora produzido por ele, mas por um animal que ele trazia escondido sob a roupa. Essa revelação deixa todos os moradores envergonhados de sua atitude. Terminada a história, a fábula apresenta a seguinte moralidade: "Mais vale cair em graça do que ser engraçado". Comentando-a, Visconde diz: "Apoiadíssimo! – exclamou o Visconde. Mais vale cair em graça do que ser engraçado. Eu, por exemplo, tenho sido bem engraçadinho em várias ocasiões – mas quem cai em graça é sempre outra pessoa..." (idem, p.174).

Também tendo por base um subentendido, a fala de Visconde no fragmento citado caracteriza-se pela forma irônica com que se refere a Emília por meio da expressão indefinida "outra pessoa". Se observarmos as outras ocorrências de procedimentos semelhantes, notaremos que esse tipo de construção é bastante peculiar e adequada ao sabugo nos discursos que têm como referência a boneca. Isso ocorre porque, como Visconde é sempre subjugado por Emília, que impõe a todo custo suas vontades, saindo sempre vencedora, a utilização da ambiguidade proporcionada pelo texto irônico que conjuga dois tipos de discurso, um aparente e outro latente, é a única maneira encontrada pelo pequeno sábio para se vingar da boneca sem sofrer retaliações.

Situação semelhante pode ser observada em *Histórias diversas* em relação ao tratamento dispensado a Emília. Nessa narrativa, Visconde inventa um periscópio, instrumento que possibilita a observação de seres invisíveis. A primeira a utilizá-lo é Emília, que tenta comprovar sua tese de que embaixo de chapéus-de-sol há anõezinhos invisíveis. Mas, como a boneca monopoliza a utilização do instrumento, Narizinho, ao tentar arrancá-lo de suas mãos, acaba quebrando-o e todos têm de se contentar com o relato de Emília a única a tê-lo usado, e pedem-lhe: "– Conte, conte o que você viu, amor! – pediram todos, trincando os dentes" (Lobato, *Histórias diversas*, 1956o, p.224). Como se nota, o tratamento "carinhoso" dispensado a Emília é bastante irônico, uma vez que não é verdadeiro, fato revelado pela reação raivosa das personagens que a agradam "trincando os dentes".

Em *O Saci* também encontramos um episódio interessante em que esse tipo de construção é utilizado. Nessa narrativa, temos o relato de como Pedrinho, com a orientação de tio Barnabé, conseguiu aprisionar um saci em uma garrafa e tornar-se amigo da pequena criatura. Tendo o saci como guia em sua exploração da floresta, Pedrinho passa sua primeira noite na mata para poder observar a reunião habitual desses entes mágicos, conforme apresentado pelo seguinte relato:

> Pedrinho estava a gozar o espetáculo da floresta iluminada pelas lanterninhas vivas, quando surgiu na claridade o primeiro saci. E logo outro, e outro, e todo um bando de mais de cem. Começaram a pular, a dançar e a conversar numa linguagem que o menino muito sentiu não entender.

– Estão combinando as travessuras que vão fazer durante a noite. Daqui a pouco todos partem, só ficando os pequeninos que ainda não podem correr mundo, explicou o saci cochichando-lhe ao ouvido.

Pedrinho enxergou um de cara chamuscada – com certeza o que fora vítima da explosão do pito do tio Barnabé. Mas os sacis foram se dispersando, de modo que ao cabo de alguns minutos só se viam por ali os pequeninos como camundongos.

Para onde foram? – perguntou Pedrinho.

– Oh, eles espalharam-se por toda parte. Ainda está por haver um lugarzinho onde saci não entre.

– Até nas garrafas... disse o menino, sorrindo. (Lobato, *O Saci*, 1956b, p.238-9)

Como se observa, embora o tom irônico da fala de Pedrinho seja mais evidente na última frase do excerto, sua adequada compreensão depende do conhecimento do contexto em que se insere. Por meio de uma leitura atenta do fragmento transcrito, percebe-se, por exemplo, que a observação do saci ao dizer que "ainda está por haver um lugarzinho onde saci não entre" é marcadamente pretensiosa, na medida em que a personagem, isenta de qualquer modéstia, vangloria-se dos próprios méritos ou talentos. Nesse sentido, quando Pedrinho complementa essa observação dizendo "Até nas garrafas", num primeiro momento, o menino parece concordar com os méritos do saci. Porém, implícita a essa fala, encontramos uma crítica irônica à prepotência do pequeno ser, revelando, entre outras coisas, que se ele tivesse realmente tantas qualidades, não teria sido dominado por um garoto que o fez entrar em uma garrafa, aprisionando-o. Como demonstrado, esse discurso não aparece de forma patente, mas concentra em si o verdadeiro sentido a ser veiculado, exigindo do leitor uma leitura em dois níveis.

Embora de modo mais simples, a utilização da ironia aparece também em dois episódios de *Peter Pan*. No primeiro deles, depois de ter lido a obra do escritor inglês J. M. Barrie, Dona Benta diz às crianças:

– Pronto! Já sei quem é o senhor Peter Pan e sei melhor do que o gato Félix pois duvido que ele haja lido este livro.

– Está claro que não leu – observou Emília. Ele só lê ratos com os dentes... (Lobato, *Peter Pan*, 1956e, p.150)

Com o objetivo de demonstrar a incapacidade do Gato Félix, por quem nutria sérias restrições, Emília limita a capacidade do animal a um simples ato biológico: comer ratos. No entanto, apropriando-se da forma verbal utilizada por Dona Benta, a boneca deixa seu relato mais expressivo quando, em vez de dizer explicitamente que o gato só sabe comer ratos, faz que essa ideia fique subentendida ao dizer que "ele só lê ratos".

O segundo episódio que nos chama a atenção refere-se ao relato do estado de Peter Pan, quando, enganado pelo Capitão Gancho, acredita que os meninos perdidos e Wendy haviam voltado ao seu próprio mundo, conforme se pode observar pelo seguinte relato:

> Peter Pan estava profundamente triste. Súbito, lançou-se à cama, com a cara escondida nas mãos. Dizem que chorou, mas não há certeza disso.
> – Ele então não chorava? – perguntou Narizinho.
> – Não, nunca chorou, salvo, talvez, nesse dia – mas não há certeza. Peter Pan considerava o choro como coisa própria de mulher.
> – Eu queria esfregar cebola nos olhos dele para ver se chorava ou não – disse Emília. Já notei que cebola "comove" mais as gentes do que a história mais triste que possa haver [...] (idem, p.234)

Contrariada ao ouvir a opinião de Peter Pan a respeito do choro como "coisa de mulher", Emília, para derrubar essa teoria, propõe esfregar cebola nos olhos do menino. Considerando "comoção" como qualquer situação que leve ao choro, Emília considera propício para esse efeito a utilização da cebola. Na verdade, essa proposição é irônica, por expressar uma ideia pretendendo a veiculação de outra; ou seja, embora Emília diga que a cebola "comova", o que realmente quer dizer é que essa erva faz chorar, tendo em vista que para que haja comoção é necessária a ativação de sentimentos e emoções, o que não ocorre com o simples uso dessa erva.

Também interessante é um episódio de *Caçadas de Pedrinho*, em que a ironia se destaca como técnica utilizada para a construção do humor. Essa utilização pode ser observada logo no início da narrativa, quando Visconde, Marquês de Rabicó, Emília e Narizinho, liderados por Pedrinho, saem à mata à procura da onça avistada por Rabicó e surpreendem-se com o que encontram:

> Rabicó não havia mentido. Os rastos da onça estavam impressos na terra úmida. Ao fazerem tal descoberta o coração dos cinco heróis bateu mais apressado. Dos cinco, não; dos quatro, porque, como todos sabem, Emília não tinha coração.
> – Que é isso, Pedrinho – disse a boneca notando a palidez do chefe. Será medo?

– Não é medo, não, Emília. É...
– É... receio, eu sei, caçoou a terrível bonequinha.
– Não brinque comigo, Emília! – gritou Pedrinho avermelhando de raiva. Você e toda gente sabe (sic) que só tenho medo duma coisa neste mundo – marimbondo. De mais nada, hein? (Lobato, *Caçadas de Pedrinho*, 1956c, p.7-8)

Questionado por Emília sobre a possibilidade de o confronto com o perigo ter lhe causado medo, Pedrinho nega enfaticamente essa probabilidade. Porém, como sua aparência denuncia-lhe o estado de tensão, o menino não consegue encontrar uma expressão que, contrariando a proposição da boneca, defina-lhe os sentimentos. Isso é demonstrado em termos de composição na narrativa pela pausa do discurso, supressão graficamente assinalada pelo uso de reticências. Percebendo a hesitação de Pedrinho, a boneca substitui ironicamente a expressão "medo", que corresponde a um estado afetivo temeroso suscitado pela consciência do perigo, pela forma "receio", que, apresentando um matiz mais sutil, refere-se a uma simples apreensão.

Embora a atitude de Emília ao substituir os vocábulos aparentemente demonstre certa credibilidade em relação aos sentimentos de Pedrinho, essa impressão logo se desfaz quando, fornecendo pistas sobre o discurso implícito ao episódio, o narrador caracteriza a intervenção da boneca como "caçoada" e quando o próprio Pedrinho admite de modo bastante incongruente ter receio de onça, mas ter medo de marimbondo. Como se pode observar, trata-se de uma proposição irônica porque representa um subterfúgio para mascarar a realidade e, ao fazê-lo, revela certas incoerências que, percebidas pelo leitor, levam-no ao riso.

Tendo em vista os fragmentos comentados, podemos perceber que, utilizada como um recurso para a construção de situações humorísticas, a ironia é um procedimento bastante presente nas narrativas de Monteiro Lobato destinadas ao público jovem.

Sendo uma das formas de manifestação do humor, a ironia traz em seu cerne, assim como todo e qualquer procedimento humorístico, o germe da contradição. Nesse sentido, ao possibilitar dizer o contrário do que se pensa, mas dando-o a entender, estabelece um contraste entre o modo de enunciar o pensamento e seu conteúdo.

Consiste, pois, em um processo de aproximação de dois pensamentos possuindo como característica básica, do ponto de vista estrutural, a noção de balanço, de sustentação (cf. Moisés, 1999, p.295). Por isso, pressupõe sempre a participação do leitor, que, para compreendê-la, deve possuir uma tripla competência: linguística, genérica e ideológica (cf. Hutcheon, 1981, p.150). Por meio da competência linguística, o leitor decifra sob o discurso apresentado aquilo que lhe é implícito. A competência genérica possibilita-lhe conhecer as normas literárias e retóricas que constituem o cânon, a herança institucionalizada da língua e da literatura. E, valendo-se de sua competência ideológica, o leitor pode perceber que a ironia existe no texto apenas virtualmente, devendo ser por ele atualizada.

Nesse sentido, sua compreensão pressupõe a existência de certa homologia de valores institucionalizados entre produtor e receptor. Tendo assegurada essa condição, o texto irônico pode, por meio do riso ambíguo que aprova e condena, propor a transgressão, sendo ao mesmo tempo revelador e desmistificador.

Cômico de situação

Buscando nas brincadeiras infantis a explicação para o que faz o homem rir, Bergson (2001, p.50) considera a manifestação do riso como "sentimentos de infância revivificados". Assim, define como *situação cômica* "toda combinação de atos e de acontecimentos que nos dê, inseridas uma na outra, a ilusão de vida e a sensação nítida de arranjo mecânico" (idem, p.51), da mesma maneira como ocorre com os brinquedos usados na infância.

Para caracterizar tais situações, o autor apresenta-as a partir de três classificações que tomam como referência as brincadeiras que, segundo ele, marcam a vida da criança: a caixa de surpresas, o fantoche e a bola de neve. Segundo Bergson (2001), a *caixa de surpresas* é uma técnica humorística baseada na repetição e no espanto diante do inesperado; o *fantoche* é um procedimento que faz que a personagem acredite estar agindo livremente, enquanto, na verdade, é objeto de manipulação; e a *bola de neve* corresponde a um processo que propaga um efeito por meio de uma autoacumulação, de modo que a causa que o gerou, de início insignificante, resulte em algo inesperado e surpreendente.

Partindo do pressuposto de que tais situações (brincadeiras) são apresentadas ao *homem* na infância, o teórico encontra aí um dos argumentos por ele utilizados para afirmar que o riso é um fenômeno eminentemente humano. Corroborando essa visão, Propp (1992), quase cinquenta anos depois, ao ressaltar que o riso é uma característica inerente a esse ser, assegura ser possível rir do homem em quase todas as suas manifestações, ou seja, tanto a vida física quanto a vida moral e intelectual do homem podem tornar-se objeto de riso. Sendo assim, podem ser ridículos os aspectos físicos da pessoa, como seu corpo, seu rosto, seus movimentos; pode se tornar ridículo um homem que, ao falar, manifesta características que eram imperceptíveis enquanto ele permanecia calado; e, de modo mais genérico, podem ser cômicos seus raciocínios que se afastam do senso comum, bem como seu caráter, no âmbito de sua vida moral, de suas aspirações.

Esses mesmos aspectos apontados em relação às ações humanas podem ser também percebidos na arte, conforme afirma Propp (1992, p.29):

> nas obras humorísticas de qualquer gênero o homem nos é mostrado naqueles aspectos que são objeto de zombaria também na vida. Às vezes, é bastante simples mostrar o ser humano tal qual ele é, representá-lo ou apresentá-lo; mas isto nem sempre é o bastante. É preciso descobrir o que é engraçado e para isso existem alguns procedimentos determinados que devem ser estudados. Esses procedimentos são os mesmos na vida e na arte. Às vezes, é o próprio indivíduo que revela involuntariamente os lados cômicos de sua natureza, de suas ações; outras, ao contrário, quem o faz propositalmente é quem zomba. Aquele que zomba comporta-se da mesma maneira tanto na vida como na arte. Existem procedimentos especiais para mostrar o que é ridículo na aparência, nas ideias ou nas atitudes de um indivíduo. Classificar em função dos objetos de escárnio é ao mesmo tempo classificar em função dos procedimentos artísticos com os quais se suscita o riso.

São exatamente esses procedimentos que procuraremos salientar nos episódios selecionados nas obras infantis de Monteiro Lobato, que se caracterizam pela apresentação de uma situação cômica.

Nesse contexto, o primeiro episódio que merece destaque aparece em *Fábulas*, no final do capítulo "Os carneiros jurados". Esse texto narra a história de um pastor que, vendo seu rebanho assolado por um lobo, solicita aos carneiros que tenham coragem e resistam aos ataques da fera. Como os pacíficos animais são também medrosos, à primeira investida do lobo, fogem desesperados, tornando procedente a moralidade: "Ao carneiro só peças lã". Ao ouvir essa frase, Emília contesta-a: "Por que só pedir lã aos carneiros? – disse Emília. Podemos também pedir-lhes costeletas. Dos carneiros é só o que interessa, tia Nastácia (sic) as costeletas..." (Lobato, *Fábulas*, 1956o, p.32).

Baseada numa interferência de séries, a situação descrita é cômica porque, enquanto Dona Benta considera a lã como maior contribuição do carneiro ao homem, em virtude de esse material ser um bem durável fornecido pelo animal sem que seja necessária a sua execução, Emília, ignorando qualquer nobreza de espírito, manifesta um interesse estritamente material e egoísta preocupando-se apenas com a satisfação de uma necessidade básica, a alimentação. É a revelação despudorada desse "desvio" de caráter que torna a situação cômica.

Mais surpreendente é quando esse tom cômico é revelado não por Emília ou pelas personagens crianças, seres mais propícios à manifestação do riso, mas por adultos que se caracterizam pela seriedade e compostura como é o caso de Dona Benta. Um momento da narrativa em que isso ocorre pode ser observado no comentário da fábula "O peru medroso". Esse texto narra as aventuras de um peru e de um galo habitantes de um mesmo quintal que, ameaçados por uma raposa que rondava o local, se refugiam em uma árvore. Porém, enquanto o galo, consciente de que estava protegido, consegue relaxar e dormir; o peru, extremamente amedrontado, não consegue parar de olhar para a fera. Percebendo o que sua presença causava no peru, a raposa começa a lhe fazer caretas até que a ave, não suportando o medo, cai e é devorada. Depois de concluir a narrativa, Dona Benta comenta:

– Eu conheci um homem assim – disse Dona Benta. Tomava um milhão de precauções para evitar males. Só bebia água filtrada. Andava pelo meio da rua para evitar que lhe caísse [sic] sobre a cabeça os vasos de flor das janelas. Desinfetava as mãos sempre que dizia adeus a alguém...
– E que fim levou esse homem, vovó?
– Morreu de um desastre de aviação.
– Mas se ele tinha tanto medo de tudo, como teve coragem de voar?
– Ele não estava voando, meu filho. O avião caiu em cima dele, na rua. (idem, p.67)

Tomando como princípio gerador de sua história (ou piada) a moralidade apresentada na fábula, Dona Benta vai criando uma situação que, semelhante a uma bola de neve, vai acumulando em si, ao longo de seu percurso, uma série de fatores que a fazem desembocar em um final imprevisível. Assim, partindo do medo sentido pelo peru da fábula, Dona Benta apresenta uma personagem semelhante; caracteriza-a por meio da descrição dos efeitos de seu medo excessivo; menciona o desastre de aviação e culmina na revelação surpreendente da queda do avião. Como se pode notar, pelo caráter inusitado e raro da morte descrita, a situação narrada é construída visando ao riso, objetivo que é alcançado.

Na mesma narrativa, no comentário da fábula "As duas cachorras", temos mais um exemplo de situação cômica. O texto conta a história de uma cadela que, prestes a procriar, pede gentilmente a uma companheira que lhe ceda a casa. Porém, quando a dona exige de volta o local, a hóspede, contando com a ajuda dos filhos já crescidos, expulsa-a, apropriando-se do imóvel. Ao final da narrativa, depois de mencionar a moralidade da fábula ("Para os maus, pau!") com a qual Emília concorda, Dona Benta comenta:

> – A dificuldade, Emília, está em conhecermos quem é mau. Eles sabem disfarçar-se. Apresentam-se como essa cachorra, todos cheios de diminutivos – um "cantinho", uma "comidinha", um "dinheirinho..." E como havemos de adivinhar que isso é um disfarce, um preparo do terreno?
> Como? – disse Emília. É boa!... Pelo diminutivo. Assim que um freguês vier com "inhos", é a gente ir pegando no pau e lascando... (idem, p.110)

A comicidade nesse episódio resulta da compreensão literal feita por Emília de uma expressão usada a título de exemplo. Nesse sentido, quando a moralidade da fábula propõe "pau" para os que são maus, o que se quer evidenciar, na verdade, é que os que se distinguem pelo caráter ruim, mesmo que se apresentem de modo afável, não merecem nenhum tipo de consideração. No entanto, quando Emília julga como dissimuladores aqueles que se expressam usando diminutivos ("inhos") e propõe-lhes agressão física ("pegar o pau e lascar"), materializa o conceito expresso na moralidade, provocando, assim, uma transposição de séries.

Ao comentar a moralidade da fábula "Os dois ladrões", qual seja, *"Inter duos litigantes tertius gaudet* ou Quando dois brigam, lucra um terceiro mais esperto", Pedrinho também descreve uma outra situação cômica. Nesse texto, é relatada a história de dois ladrões que, enquanto brigam pela posse de um burro roubado, são logrados por um terceiro que leva consigo o animal. Ao final da narração, Pedrinho apresenta o seguinte comentário:

> Isso já me aconteceu uma vez – disse Pedrinho. Briguei lá na escola por causa duma pera, e quando terminou a briga, que é da pera? Estava no papo do Zezico, filho do Totó padeiro.

— E você deu também a tal risadinha amarela...
Dei mas foi um tal murro no ladrão que ele quase vomitou a pera. Quem riu amarelo foi ele.
— Que adiantou? Ficou do mesmo jeito sem a pera.
— E o gosto? Uma forra dessas vale três peras.
Emília concordou. (idem, p.113-14)

Depois de a moralidade da fábula ter sido apresentada, ressaltando-se a imprudência de se brigar pela posse de um objeto qualquer, espera-se que o comentário de Pedrinho ratifique essa posição. Prova disso é o fato de Dona Benta perguntar ao menino "— E você deu também a tal risadinha amarela...", esperando que Pedrinho, ao responder afirmativamente, confirmasse a validade da moral presente no texto. No entanto, o menino a subverte ao propor não só a briga entre os dois envolvidos na disputa, mas também a agressão como forma de castigo ao terceiro que se aproveita da situação. É esse desfecho inesperado em relação ao contexto em que o episódio transcorre que o torna cômico.

Em *Histórias diversas*, alguns episódios chamam-nos a atenção por apresentarem, em maior ou menor grau, uma situação cômica. No primeiro deles, Emília é procurada por Polegar para que resolvesse o problema de atraso das botas de sete léguas da pequena criatura. Ao ser informada de que ele já havia procurado um relojoeiro e um sapateiro para resolver-lhe a dificuldade, a boneca espanta-se, dizendo: "Que ideia boba a sua, de andar procurando sapateiros e relojoeiros? Se procurasse um pai de santo ainda vá lá..." (Lobato, *Histórias diversas*, 1956o, p.197).

Engraçada porque incongruente, a sugestão de Emília é inusitada por aproximar, em uma narrativa, em que isso não é previsto, seres de universos diferentes, como Polegar, representante do reino dos contos de fadas e um pai de santo, chefe espiritual do candomblé e representante do universo místico e religioso do mundo real.

Tendo Emília mais uma vez como figura central da situação, outro episódio cômico destaca-se nessa narrativa. Trata-se do momento em que Visconde, discursando sobre os benefícios do periscópio, instrumento por ele criado para observar coisas invisíveis, é interrompido por Emília:

— Isso fica para depois. Agora o que queremos é a demonstração na batata! Mostre-nos uma coisa invisível, se não eu escangalho com essa joça [disse Emília].

– Vê, Sinhá, como está ficando esta "rainha do mundo"? – disse tia Nastácia, que acabava de entrar com dois frangos na mão, para saber qual deles matava. "O plimu ou o rode?"
Dona Benta escolheu o frango que ia ser vítima da fome de seus netos e a negra se retirou, fazendo para Emília o gesto de chinelada no traseiro, enquanto a ex-boneca lhe punha a língua. (idem, p.220)

Composta por traços marcadamente visuais, a situação descrita nos possibilita a observação de dois comportamentos que se caracterizam pela comicidade. Num primeiro momento, temos a petulância de Emília ao exigir que sua vontade seja satisfeita antes de qualquer outra coisa. Mesmo sabendo que o objeto não lhe pertence, a boneca exige observar sua eficácia, ameaçando os que não a atenderem, conforme demonstrado por sua fala ameaçadora e depreciativa: "se não eu escangalho com essa joça". Depois, a mesma ousadia manifesta-se no enfrentamento a Tia Nastácia, para quem a boneca, desconsiderando a autoridade dos mais velhos, põe a língua num visível gesto de afronta. Assim, a comicidade do episódio evidencia-se quando se percebe que, embora se trate de apenas uma boneca, Emília mostra-se altiva, superior, independente até mesmo em relação àqueles a quem deveria obedecer e respeitar.

O mesmo comportamento da boneca ocorre no episódio em que, depois de ter sido a única a observar os seres invisíveis por meio do periscópio, Emília, ao relatar sua visão aos demais, é ameaçada de modo irônico pela cozinheira. Vejamos:

– Eram sete sacizinhos que moravam em sete chapéus-de-sapo, cada qual mais espertinho, e marotinho, e engraçadinho... [disse Emília].
Tia Nastácia, que ia passando com os temperos colhidos na horta para o jantar, sacudiu a mão em gesto de palmada.
– E não vai também umas palmadinhas no traseirinho?
Emília botou-lhe um palmo de língua. (idem, p.224)

Usando, para chamar a atenção da boneca, o mesmo tipo de linguagem de que Emília se vale em sua descrição, Tia Nastácia consegue irritar a boneca, que, mais uma vez, ignorando o respeito devido aos mais velhos, afronta a cozinheira. Esse tipo de confronto bastante incomum entre adultos e crianças, culminando com a vitória destas sobre aqueles, faz que, por meio do bom humor, o leitor compartilhe com a boneca o riso do triunfo.

Na mesma narrativa, outra passagem de configuração cômica refere-se ao modo como se deu a posse de Visconde como imortal na Academia Brasileira de Letras, conforme narrado a seguir:

> Havendo o Visconde de Sabugosa entrado para a Academia Brasileira de Letras, Dona Benta fez questão de ir ao Rio, com todo o pessoal do sítio, a fim de assistir à cerimônia da posse. A eleição do Visconde correra muito barulhenta graças à oposição dos "imortais" que não tinham em casa filhos crianças e por-tanto ignoravam quem fosse o tal "sabugo científico". Emília, empenhadíssima na vitória do Visconde, teve de desenvolver uma atividade prodigiosa na remessa de leitões assados, cestas de jabuticabas, linguiças de lombo, farinha de milho de beijuzinho, quartos de paca, pencas de codornas e perdizes – e até de cambadas de lambaris do rabo vermelho (com algumas pirapitingas entremeadas), a fim de conseguir votos. "É pela boca que se pega o "imortal" – dizia ela. (idem, p.281)

Se em si a presença de um sabugo de milho feito por uma cozinheira de um sítio do interior do Brasil na Academia Brasileira de Letras, uma instituição que se caracteriza por sua gravidade, já é cômica, os procedimentos utilizados por Emília para conseguir os votos dos "imortais" o é em grau ainda maior. Imaginar personalidades pertencentes à casta da intelectualidade brasileira recebendo "leitões assados", "quartos de pacas" e "pencas de codornas" é tão inverossímil que tangencia o grotesco, especialmente se levarmos em consideração que "intelectuais" são aqueles em que a inteligência ou o raciocínio – e não a satisfação de básicas necessidades materiais, ligadas ao "baixo corporal" (Bakhtin, 1999, p.323-84) – desempenham papel preponderante.

Finalizando essa narrativa, temos um último episódio em que uma situação cômica é apresentada. Ele acontece no momento em que Dona Benta e Narizinho conversam a respeito de Emília ser ou não uma fada:

> Estavam nesse ponto da conversa quando Emília apontou lá adiante; vinha arrastando o Visconde pelas barbas de milho. O pobre sábio resistia como cabrito levado para a feira.
>
> – Que será aquilo? – murmurou Dona Benta. Judiação, tratar o pobre Visconde assim...
>
> Ao dar com Dona Benta e Narizinho sentadas na raiz da sua pitangueira, Emília largou das palhas do Visconde e este deixou de resistir à moda dos cabritos – e aproximaram-se os dois.

— Que é isso, Emília? Que judiação é essa com o pobre Visconde?

Emília botou as mãos na cintura e, muito vermelha e empinadinha para trás, disse:

— Pois é este estupor que me está escondendo qualquer coisa. Cada vez que me aproximo do seu laboratório, fecha uma gaveta e disfarçadamente diz: "Olhe que nuvem bonita lá no céu, com forma de elefante!" Elefante é o nariz dele. E eu então resolvi trazê-lo perante a senhora para que me confesse. Como dona do sítio, a senhora não pode tolerar que alguém ande aqui com atitudes misteriosas.

Narizinho deu uma grande risada. (Lobato, *Histórias diversas*, 1956o, p.288-9)

Exemplo da relação visual, plástica que Lobato mantinha com as palavras, a leitura do fragmento transcrito assemelha-se à observação de um filme em que a visualização se alia à ação, à dramatização. Nesse sentido, é possível *ver* Visconde sendo arrastado por Emília e lutar como um cabrito; é possível compartilhar com Emília a percepção da dissimulação do sabugo revelada por meio de seus gestos faciais; é possível, enfim, *assistir* à cena e rir com Narizinho. Assim como em um filme humorístico, temos na cena o embate entre duas personagens: Emília, que se caracteriza por sua superioridade, e Visconde, que, consciente de suas limitações ante a oponente, tenta lográ-la. Porém, como a tentativa de engodo ocorre por meio de dissimulações caricatas, conforme se pode notar pela fala de Visconde, quando surpreendido por Emília, diz "Olhe que nuvem bonita lá no céu, com forma de elefante!", a boneca desconfia de seus atos. Percebida a intenção do sabugo, a cena seguinte em que Visconde é "arrastado pelas barbas de milho e resiste como um cabrito" é cômica porque revela a incapacidade do sabugo em fazer alguém de bobo, conforme propõe Propp (1992, p.99-106). Desse modo, o riso surge como castigo ao vencido e como exaltação ao vencedor com quem o leitor se solidariza.

Procedimento semelhante pode ser observado em *Peter Pan*, quando Dona Benta, logo ao iniciar a narrativa, é interrompida pelo comentário de Emília:

Na noite em que nossa história começa, Nana estava cochilando perto da lareira, com a cabeça entre as patas, enquanto no cômodo pegado o Senhor e a Senhora Darling se preparavam para uma visita a uns parentes. Quando o casal saía de noite quem ficava tomando conta dos meninos era sempre a cachorra. Nisto o relógio bateu oito horas – *bem, bem, bem, bem, bem, bem...*

— A senhora errou Dona Benta! – berrou logo Emília, que não deixava escapar coisa nenhuma. A senhora só bateu seis *bens*.

Dona Benta riu-se.
— Não faz mal — disse ela. Os dois que faltam ficam *subentendidos* [...] (Lobato, *Peter Pan*, 1956e, p.154)

O caráter cômico desse episódio resulta, mais uma vez, do fato de Emília conseguir mostrar-se mais esperta que seu interlocutor, que, por ser humano e adulto, em tese, deveria caracterizar-se pela manifestação de um grau maior de inteligência em relação à boneca. Assim, ao questionar Dona Benta, mesmo que seja em razão de uma ocorrência banal, a boneca demonstra que percebeu uma falha cometida pela avó e a importância dessa percepção revela-se na medida em que o que causa o riso no fragmento não é o engano de Dona Benta, mas o fato de a boneca ter revelado-o.

Narrativa que também se destaca pela presença de um grande número de situações cômicas é *Reinações de Narizinho*. No relato em que Gato Félix narra suas aventuras à procura da "terra em que o demo perdeu as botas", encontramos várias passagens interessantes. Descrevendo o percurso por ele seguido depois de sair do navio onde seguia viagem, o gato diz:

[...] Desembarquei e fui andando por um caminho muito comprido. De repente apareceu uma velha, muito velha e coroca, de porretinho na mão [...]
— Cheguei para a velha e perguntei: "A senhora poderá dizer-me onde fica o lugar onde o demo perdeu as botas?"
A velha admirou-se da pergunta: arregalou os olhos, abriu uma boca de bagre sem um só dente nas gengivas e respondeu:
— "Não sei, gatinho. Mas se você for andando, andando sem parar, aposto que um dia chega a essa terra."
Aceitei o conselho da velha e fui andando, andando, andando até que encontrei...
— Uma coruja! — interrompeu Emília.
— Não — disse o gato, encontrei um sábio muito velho, de grandes barbas brancas. Cheguei-me a ele e perguntei:
— "Senhor velho, poderá dizer-me onde é o lugar em que o demo perdeu as botas?"
— "Posso, sim — respondeu o velho. Fica pertinho dos confins do Judas."
Vi que o velho estava caçoando comigo e fui-me embora, Andei, andei, andei...
— Pare de andar, Seu Félix. Chegue logo, que já está cacetando — disse Emília.
O gato desapontou um bocadinho, mas continuou:
— Andei, andei, andei, até que encontrei...

– Uma coruja! – interrompeu de novo Emília.
– Não amole mais com essa coruja, Emília! – disse Narizinho. Ele não encontrou coruja nenhuma. Cara de coruja tem você. Continue, gato Félix.
– Encontrei outra velha, mais velha ainda e mais coroca do que a primeira. Emília deu uma risada gostosa.
– Que terra esquisita!... Só velho para cá, velha para lá...Com certeza foi no país de Matusalém...
O gato Félix desapontou mais um bocadinho, mas continuou:
– Encontrei uma velha, muito velha e perguntei:
"A senhora..."
– Etc., etc. – disse Emília. E que é que ela respondeu?
O gato Félix, ainda mais desapontado, continuou:
– Ela respondeu: "Esse lugar não existe, gatinho. O demo nunca teve botas. Você não sabe que o que ele tem são cascos?"
– E aí? – indagou Emília, que estava achando aquela história muito sem jeito.
– Aí eu... eu... parei de procurar a tal terra e fui cuidar de outra coisa. (Lobato, *Reinações de Narizinho*, 1956a, p.156-8)

Levando em consideração as classificações propostas por Bergson, observamos que o fragmento transcrito apresenta todos os elementos necessários, segundo o teórico, para a constituição de uma situação cômica. Num primeiro momento, a narrativa do gato, ao manter o suspense sobre o desenlace, assemelha-se a uma *caixa de surpresas*, apresentando uma ideia que se exprime, se reprime e se exprime novamente, como um jato de palavras lançadas, interceptadas e sempre relançadas, proporcionando a visão de uma força que se obstina e de outra teimosia que a combate (cf. Bergson, 2001, p.52). Isso ocorre, por exemplo, quando o gato, alimentando a expectativa dos ouvintes, simula um desfecho que não se concretiza. Constantemente frustrados, os ouvintes manifestam sua contrariedade como se observa pela fala de Emília: "– Pare de andar, Seu Félix. Chegue logo, que já está caceteando".

Embora essas intervenções da boneca sejam constantes durante todo o relato e a personagem tenha a ilusão da importância de suas intromissões, imaginando que com elas consiga apressar o desfecho da narrativa, o controle da situação é mantido pelo Gato Félix que, detendo o poder de controlar o desenvolvimento da história, mantém seus ouvintes como *fantoches* manipulados pelos cordões de sua vontade.

Finalmente, o efeito de *bola de neve* ao qual Bergson se refere ocorre pelo fato de termos uma série de ações que se acumulam motivadas pela mesma causa como se nota pelos sucessivos encontros do Gato Félix com "uma velha", "um senhor velho" e "uma velha mais velha ainda" aos quais sempre faz a mesma pergunta: "poderá dizer-me onde é o lugar em que o demo perdeu as botas?". Segundo Bergson (2001, p.61-2), se esse processo de autoacumulação já é cômico em si, sua intensidade aumenta "quando se torna circular, e os esforços da personagem, por uma engrenagem fatal de causas e efeitos, acabam por trazê-la pura e simplesmente de volta ao mesmo lugar". É exatamente isso o que observamos ao fim do relato que, depois de tanta expectativa, termina com a frase: "– Aí eu... eu... parei de procurar a tal terra e fui cuidar de outra coisa", propondo um retorno ao início do episódio.

Acresce-se ainda como elementos cômicos, em um nível um pouco menos complexo, as despropositadas e hilárias intervenções de Emília que insiste na presença de uma coruja na narrativa e chama o país procurado pelo gato como "país de Matusalém" em virtude do grande número de velhos com quem o gato se encontra.

Ainda em *Reinações de Narizinho*, um outro episódio destaca-se pela apresentação de uma situação cômica. Trata-se do concurso realizado por Pedrinho para escolher o desenho que serviria de modelo para a confecção do boneco, "irmão de Pinócchio", feito de pau vivente. Como o processo de votação não obteve sucesso, pois cada desenhista escolhia a sua própria criação, Pedrinho resolveu fazer um sorteio, descrito na narrativa da seguinte maneira:

– Com votação não vai – disse ele. O melhor é tirar a sorte.
Todos concordaram. Pedrinho escreveu o nome de cada concorrente num pedaço de papel, enrolou-os e botou-os no seu chapéu, pedindo a Dona Benta, como mais velha, que tirasse um. Emília, porém, protestou, erguendo a mão esquerda no ar e escondendo a direita no bolsinho da saia.
– Quem vai tirar a sorte sou eu! Dona Benta não sabe!
– Não é você, não! É vovó! – determinou Pedrinho.
– Sou eu! Sou eu! – insistiu a boneca.
– Já disse que é vovó. Não teime!
– Sou eu! Sou eu! – continuou a boneca, batendo o pé sempre de mão no bolso.
Narizinho desconfiou da insistência daquela mão no bolso.
– Deixe ver a mão, Emília.
– Não deixo! – respondeu a boneca, corando até a raiz dos cabelos.
Narizinho agarrou-a e, tirando-lhe a mão do bolso à força, viu que havia nela um papelzinho do mesmo tamanho e enrolado do mesmo jeito dos que estavam no chapéu.

> Foi um escândalo. Todos criticaram, achando muito feio aquele procedimento; depois caíram na gargalhada, ao lerem o que estava no papelzinho. Emília em vez de escrever o seu nome, havia escrito, na sua letrinha torta de boneca de pano – O MEU. Por isso insistia tanto em tirar a sorte. Já estava com o nome do vencedor na mão... (Lobato, *Reinações de Narizinho*, 1956a, p.207-8)

Embora a teimosia de Emília seja uma característica da boneca já conhecida de todos, é por meio dela que o suspense desse episódio vai sendo criado até chegar-se a um desfecho cômico. Sempre admirada por sua esperteza, Emília surpreende os espectadores da cena até no exercício dessa virtude que, levada aqui ao extremo, torna o episódio caricato. Se sua insistência em ser a pessoa responsável pelo sorteio é compreensível, tendo em vista o fato de já ser esperado algum tipo de trapaça em suas ações, o que surpreende, causando o estranhamento e provocando o riso é essa boneca tão esperta ter cometido um deslize tão fácil de ser descoberto quando, em vez de escrever seu próprio nome no papel, o que tornaria a suspeita difícil de ser comprovada, escreve a expressão "o meu", denunciando sua fraude.

História do mundo para crianças é também uma narrativa que se destaca pelo grande número de episódios que se caracterizam pela apresentação de uma situação cômica. O primeiro deles encontramos na narrativa no momento em que Dona Benta, ao contar a história do povo judeu e da unção do rei Saul, é interrompida:

> (A história dos judeus foi interrompida neste ponto por causa duma barulheira na cozinha. Emília correra para lá e fora para o quintal com a lata de azeite doce. "Para que isso, Emília?" – perguntou tia Nastácia. "Para ungir Rabicó" – respondeu a diabinha. "Talvez que depois de ungido ele se torne menos guloso...")
> (Lobato, *História do mundo para as crianças*, 1956d, p.34)

Ao propor fazer que Rabicó, um simples leitão, passe pelo mesmo processo a que eram submetidos os reis judeus, que, ao receberem a unção, eram investidos de autoridade por meio de sagração, Emília é protagonista de uma situação cômica baseada na aproximação de seres pertencentes a ordens diferentes: um relacionado à esfera real, superior porque quase divina; e outro expresso por um ser que, em virtude de suas características como o local a que é confinado (o chiqueiro), seus hábitos alimentares que o fazem comer praticamente de tudo, donde seu costume de revirar lixo à procura de alimento, juntamente com o hábito de espojar-se na terra e na lama, possui a fama de animal sujo, representando um dos animais mais repugnantes do mundo terreno. Isso se confirma, por exemplo, pelo fato de a carne desse animal ser proibida entre as iguarias que compunham a alimentação dos judeus, dado que torna a aproximação feita por Emília ainda mais incongruente.

Nessa narrativa, mais oito episódios chamam-nos atenção pelas situações cômicas apresentadas. Visto que todos se caracterizam pela utilização dos mesmos processos de construção do humor, serão apresentados na ordem em que aparecem no texto e comentados conjuntamente.

O primeiro desses episódios ocorre quando Dona Benta, ao falar sobre a guerra de Troia, comenta que essa história sobre a luta entre gregos e troianos encontrasse nas obras *Ilíada* e *Odisseia*. Sobre esses poemas épicos, pergunta: "[...] Sabem qual foi o poeta que compôs estes poemas? – Camões! – gritou a burrinha da Emília" (idem, p.42).

A segunda intervenção cômica emiliana acontece no capítulo referente à história da Babilônia. Para explicar o que motivou a construção dos Jardins Suspensos da Babilônia, Dona Benta conta que o rei Nabucodonosor, por não encontrar em seu país uma moça que o agradasse, busca na Média sua esposa. Porém, como a Média era um país montanhoso e Babilônia um país plano, a esposa do rei estranhou sua nova pátria e começou a ficar triste. Depois desse relato, Dona Benta pergunta:

> [...] Sabem o que fez o rei?
> – Mandou-a pentear macacos! – gritou Emília.
> Ninguém riu, nem respondeu. Tinham resolvido deixar que Emília dissesse o que quisesse, fingindo ignorar a existência dela. (idem, p.62)

O terceiro episódio ocorre quando Dona Benta, ao descrever o sistema religioso dos indianos, o contrasta com o sistema monoteísta. Ao ouvir essa palavra, Pedrinho define-a corretamente para espanto da avó que diz:

> – Perfeitamente! – aprovou Dona Benta. Você às vezes até parece um dicionário...
> – Dê-lhe chá de hortelã bem forte que ele sara, Dona Benta. Isso são bichas, gritou lá do seu canto a pestinha da Emília.
> Ninguém achou graça e Dona Benta continuou. (idem, p.69)

No capítulo 32 dessa narrativa, temos o quarto episódio. Nele, Dona Benta exalta o espírito prático dos romanos que os moveu a criarem obras revolucionárias como as canalizações de pedra utilizadas para levar água às residências. Chamando a atenção para esse invento, ela assim descreve essas canalizações:

> Os romanos as faziam de pedra e cimento, com o nome de aquedutos, ou condutores de água. Quando o aqueduto tinha de atravessar um vale, ou um rio, construía-se uma ponte com arcos de pedra para sustentar. No Rio de Janeiro temos um exemplo desse tipo de construção.
> – Quer dizer que os romanos estiveram no Rio de Janeiro? – observou Emília lá do seu canto.
> Todos riram-se. (idem, p.110)

No quinto episódio, Dona Benta descreve outras invenções que mudaram completamente a vida na Terra, citando como exemplo a bússola, a imprensa, a pólvora e os canhões. Em seu relato, ao destacar como o homem tem usado muitas dessas invenções para a obtenção de poder, ouve o seguinte comentário de Emília:

> – Eu queria que a dominadora do mundo fosse a minhoca – disse Emília.
> – Por que, bobinha?
> – Porque ficavam lá dentro da terra e não incomodavam a gente, nem a animal nenhum. Ainda está para haver uma criatura qualquer que se queixe das minhocas. Delas nunca veio, nem virá mal ao mundo... (idem, p.222)

Apresentando também um comentário cômico de Emília, temos o sexto episódio em que Dona Benta descreve o descobrimento da América. Ao ouvir Dona Benta contar que, no dia 12 de outubro de 1492, Colombo, aportando em terra firme, batiza a terra encontrada de "terra de São Salvador", Emília pergunta:

> – Não desconfiou então que havia descoberto a América? [...]
> Todos se riram da asneirinha.
> – Como havia de saber, Senhora Marquesa, se a América ainda não existia? [...] (idem, p.226)

No mesmo relato temos o sétimo episódio, que ocorre quando, depois de saber que Colombo explorou a ilha descoberta à procura de ouro, certo de que estava na Índia ou na China, Emília comenta:

— Bem pouco espertinho! – disse Emília. Eu adivinhava logo. Os chineses têm rabicho e os indianos têm turbantes.
Dona Benta riu-se da ideia e continuou: [...] (idem, p.227)

O oitavo e último episódio selecionado refere-se ao momento em que Dona Benta conta a história da música, atendendo ao pedido de Narizinho, que já estava cansada de ouvir tantos relatos de guerra. Ao iniciar sua narração, Dona Benta pergunta:

— A rã que faz, Pedrinho?
— Coaxa.
— E o gato?
— Mia.
— E o cachorro?
— Late.
— E o leão?
— Urra.
— E as aves?
— Botam ovo! – gritou Emília. (idem, p.291)

Caracterizados pela incongruência, todos os episódios descritos são cômicos porque propõem relações inusitadas e descontextualizadas entre os elementos cotejados. De acordo com a relação proposta entre esses elementos, podemos dividir as situações apresentadas em dois grandes grupos que, embora distintos, não se excluem: um composto por situações que propõem inversões espaçotemporais e outro que apresenta situações que se caracterizam pelo despropósito.

No primeiro grupo, em que se inserem os episódios um, quatro, seis e sete, chama a atenção o primeiro episódio em que a inversão espaçotemporal se manifesta na aproximação estabelecida entre Camões, poeta português que viveu entre os anos de 1525-1580, e Homero, poeta grego do século VI a.C., como se ambos fossem a mesma pessoa.

Procedimento semelhante ocorre no quarto episódio em que, ignorando os limites impostos pelo tempo e pelo espaço, Emília considera como um indício da presença do povo romano em terras brasileiras o fato de a cidade do Rio de Janeiro possuir construções semelhantes às observadas em Roma.

O sexto, por propor por meio da fala de Emília que Colombo, ao chegar às novas terras descobertas, soubesse que estava na América, desconsidera que para simplesmente imaginar tal situação era necessário que o navegador já conhecesse, ao menos nominalmente, esse território. Tendo em vista o fato de ter sido ele próprio o descobridor dessa nova terra cuja existência não poderia nem sequer ser imaginada antes de sua chegada, a ideia proposta torna-se absurda, fazendo que a situação apresentada no episódio tangencie o *nonsense*.

Extremamente simplista, a proposta feita por Emília no sétimo episódio também se refere a certo deslocamento espacial na medida em que a boneca utiliza como elementos caracterizadores da Índia e da China, respectivamente, dois traços caricatos, quais sejam o turbante e o rabicho. Ao assim proceder, ignora, por exemplo, que outros locais que não os mencionados também podem apresentar seres com as mesmas características por ela apontadas.

No segundo grupo, marcados pela irreverência emiliana que permite à boneca o exercício de uma lógica própria, os episódios de número dois, três cinco e oito caracterizam-se pelo contrassenso.

No episódio dois, isso é observado quando Emília cogita a possibilidade improvável de o rei Nabucodonosor, depois de tanto esforço feito para encontrar sua rainha, tratar a mulher escolhida como esposa de modo desrespeitoso, conforme expresso pela sugestão da boneca de "mandar a rainha pentear macacos", caso não gostasse de sua nova pátria. Além de esse tratamento não ser permitido pelo contexto, caracterizado pelo amor mútuo observável entre os monarcas, sua comicidade resulta da total irreverência usada por Emília no tratamento dispensado a importantes personalidades históricas.

A mesma irreverência ocorre no terceiro episódio, em que Emília, em vez de se surpreender com o conhecimento de Pedrinho, que se mostra hábil na definição da palavra mencionada por Dona Benta, sugere que seu comentário seja sintoma de alguma moléstia – repugnante, por sinal – recomendando-lhe como remédio "chá de hortelã".

O quinto episódio chama atenção pela proposição absurda de que as minhocas poderiam resolver os problemas da humanidade, assumindo o controle de todas as nações.

Finalmente, bastante peculiar é o processo de construção do humor no último episódio. Baseado numa ruptura semântica, o riso é evocado pela surpresa proporcionada pelo conteúdo da fala de Emília. Isso ocorre porque, enquanto Dona Benta, ao fazer a pergunta "o que fazem as aves", espera receber como resposta algo semelhante ao que vinha acontecendo no contexto, ou seja, a nomeação do som produzido pelo animal, Emília foge completamente desse campo significativo e apresenta como resposta algo que não era previsto.

Sendo assim, como se pode observar, a comicidade nos fragmentos citados resulta basicamente do choque proposto entre dois discursos que, pertencentes a diferentes esferas, não admitem nenhum tipo de relação de similaridade. É, pois, a desconsideração desse fato que provoca o estranhamento responsável pelo riso.

Em *Emília no país da Gramática*, outros episódios apresentam situações com semelhantes traços cômicos. Um que merece destaque ocorre quando as personagens do Sítio visitam o acampamento dos verbos e Emília é apresentada aos Verbos Intransitivos. Definindo-os, Quindim diz:

> – Esses não pedem Complemento, como eu já disse. O Verbo MORRER, por exemplo, é Intransitivo. Quando a gente diz: O GATO MORREU, a frase está perfeita e ninguém pergunta mais nada.
> – Eu pergunto! – gritou Emília. Pergunto de que morreu, e quem o matou, e onde jogaram o cadáver.
> Quindim coçou a cabeça. (Lobato, *Emília no país da Gramática*, 1956f, p.52)

O episódio descrito caracteriza-se pela comicidade pelo fato de Emília trazer para o plano real, concreto, um dado que era apenas conceitual. Desse modo, quando Quindim usa como frase a oração "O gato morreu", seu objetivo é simplesmente exemplificar que alguns verbos, por terem significação completa, não necessitam de complementos, o que se demonstra pelo fato de não haver nenhuma palavra completando o sentido da forma verbal "morreu". Sendo assim, o rinoceronte não se refere a um gato real que realmente tenha morrido; antes, se aproveita apenas dos conceitos evocados pelos vocábulos utilizados. Porém, desconsiderando essa peculiaridade do enunciado, Emília materializa esses conceitos, aproximando-os de seres e fenômenos observáveis no mundo real. Com isso cria uma situação inusitada que provoca o riso.

Ainda no país da Gramática, ciceroneada pelo verbo Ser, Emília visita a casa das Interjeições. Depois da visita, a boneca diz ao verbo que no Sítio muitas daquelas palavras eram utilizadas constantemente. Como seu companheiro se interessa pelo local onde mora a boneca, Emília convida-o para uma visita ao Sítio e, para aumentar o interesse do distinto verbo, começa a descrever a propriedade de Dona Benta, conforme demonstrado pelo fragmento a seguir transcrito:

> – E há ainda mais coisas por lá – continuou Emília depois de uma pausa. Há os famosos bolinhos de tia Nastácia, feitos de polvilho, leite, uma colherzinha de sal, etc. Depois ela frita. Quando Rabicó sente de longe o cheiro desses bolinhos, vem na volada. Mas não pilha um só. É comida de gente e não de ...marquês.
> E finalizou com uma piscadinha marota:
> – Dona Benta é viúva. Vá que pode até sair casamento...
> O Verbo Ser olhava para Emília com os olhos arregalados. Ele não sabia a história da célebre torneirinha de asneiras... (idem, p.70)

Conforme denunciado pelo próprio narrador, a "asneira" de Emília que provoca o riso nesse episódio é sua proposta de que o verbo Ser corteje e, possivelmente, até se case com Dona Benta. Situação bastante utilizada por Lobato em outras narrativas, a sugestão apresentada por Emília é cômica porque propõe a Dona Benta um tipo de comportamento típico de jovens, ou em outras palavras, que não é comum às pessoas mais velhas, caracterizadas pela gravidade. Tal procedimento, definido por Propp (1992) como técnica de se colocar "um no papel do outro" tem caráter humorístico porque frustra as expectativas do observador, apresentando-lhe uma situação até então impensada.

Também provocadas por Emília, duas situações cômicas chamam atenção em *Aritmética da Emília*. Na primeira, a boneca, mesmo depois de ter sido corrigida inúmeras vezes por todas as personagens do Sítio, ao insistir em usar a palavra "fazedores" no lugar de "fatores" ao se referir aos números submetidos à operação de multiplicação, não desiste e importuna Quindim. Vejamos:

> Enquanto o pessoalzinho jantava, Emília aproximou-se do rinoceronte, pé ante pé, sem que ele percebesse, e de repente lhe deu um berro ao ouvido:
> – Fazedores!
> Quindim levou um susto; depois riu-se.
> – Você é boba, Emília – disse ele. (Lobato, *Aritmética da Emília*, 1956f, p.225)

No fragmento transcrito, a situação apresentada é engraçada por dois motivos: primeiro, porque manifesta a insistência de Emília contra tudo e contra todos, o que provoca o choque, a ordem ao avesso, o estranhamento que a torna cômica. Depois, porque se baseia no efeito surpresa por meio do susto dado em Quindim, forçando-o a ficar alerta, maleável, corrigindo, enfim, sua rigidez, na medida em que ele também compartilha do riso.

Presente na mesma narrativa, outra situação cômica que merece destaque ocorre quando Visconde, ouvindo os conselhos de Emília, passa no corpo folhas de picão a fim de se curar do reumatismo. Paralela à narração de Quindim que conta, depois de muita insistência de Emília, a luta africana entre o tigre e o crocodilo, essa cena é descrita da seguinte maneira:

> Quindim contou pela centésima vez a luta do tigre com o crocodilo, enquanto ao lado o Visconde esfregava o corpo com folhas de picão, que Emília dissera serem muito boas para o reumatismo. Mas era peta. O remédio só serviu para tornar o pobre sábio ainda mais verde do que era.
> Vendo aquilo, a boneca mudou de assunto. (Lobato, *Aritmética da Emília*, 1956f, p.225)

Tendo obtido sucesso em seu logro, ao conseguir enganar Visconde, "fazendo-o de bobo", Emília compartilha seu triunfo com os leitores. Esses, diante da cena descrita, percebem no malogro de Visconde o resultado de uma inferioridade oculta que, de repente, se revela e acaba suscitando o riso. Nesse sentido, ao se perceber que, mesmo sendo um "sábio científico", Visconde é enganado por Emília, a culpa da derrisão a ele feita acaba recaindo sobre sua própria pessoa, atuando o riso como meio de revelação e correção do defeito anteriormente oculto.

Em *História das invenções*, outros episódios também se destacam. Um deles ocorre no capítulo cujo título é "As mãos", quando Dona Benta, falando a respeito das inúmeras invenções feitas pelo homem para auxiliá-lo nos serviços manuais, comenta:

> E dessa pedra lascada que virou machado saiu a faca, a serra, a lança, a tesoura, a espada, a picareta, a enxada, o canivete – todos os inúmeros instrumentos que têm cabo e cortam. Por isso, quando vocês, num museu, derem com aqueles toscos machados de pedra dos nossos antepassados peludos, tirem respeitosamente o chapéu.
> – E eu que faço, vovó, eu que não uso chapéu? – perguntou a menina.
> – Você tira o sapato – asneirou Emília.
> Ninguém achou graça e Dona Benta continuou: [...] (Lobato, *História das invenções*, 1956h, p.250)

Usada por Dona Benta com o sentido de prestar reverência, mostrando profundo respeito pelos objetos mencionados em razão de suas qualidades e importância para a humanidade, a expressão "tirar o chapéu" apresenta no fragmento transcrito um sentido metafórico. Provavelmente, no episódio narrado, Emília compreenda a utilização figurada da expressão como sinônimo de reverência. Porém, pelo que se depreende, a boneca imagina que esse ato respeitoso só possa ser praticado pela retirada efetiva de alguma peça do vestuário. Assim, visto tratar-se o chapéu, de modo geral, de uma peça do vestuário masculino, a boneca cria uma situação completamente dissociada do contexto quando propõe que Narizinho, no lugar do chapéu que não possui, tire os sapatos. Trata-se de uma passagem marcadamente cômica o que é demonstrado até pelo comentário final do narrador que, ao dizer "Ninguém achou graça", permite que o leitor subentenda que o riso era o objetivo final do episódio.

Em um outro momento da narrativa, complementando o discurso de Dona Benta sobre a utilidade das mãos para a humanidade, Pedrinho faz um comentário que é logo interrompido por Emília. Vejamos:

– Realmente, vovó, – disse Pedrinho. Esta noite perdi o sono e estive pensando em várias mãozices. Quando a gente quer apanhar uma laranja lá do alto, pega duma vara e aumenta o alcance da mão. Para tomar banho, para coçar as costas, para arrancar espinhos, para fazer um desenho.
– Para tirar ouro do nariz – acrescentou Emília.
– ... para tudo, tudo, tudo, é a mão. Realmente a mão é a maravilha das maravilhas – concluiu o menino, lançando um olhar terrível à boneca. (idem, p.262)

Aviltando a seriedade do discurso de Pedrinho, Emília faz um comentário que se choca frontalmente com o tom de deferência em relação à mão presente na fala do menino. Sabendo que "tirar ouro do nariz", embora seja um hábito nada louvável, é muito praticado por Pedrinho, a boneca provoca-o com a acusação irônica. Assim, Emília consegue com sua intervenção atingir vários propósitos: complementa o comentário do garoto, apresentando mais uma utilidade inquestionável da mão; desmistifica a aura de seriedade que vinha sendo mantida pelo menino quando esse reforça o discurso de Dona Benta; revela a todos um "defeito" que o caracteriza; e consegue provocar sua irritação, conforme demonstrado pelo comentário feito pelo narrador de que Pedrinho lançou à boneca "um olhar terrível". Desse embate silencioso, a boneca, cujos comentários sempre são preteridos, sai mais uma vez vitoriosa e o riso por ela provocado é a expressão de seu triunfo.

Por ter Emília como protagonista de todas as ações, *Memórias da Emília* é uma das narrativas em que mais encontramos episódios que se caracterizam pela presença do cômico de situação. Logo no início da narrativa, isso pode ser observado quando a boneca, indecisa sobre a melhor maneira de começar suas memórias, ordena a Visconde:

– Bote um ponto de interrogação; ou antes, bote vários pontos de interrogação. Bote seis...
– Vamos, Visconde. Bote aí seis pontos de interrogação – insistiu a boneca. Não vê que estou indecisa, interrogando-me a mim mesma?
E foi assim que as "Memórias da Marquesa de Rabicó" principiaram dum modo absolutamente imprevisto:
Capítulo Primeiro
???????
Emília contou os pontos e achou sete.
– Corte um – ordenou.
O Visconde deu um suspiro e riscou o último ponto, deixando só os seis encomendados.
– Bem – disse Emília. Agora ponha um...um...um...
O Visconde escreveu três uns, assim: 1,1,1.
Emília danou.
– Pedacinho dasno! Não mandei escrever nada. Eu ainda estava pensando. Eu ia dizer que escrevesse um ponto-final depois dos seis de interrogação. (Lobato, *Memórias da Emília*, 1956e, p.7-8)

Peculiar à autora das memórias, o início do relato de Emília é tão inusitado quanto as considerações que se seguirão. Justificada por ela como resultado de sua indecisão ou reflexão, a sucessão de pontos de interrogação no início do primeiro capítulo de um livro de memórias, a posterior insistência para que sejam seis e não sete, detalhe aparentemente irrelevante, e a presença de um ponto final depois dos pontos de interrogação são situações cujo caráter imprevisto é sugerido até pelo narrador.

Semelhantes a essa, outras situações destacam-se na narrativa. Exemplo disso é o modo como a boneca utiliza a sugestão de Visconde sobre como começar as memórias. Vejamos:

— Minha ideia – disse o Visconde – é que comece como quase todos os livros de memórias começam – contando quem está escrevendo, quando esse quem nasceu, em que cidade, etc. *As Aventuras de Robinson Crusoé*, por exemplo, começam assim: "Nasci no ano de 1632, na cidade de Iorque, filho de gente arranjada, etc."
— Ótimo! – exclamou Emília. Serve. Escreva: Nasci no ano de... (três estrelinhas), na cidade de... (três estrelinhas), filha de gente desarranjada...
— Por que tanta estrelinha? Será que quer ocultar a idade?
— Não. Isso é apenas para atrapalhar os futuros historiadores, gente muito mexeriqueira [...] (idem, p.9-10)

Aceitando a sugestão de Visconde, Emília, fazendo uso da paródia, apropria-se do discurso comumente utilizado pelos autores de memórias, subvertendo o sentido do texto original por meio do humor. Assim, se o objetivo desses escritores, ao iniciar seu texto, é situar-se perante o leitor fornecendo-lhe, para isso, dados referentes ao ano e ao local de nascimento, bem como informações de cunho genealógico, Emília, embora se aproveite da mesma estrutura discursiva por eles utilizada, oculta informações que num livro como esse são fundamentais. Acresce-se a isso o fato de mencionar ainda sua origem bastante peculiar: "filha de gente desarranjada", que em contraste com o texto original torna o relato pitoresco.

Finalizando suas memórias, Emília descreve sua viagem imaginária a Hollywood, onde se encontra com Shirley Temple e, juntas, representam *Dom Quixote*. Feito o relato, a boneca pede para que o sabugo finalize suas memórias, conforme descreve o excerto transcrito:

O Visconde leu o pedaço escrito.
— Que horror, Emília! Eu transformado aqui em D. Quixote, com três costelas quebradas, moribundo... Isto é abusar da humanidade.
— Pois abuse da humanidade e termine a história.
— Da maneira que eu quiser? – indagou o Visconde, já com um plano na cabeça.
— Sim. Da maneira que quiser – respondeu Emília.
— Jura que de qualquer modo serve?
— Juro!
Ao ouvir o juro, o Visconde fincou com tanta força um ponto-final na história que até furou o papel.
— Pronto! Está concluída.
Emília plantou-se diante dele, de mãozinhas na cintura, danada.

– Sim, senhor! Já é desaforo. Pregou-me uma peça, fazendo-me jurar. Olhe Visconde, se me prega outra assim, juro que cumpro a minha palavra. Depeno-o, sabe?

Emília já ameaçara o Visconde de o "depenar", isto é, de lhe arrancar as perninhas e os braços, e o Visconde ficava branco de cera ao lembrar-se disso. Eis porque se apressou a pôr um rabinho naquele ponto-final, transformando-o em vírgula.

– Eu estava brincando, Emília – disse ele. Não concluí com ponto, e sim com vírgula. Quer dizer que a coisa continua. Vou contar o resto da história, pode ficar sossegada. (idem, p.132-3)

Contrariando o que normalmente acontece em seu relacionamento com Emília, nesse fragmento Visconde consegue lograr a boneca. Isso torna o episódio cômico e o riso advém de se compartilhar com o vencedor o triunfo sobre o vencido, o que ocorre no episódio transcrito de duas maneiras diferentes. Num primeiro momento, o riso do leitor é compartilhado com Visconde, que, valendo-se de um deslize da própria boneca que autoriza o sabugo a terminar as memórias "da maneira que quiser", encontra uma solução que lhe é mais cômoda: o ponto-final e o fim do trabalho. Depois, superando sua derrota momentânea, é a vez de Emília suscitar o riso do leitor, o que faz por meio do uso de três procedimentos: o humor da palavra, o cômico de situação e o exercício de sua superioridade sobre alguém mais fraco.

No que se refere aos procedimentos linguísticos utilizados para criar o humor, destaca-se a exploração do aspecto semântico da palavra "depenar" utilizada por Emília como sinônimo de "arrancar as pernas". Trata-se de uma utilização inusitada porque, tendo como base de seu significado o vocábulo "pena", essa expressão corresponde a "tirar as penas" e não "as pernas" como propõe Emília. O mesmo ocorre em relação à palavra "terminar", que, embora seja usada por Emília com o sentido de "fazer chegar ao termo", ou seja, desenvolver um discurso que apresente caráter conclusivo, é entendida de modo muito conveniente por Visconde com a acepção de "interromper abruptamente o relato". Em princípio, é a percepção dessa incongruência que suscita o riso. Explicando por que esses procedimentos linguísticos causam o riso, Verena Alberti (2002, p.17), recorrendo a Freud, diz:

> [...] Os jogos de palavras [...] nos causam prazer porque nos dispensam do esforço necessário à utilização séria das palavras. O jogo de palavras suscita a ligação entre duas séries de ideias separadas, cuja apreensão usual exigiria muito mais

esforço. O prazer que resulta de tal "curto-circuito" é tanto maior quanto mais as duas séries de ideias forem estranhas e afastadas entre si, o que faz com que a economia do curso do pensamento seja também maior.

Embora obtido também por meio dos jogos de palavras presentes no fragmento, o cômico de situação concretiza-se no desfecho do episódio quando, ameaçado pela boneca, Visconde por meio do acréscimo de um "rabinho" transforma em vírgula seu ponto-final. Sendo assim, apesar de essa atitude já demonstrar o temor do sabugo e sua sujeição às vontades da boneca, é também, em grau menor, uma tentativa de logro, sendo por isso responsável pela construção de uma situação cômica. Finalmente, apesar de todos os esforços, Visconde acaba sendo subjugado e a superioridade da boneca revela-se. Mais uma vez, temos aí a comicidade presente em vista do fato do Visconde tornar-se o objeto de derrisão e ter no riso seu castigo.

Em *Dom Quixote das crianças*, dois outros episódios chamam atenção. O primeiro deles ocorre no momento inicial da narrativa quando Dona Benta se prepara para contar a história do cavaleiro andante. Antes de Dona Benta iniciar seu relato, Emília, movida pela curiosidade, começa a folhear o livro para ver as gravuras e admirada comenta:

> [...] Que beleza! Estava cheio de enormes gravuras dum tal Gustave Doré, sujeito que sabia desenhar muito bem. A primeira gravura representava um homem magro e alto, sentado em uma cadeira que mais parecia trono, com um livro na mão e a espada erguida na outra. Em redor, pelo chão e pelo ar havia de tudo: dragões, cavaleiros, damas, coringas e até ratinhos. Emília examinou minuciosamente a gravura, pensando lá consigo que, se aqueles ratinhos estavam ali, era porque Doré se esquecera de desenhar um gato. (Lobato, *Dom Quixote das crianças*, 1956i, p.8)

Embora não utilize elaborados recursos cômicos, a passagem citada transcrita tem seu teor humorístico garantido pelo despropósito de Emília. Ao afirmar que na gravura observada a presença dos ratos só se justificava pela ausência de seus inimigos naturais, os gatos, a boneca propõe uma fusão entre fantasia e realidade ou entre o mundo real e sua representação artística por meio da pintura. Nesse sentido, embora o humor seja percebido pelo leitor que, por se encontrar fora do universo fantasioso, percebe a incongruência proposta, para a personagem o comentário feito corresponde a um procedimento comum, habitual.

Narrativa que também apresenta situações cômicas é *O poço do Visconde*. O primeiro episódio nela que merece destaque ocorre quando um repórter enviado por um jornal do Rio de Janeiro vai ao Sítio comprovar a veracidade da abertura de um poço de petróleo nas terras de Dona Benta e exige que os habitantes do local lhe mostrem o precioso líquido. Vejamos como o episódio transcorre:

– Pois muito bem – disse ele por fim. Mostrem-me o petróleo e estará tudo acabado.

Pedrinho cochichou qualquer coisa ao ouvido do Visconde, o qual foi conferenciar com Quindim, o qual chamou Mister Kalamazoo, trocando com ele várias palavras. *"All right"* – foi a resposta do americano com um pisco para Pedrinho.

– Muito bem – murmurou este, compreendendo a significação da piscadela. O senhor repórter vai sentar-se aqui por um momento, enquanto Mister Kalamazoo mexe no blowout. O blowout é o registro que fecha o poço. Abrindo esse registro, o petróleo jorra. Prepare-se, pois, para assistir a um belíssimo jorro de petróleo.

O pobre repórter, que nunca tinha visto petróleo, sentou-se no ponto indicado pelo menino, justamente num lugar de vento a favor, de modo que quando o petróleo jorrasse a chuva do repuxo viria cair bem em cima dele. Não desconfiou de o deixarem ali sozinho e se passarem todos para o lado oposto.

Mister Kalamazoo dirigiu-se ao blowout e tornou a manivela. Imediatamente um jorro potentíssimo de petróleo negro elevou-se no ar a dezenas de metros de altura, abriu-se lá em cima em penacho e desceu sob forma de chuva grossa bem sobre o ponto onde se achava sentado o mísero repórter.

Que banho! O jornalista fugiu dali com quantas pernas tinha, não escapou de ficar empapado até a medula dos ossos. E quando parou a cinquenta metros de distância e olhou para trás, o que viu foi o americano fechar o torneirão, pondo fim ao tremendo repuxo de óleo negro.

Os meninos correram ao encontro do homem petrolizado.

– Então? Está convencido? Indagou Pedrinho.

O repórter nem falar podia. O petróleo entrara-lhe pela boca, ouvidos e nariz, causando-lhe um mal medonho. Cuspia, espirrava, tentava limpar a boca – mas limpar como, se as mãos, o lenço, tudo não passava de um empapamento de petróleo?

– Ele é capaz de morrer envenenado – disse Mr. Champignon, e ordenou aos operários que o conduzissem ao ribeirão e o lavassem a fundo. O pobre repórter foi levado ao rio, despido e ensaboado por dez mãos calosas, ásperas como lixa. E como suas roupas ficassem inutilizadas, e nenhum dos homens da sonda lhe quisesse ceder um terno, o remédio foi vestirem-no com uma saia e um velho casaco de Dona Benta, enquanto tia Nastácia lhe fervia, secava e passava as roupas com que viera. (Lobato, *O poço do Visconde*, 1956j, p.169-72)

Como se observa pelo relato transcrito, a situação que esse episódio encerra tem por base um processo derrisório minuciosamente pensado e executado. Alguns indícios do que ocorrerá são fornecidos ao leitor por meio de informações diluídas na narração, preparando o espectador para o desfecho cômico sugerido. Isso pode ser observado, por exemplo, pelo "cochicho" de Pedrinho; o "pisco" de Mister Kalamazoo; a ironia do menino ao dizer "Prepare-se, pois, para assistir a um *belíssimo* jorro de petróleo"; o fato de o repórter, por indicação dos demais, sentar-se em um lugar predeterminado; a informação de que ele havia ficado a favor do vento e a revelação de que ficou sozinho enquanto os demais se posicionaram em local oposto. Todas essas informações, que podem ser depreendidas na narrativa, aparecem no relato de modo tênue, o que se justifica pelo objetivo a que se propõem. Se seu propósito é induzir ao erro por meio do logro, as orientações dadas ao repórter não podem revelar seu verdadeiro intento, o que comprometeria a eficácia do engano. Desse modo, embora sutis, esses dados revelam-se extremamente relevantes para o desenlace do episódio.

Outro procedimento que torna a situação cômica é o fato de o episódio ser construído com base em uma série de ações que se autoacumulam, levando a um desfecho aparentemente inesperado. A começar pelos discursos secretos que já indiciam a conspiração, temos uma sucessão de ações que vão se sobrepondo como se pode observar pelo fato de Pedrinho "cochichar qualquer coisa ao ouvido do Visconde", Visconde "conferenciar com Quindim", Quindim "trocar várias palavras com Mister Kalamazoo, e Mister Kalamazoo responder *"All right"* com um pisco para Pedrinho. Semelhante a uma brincadeira infantil, a conspiração de Pedrinho obedece a uma ordem circular como uma ação que vai rolando ao longo do desenvolvimento do episódio e acumulando, na sua passagem por cada novo ponto, incidentes cada vez mais importantes e inesperados como uma *bola de neve*.

Destaca-se também como procedimento cômico o processo de travestismo por que passa a personagem que é objeto de derrisão. Contrariando as normas de harmonia e proporção racionais do ponto de vista das leis gerais da natureza, esse processo corresponde a uma particularidade ou estranheza que, distinguindo uma pessoa do meio que a circunda, a torna ridícula. É exatamente isso o que se observa no fragmento quando o repórter, caracterizado por sua sisudez e gravidade, é obrigado a vestir-se com uma saia e um velho casaco de Dona Benta. São, pois, todos os casos apresentados que explicam por que e em que circunstâncias o episódio selecionado é percebido como cômico.

O outro episódio, que se destaca nessa narrativa por seu caráter cômico, ocorre por ocasião da festa dada por Dona Benta para comemorar o sucesso da Companhia Donabentense de petróleo. Nesse evento, incumbido por Emília de fazer o discurso de saudação, Quindim diz:

> – Minha senhora e meus senhores! Embora eu não seja o mais qualificado para falar nessa festa, estou cumprindo ordens da Emília. Ela me mandou que falasse, dizendo andar enjoada de discurso de bípedes. Não fosse isso e eu ficaria lá no meu canto, ouvindo – pois gosto muito mais de ouvir do que de falar.
> – Por isso é que você não diz asneiras, Quindim! – aparteou Pedrinho.
> – Será – continuou Quindim – mas nem sempre o calar é sábio. Seria porventura, sábio que Dona Benta se calasse? Presto muita atenção quando ela fala e nunca percebi em suas palavras demonstração de outra coisa que não fosse a mais alta sabedoria.
> Emília sussurrou para Narizinho: "ele está adulando Dona Benta para ver se pega um lugar na Diretoria..." (idem, p.236-7)

Centrado na figura de Emília, o fragmento acima tem sua comicidade revelada por meio da postura iconoclasta da boneca ao nomear Quindim como orador oficial da festa de Dona Benta. Dizendo "andar enjoada de discurso de bípedes", Emília revela, sem nenhuma hipocrisia, sua desconfiança em relação ao discurso elaborado por homens a quem se refere como "bípedes", optando pelo discurso de um quadrúpede. Porém, se essa opção já é reveladora da postura da boneca em relação aos discursos oficiais, mais desmistificador ainda é o comentário posterior feito por ela sobre o teor do discurso do orador por ela mesma escolhido. Percebendo que as palavras de Quindim foram muito bem aceitas e que sua postura elogiosa em relação a Dona Benta agradou a Pedrinho, a boneca trata de desmascarar o aparente caráter nobre do rinoceronte, revelando o que talvez estivesse motivando seu comportamento: o interesse por um posto importante na empresa de Dona Benta. Desse modo, por propor sempre o desnudamento que, em síntese, revela o estranhamento entre o que é dado como norma e o que lhe constitui a essência, Emília possibilita por meio do humor um outro olhar sobre as situações apresentadas.

Ainda tendo Emília como personagem responsável pela eclosão do humor, *Serões de Dona Benta* apresenta dois episódios marcados pelas intervenções despropositadas da boneca. O primeiro deles ocorre no capítulo em que Dona Benta, ao falar a respeito das propriedades e benefícios da água, faz a Emília um comentário irônico que é prontamente revidado pela boneca, conforme se pode observar no relato a seguir:

> [...] Na lavagem a água dissolve alguma coisa de sujeira, destaca as partículas sólidas do pó que ficaram na pele ou na roupa; só não mexe com o sujo gordurento. Mas se juntarmos sabão à água, essa sujeira gordurenta é também dissolvida e lavada. Graças pois às habilidades da água e do sabão é que temos uma pele limpinha e uma roupa que dá gosto ver – como as mãos de Emília e o vestidinho dela.
>
> Emília estava com as mãos e o vestido sujos, de modo que corou com a observação de Dona Benta e respondeu, queimadinha:
>
> – A culpa é da senhora mesma, que leva a vida toda a falar em água e não dá tempo da gente tomar banho... (Lobato, *Serões de Dona Benta*, 1956h, p.56)

Iniciado pelo comentário irônico de Dona Benta, que chama a atenção para a limpeza de Emília quando, na verdade, a boneca se encontra com as mãos e o vestido sujos, o humor atinge seu clímax no episódio com o comentário petulante feito pela boneca. Mais do que simplesmente representar uma afronta de Emília em relação a uma pessoa que lhe é superior, a resposta dada pela boneca possui caráter cômico por propor uma inversão do tom acusatório presente no episódio. Em outras palavras: se, ao acusar ironicamente Emília, Dona Benta se coloca em uma posição de destaque por demonstrar-se portadora de um caráter virtuoso e por isso mesmo irrepreensível; quando a boneca, esquivando-se da culpa pela sujeira, inverte o jogo e atribui a Dona Benta a responsabilidade por sua falta de limpeza, mostra-se mais esperta do que a experiente avó, vencendo-a no embate. Como é comum nesse tipo de situação, o riso surge como punição ao vencido e como modo de compartilhar o triunfo do vencedor.

Episódio também interessante, na mesma narrativa, quanto à apresentação de uma situação cômica, é aquele em que Emília propõe uma solução para o povoamento de Vênus a partir do comentário feito por Dona Benta a respeito das características desse planeta, conforme apresentado a seguir:

– Vênus é um planeta irmão gêmeo do nosso, pois regulam em tamanho e em atmosfera – só que a de Vênus é mais carregada de nuvens. Uma das particularidades desse planeta é girar muito lentamente em redor de si mesmo. A volta que a terra dá num dia, Vênus a dá em meses; por esse motivo, o lado onde bate o sol é terrivelmente quente, e o outro lado é terrivelmente frio.

– Se é assim tão irmã da Terra, então Vênus pode ser habitável – disse Narizinho.

– E o calor terrível do lado que bate o sol? – objetou Pedrinho.

– Eu resolveria o problema com muita facilidade – disse Emília. Colocava os habitantes de Vênus na zona entre o calor e o frio – e eles que fossem caminhando à medida que o planeta girasse sobre si mesmo já que Vênus gira com tamanha preguiça. Em vez de casas grudadas no chão, eu os punha morando em trêileres, como essas casinhas ambulantes tão em moda hoje nos Estados Unidos...

Outra característica de Vênus – continuou Dona Benta rindo-se [...] (idem, p.157-8)

De configuração mais simples, esse episódio tem seu teor cômico revelado pelo despropósito da solução proposta por Emília, o que se comprova até pelo riso de Dona Benta. Além de apresentar para um problema que há muito tem intrigado os astrônomos uma resolução extremamente simplista baseada em se "colocar os habitantes de Vênus na zona entre o calor e o frio", Emília, pela sugestão apresentada, já se sente tendo cumprido seu papel conforme observado pela irreverência de sua fala "e eles que fossem caminhando...". É o confronto entre essa simplicidade da solução proposta e um problema até hoje insolúvel que provoca o riso.

A mesma irreverência emiliana pode ser observada em *O minotauro* no momento em que Emília, em visita à casa de Péricles, revela a Aspásia, esposa do político ateniense, que possuía amostras da comida dos deuses, conforme descrito no seguinte relato: "Aspásia não resistiu. Provou pela terceira vez o néctar apesar da carranquinha da Emília. Naquele andar lá se ia tudo" (Lobato, *O minotauro*, 1956m, p.252).

Como se pode observar pelos gestos de Emília e por seu pensamento revelado pelo narrador, o cômico dessa situação resulta do malogro da boneca que, embora seja uma personagem que se destaca por sua total liberdade de expressão e de ação, é obrigada a agir contra sua vontade.

Em *A chave do tamanho*, outros episódios chamam a atenção pela apresentação de situações cômicas. Logo no início do capítulo 1, temos o relato de um deles quando Emília diz que o pôr do sol daquele dia era de "trombeta", expressão por ela utilizada para referir-se ao fato de o Sol "reunir todos os vermelhos e ouros do mundo para a festa do ocaso". Ao ouvir o comentário da boneca, Dona Benta faz uma observação que gera muita polêmica. Vejamos:

> [...] Dona Benta não se conteve.
> – Que maravilhoso fenômeno é o pôr do sol! – disse ela.
> Emília deu um pisco para o Visconde por causa daquele "fenômeno", e resolveu encrencar.
> – Por que é que se diz "pôr do sol", Dona Benta? – perguntou com o seu célebre ar de anjo de inocência. Que é que o Sol põe? Algum ovo?
> Dona Benta percebeu que aquilo era uma pergunta-armadilha, das que forçavam certa resposta e preparavam o terreno para o famoso "então" da Emília.
> – O sol não põe nada, bobinha. O sol põe-se a si mesmo. Que graça!
> Dona Benta teve a pachorra de explicar [...]
> – Estou cansada de saber disso – declarou Emília. A minha implicância é com o tal de *pôr*. "Pôr" sempre foi botar uma coisa em certo lugar. A galinha põe o ovo no ninho. O Visconde põe a cartola na cabeça. Pedrinho põe o dedo no nariz.
> – Mentira! – gritou Pedrinho desapontado, tirando depressa o dedo do nariz.
> (Lobato, *A chave do tamanho*, 1956n, p.3-4)

Vários indícios nesse fragmento denunciam a configuração cômica do episódio transcrito. Inicialmente, temos as informações fornecidas pelo narrador, como o pisco de Emília e a caracterização de sua intervenção como "encrenca" que se revelam indícios de que a boneca se preparava para surpreender com mais uma das suas; depois, com a leitura do fragmento, observamos que a personagem, por meio da transposição de sentidos, extrai da exploração do significado da palavra "pôr" todo o teor cômico possível nesse procedimento; finalmente, o relato provoca o riso pela surpresa de Pedrinho confrontado com a revelação de uma falha que considerava oculta. Como os demais recursos já foram anteriormente comentados, deteremo-nos no último procedimento cômico utilizado para a construção do episódio, observando-o com mais vagar.

Ao definir o verbo "pôr" como significando unicamente "botar uma coisa em certo lugar", Emília apresenta como exemplo de sua definição situações corriqueiras uma galinha pondo um ovo e o Visconde pondo a cartola. Porém, embora prossiga inicialmente nesse percurso até então comum e aceitável, a boneca abruptamente provoca uma ruptura na aparente "normalidade" de seu discurso, quando coloca como pertencendo à mesma série de atos descritos o hábito repreensível de Pedrinho pôr o dedo no nariz. Como se trata de uma inclusão inusitada, tanto para os leitores como para a personagem envolvida, a surpresa causada por sua menção provoca um choque que se resolve por meio do riso. Levada a um efeito mais contundente quando Pedrinho, o acusado, nega hipocritamente o ato praticado, essa dissimulação, também observada pelos espectadores, recebe como sanção o riso.

Também merece destaque nesse fragmento a reação de Dona Benta no que diz respeito à intervenção de Emília. Ao ser interrompida pela boneca, Dona Benta percebe, segundo o relato do próprio narrador, "que aquilo era uma pergunta-armadilha, das que forçavam certa resposta e preparavam o terreno para o famoso 'então' da Emília". Embora essa seja uma técnica reiteradamente utilizada pela boneca em suas intervenções, que redundam sempre em uma situação cômica, tal procedimento não havia ainda aparecido em nenhuma outra narrativa de forma sistematizada como característica formal das intervenções de Emília. Ou seja, a revelação de que esse procedimento corresponde a um elemento constitutivo do processo de construção do humor não aparece em nenhum outro momento no contexto das obras infantis de Lobato. Isso só ocorre, como se observa no fragmento, em *A chave do tamanho*, penúltima narrativa infantil produzida pelo escritor a figurar em suas obras completas. Nesse sentido, esse é um dado que nos permite afirmar que os processos utilizados pelo autor para garantir a comicidade em seus textos vão se formalizando e ganhando consistência até para seu produtor, o que nos revela, no percurso das produções lobatianas, o gradual aperfeiçoamento e refinamento na utilização de técnicas que visam ao cômico.

Nessa mesma narrativa, uma outra situação cômica pode ser também observada. Trata-se do momento em que Emília, depois de muita procura em virtude das dificuldades surgidas com a diminuição do tamanho, encontra os habitantes do Sítio e apresenta-lhes como surpresa o Coronel Teodorico, por ela resgatado em suas expedições. Vejamos de que maneira esse episódio pode ser caracterizado como cômico:

> O Visconde enfiou a mão no bolso e tirou de lá de dentro um insetão descascado, que depôs sobre a cômoda. Mas todos ali estavam vestidos, de modo que a nudez do compadre de Dona Benta provocou verdadeiro escândalo.
> Tia Nastácia protestou.
> – Te esconjuro! Onde se viu um pai de família aparecer nesses trajes de Adão na presença de uma senhora de respeito?
> Na sua aflição de espírito o Coronel esquecera-se de que estava nu, de modo que a advertência da negra o fez encolher-se todo, desapontadíssimo.

– Arranje uma tanga, homem! – continuou a negra. Faça como nós fizemos. Tire essa indecência daqui, Visconde!

O Visconde levou o coronel para o jardim. Que tanga arranjaria para ele? Olhou, olhou. Decidiu-se finalmente por uma flor de Angélica, depois de cortá--la de certo jeito. Deu uma tanga ótima, mas que deixava o fazendeiro que nem uma dançarina de saiote.

– Aquela negra é cheia de histórias, Coronel, mas tem bom coração. Ela mesma é quem vai lhe arranjar uma roupa melhor feita de seda, como a dos meninos.

Ao voltar para a cômoda, vestido daquela maneira, o Coronel foi recebido com palmas.

– Agora, sim – disse tia Nastácia. Está mais apresentável – e só falta dançar... (idem, p.133-4)

Um dos poucos episódios que não têm Emília como deflagradora do riso, o relato citado é cômico por basear-se na incongruência provocada pela ruptura com a normalidade na caracterização das personagens. Num primeiro momento, o motivo de riso restringe-se à nudez que, por ser apresentada com o senso de medida e o tato próprio a uma narrativa destinada ao público jovem, pode ser classificada, de acordo com o que propõe Propp (1992, p.48), como uma nudez de "semi-indecência", contrastando-se com a normalidade do vestuário dos espectadores da cena. Esse contraste é demonstrado pela exortação dada por Tia Nastácia para que o Coronel "fizesse como as outras personagens haviam feito". Outro elemento responsável pelo riso é o travestismo da personagem, fato que, por não apresentar correspondência entre a personalidade austera do coronel e a vestimenta a ele arranjada, uma flor de Angélica, o faz parecer "uma dançarina de saiote", tornando-o ridículo e suscitando o riso derrisório.

Os doze trabalhos de Hércules é também, dentro do contexto das obras infantis lobatianas, uma narrativa que apresenta alguns episódios de feição cômica. Embora esses apareçam já sugeridos no primeiro volume do livro (Lobato, *Os doze trabalhos de Hércules*, 1956q, v.1),[27] ganham, pela consis-

---

27 Nesse volume, temos a descrição da paixão de Visconde pela jovem grega Climene sentimento que, até então nunca vivido pelo sabugo, o faz dizer graças (Lobato, *Os doze trabalhos de Hércules*, 1956q, v.1, p.69), dançar rumba (idem, p.97), andar com um pé só (idem, p.240), piscar, suspirar, virar os olhos, dar buquês (idem, p.260) e beijar a amada (idem, p.271). Tendo em vista a sisudez sábia do sabugo científico, tais reações dão à personagem um caráter ridículo, tornando os episódios também cômicos.

tência de seu desenvolvimento, a configuração de uma situação cômica somente no tomo dois da narrativa. Nesse volume, destaca-se o episódio em que Emília se apodera da carta que Visconde estava escrevendo para Climene. Vejamos como a boneca faz isso:

> – Para quem está escrevendo, Visconde? – perguntou a ex-boneca sem interromper a arrumação de seus guardados.
> – Para Dona Benta – respondeu o sabuguinho. Emília continuou a lidar com os seus "bilongues" ainda por uns vinte minutos – e o Visconde sempre trabalhando lá com a carta. De repente Emília desconfiou:
> – Que cartinha tão comprida é essa, Visconde? – e correu para ver. O Visconde tapou-a com a cartola. Emília deu um peteleco na cartola e agarrou a carta. Não era para Dona Benta, não. Era para a Climene...
> – Ah, malandro!... Escrevendo cartinha de amor, hein? – e pôs-se a ler [...]:
> "*Idolatrada criança!*
> *É com o coração despedaçado de mágoas que tomo da pena para traçar estas linhas. Tua imagem não me sai da imaginação. Em tudo te vejo, Climeninha* [...] *Minha vida virou uma tristeza. Não acho graça em nada – nem na Emília...*"
> Nesse ponto Emília interrompeu a leitura e encarou-o com olhinhos duros.
> – Nem em mim, hein? Julga que ando fazendo graças para os estafermos acharem?... e botou-lhe a língua. Depois continuou a ler:
> *Hércules não para, coitado. Tem agora de ir a Creta atrás dum touro hidrófobo. Hidrófobo quer dizer louco, isto é,* [...]
> Emília interrompeu a leitura para observar que nas cartas de amor o galã não deve dar lições de língua.
> – Pedantismo deste tamanho nunca vi, Senhor Visconde. A Climene é o que lá no mundo moderno chamamos uma "burrinha do campo". Bonita, sim, de rosto, mas crassa na ignorância... Crassa, crassa... Que é crasso, Visconde? [...]
> O Visconde explicou [...] Emília continuou:
> – Pois a Climene é assim: um mimo de nariz, mas crassa lá por dentro – e o Senhor Visconde com essas hidrofobias!... Nem quero ler o resto – tome a carta. E ponha um P. S. meu, assim: "Emília manda dizer que entrou por uma porta e saiu por outra". Só isso.
> – Por quê? – indagou o Visconde, desnorteado. Que quer dizer com isto?
> – Nada.
> – Então por que me manda escrever?
> – Para equilibrar, Visconde. Conheço aquela menina. Juro que ela vai pular por cima de todas as suas hidrofobias e gostar do meu P. S. Para uma boba daquelas a gente só deve escrever bobagens. (Lobato, *Os doze trabalhos de Hércules*, 1956q, v.2, p.3-4)

A configuração cômica do episódio inicia-se pela tentativa feita por Visconde de enganar Emília. Nesse caso, o riso é evocado porque, não tendo habilidade e esperteza em grau suficiente, aquele que tenta lograr acaba sendo desmascarado e o riso aparece como evidência de sua incapacidade.

Chama a atenção também no fragmento o comentário de Visconde em relação à postura cômica da boneca revelada quando o sabugo diz: "Não acho graça em nada – nem na Emília". Embora isso apareça de modo implícito, o que, na verdade, se depreende da fala do sabugo é que Emília é uma personagem que comumente provoca o riso. Assim, a expressão negativa "nem da Emília" sugere que esse traço na boneca lhe é tão inerente que seria quase que impossível não achar graça do que ela diz ou faz. Desse modo, ficar impassível diante dela é uma situação que somente se justifica, quando o estado de ânimo do observador de sua graça caracteriza-se pela predominância da depressão, ou seja, corresponda exatamente ao estado que a ausência de Climene causa a Visconde, conforme sugerido pela tristeza do sabugo.

Além disso, o episódio surpreende também porque, embora tenha se iniciado com uma tentativa de lograr Emília, a boneca consegue manter sua superioridade ante o sabugo e, ao inverter a situação, passa de vítima a algoz, repreendendo Visconde pelo estilo demasiado pomposo de sua carta. Tal postura repreensora é adotada pela boneca, mesmo após ela mesma revelar estar aquém do estilo do sabugo, uma vez que ela utiliza palavras (como "crasso", por exemplo) que nem mesmo conhece, recorrendo ao sabugo em busca de auxílio.

Destaca-se também no episódio o alogismo da boneca ao propor que, em uma carta que se caracteriza pelo tom sentimental, seja inserido um discurso desprovido de todo e qualquer sentido, descrito por ela mesma como "bobagens" que devem ser escritas a quem é igualmente "boba". Como se observa, é a conjugação de todos esses fatores que torna cômico o episódio apresentado.

Na mesma narrativa, outro episódio que se destaca por sua feição cômica ocorre por ocasião do décimo trabalho do herói grego, no momento em que o narrador descreve o rei Gerião, um monarca monstruoso de três cabeças cujo rebanho de bois deveria ser roubado e levado para Micenas por Hércules. Ao tomar conhecimento do sucesso de Hércules, esse rei assim reage:

> Gerião estufou de surpresa, fúria e ódio; como tivesse três cabeças, fazia cada coisa com uma – surpreendia-se com a primeira, enfurecia-se com a segunda e

odiava com a terceira. Para falar também usava as três bocas: dizia uma palavra com a primeira, dizia a seguinte com a segunda e a imediata com a terceira; depois *da capo* à primeira, como nas músicas. (idem, p.168)

Embora a figura do monstruoso rei grego seja amedrontadora, o episódio perde sua configuração trágica ao adquirir traços cômicos por meio da descrição desse ser mitológico feita pelo narrador. Imaginar cada uma das cabeças de um mesmo ser praticando ações concomitantes, mas diferentes é tão incongruente que chega a parecer ridículo. O mesmo pode ser dito em relação ao fato de essas três cabeças atuarem, assim como os participantes de um jogral, de maneira ordenada e mecânica, característica cuja observação se torna propícia para a eclosão do riso.

Procedimento semelhante caracterizado pela utilização de traços tragicômicos pode ser observado no episódio sobre o enterro de Ícaro. Isso ocorre em virtude do teor da inscrição feita por Emília na laje que cobria o túmulo desse filho de Dédalo. Nela, Emília escreve: "Aqui jaz Ícaro, o pai da aviação errada" (idem, p.185). Como se observa, embora o episódio tenha tudo para se tornar trágico, tendo em vista o fato de ser a morte o resultado funesto das pretensões do jovem grego, o comentário jocoso feito por Emília, tendo como referência a tentativa frustrada de Ícaro tira-lhe toda a tragicidade por meio da derrisão.

A mesma postura irreverente da boneca é observável no episódio em que, ao ser exortada por Visconde a usar a expressão "pomo", em vez de "fruta", por ser aquela, segundo o sabugo, uma forma mais requintada, uma "luva de pelica", Emília diz: "Luvas de pelica! O fedor... Pois eu digo fruta e acabou-se" (idem, p.196).

Finalizando essa narrativa, o último episódio que merece destaque em razão de seu traço cômico ocorre quando as personagens vão ao reino de Nereu buscar informações sobre a localização do jardim das Hespérides, local em que se encontravam os pomos de ouro. Chegando ao reino do deus do mar, ao perceber que ele estava dormindo, Emília sugere e executa a seguinte ideia:

– O jeito, Lelé, é sugestionar esta múmia e fazer que ela sonhe em voz alta.
Pedrinho aprovou a ideia e, chegando perto de Nereu, começou a sugestioná-lo à sua moda, murmurando com voz disfarçada e grossíssima:
– Deus, deus do mar! Nereu, grande Nereu, ó vós que sabeis todos os segredos do mundo porque sois velho como o mundo!

Emília ia repetindo no outro ouvido de Nereu, como um eco, as últimas palavras de Pedrinho:
– ...muundo...
Pedrinho continuou:
– Sabeis todos os segredo menos um só...
– uum sóó... repetiu o eco.
– todos, menos o segredo da localização do jardim das Hespérides...
– ...Hespeérides – repetiu Emília em sua vozinha trêmula de eco velho [...] (idem, p.210)

Baseada na repetição, a comicidade do fragmento transcrito resulta da utilização de um processo que compreende a conjugação de dois tipos de discurso, um aparente e outro latente. Nesse sentido, são procedentes as palavras de Bergson (2001, p.54) ao afirmar que: "Numa repetição cômica de palavras há geralmente dois termos presentes: um sentimento comprimido que se estira como uma mola e uma ideia que se diverte a comprimir de novo o sentimento".

É exatamente essa situação descrita pelo teórico que encontramos no fragmento citado, pois, com o intuito de descobrir um segredo por meios furtivos, as personagens comprimem seu sentimento, à medida que dissimulam sua verdadeira intenção ao falar com o velho deus do mar. Isso é feito utilizando-se um discurso inicial de caráter elogioso, um subterfúgio para se chegar ao alvo pretendido, como uma ideia enganosa que se diverte, ocultando sua essência. Porém, para atingir o objetivo esperado, alguns dados que denunciam esse intento devem ser revelados, assim como uma mola que se estica e logo se recolhe, impossibilitando sua apreensão. Além de esses procedimentos já serem em si cômicos, acresce-se a eles o fato de o sucesso obtido na revelação final ser resultado de um logro aplicado por meras crianças a uma temerosa divindade que termina por ser exposta ao ridículo. Nesse sentido, o riso evocado é, ao mesmo tempo, de derrisão e de triunfo.

Como se pôde observar, conjugando todos os demais procedimentos, sejam eles de ordem linguística ou lógica, o cômico de situação é um dos procedimentos de construção do humor mais profícuos na obra infantil lobatiana, constituindo uma técnica que só raramente se explica por uma causa única. Possibilitando alcançar o impensável, a compreensão de como essa técnica se processa em suas narrativas é também um indício de como o jogo literário de essência multívoca, apresentando as contradições e ambivalências próprias da vida, é proposto pelo autor e compartilhado prazerosamente pelo leitor.

Inversão/subversão

Entre as inúmeras teorias utilizadas para explicar o riso destaca-se a *teoria da incongruência* proposta por Schopenhauer (apud Alberti, 2002, p.172-7). Visto que para o filósofo o mundo nada mais é do que *vontade* e *representação*, a explicação para o riso ocupa em suas produções um lugar preciso: rimos da incongruência entre as duas formas de representação pelas quais apreendemos o mundo.

De acordo com seus fundamentos filosóficos, vontade e representação são tudo o que conhecemos e tudo o que podemos pensar. Nesse sentido, enquanto todas as manifestações do mundo objetivo são da ordem da representação, a vontade é a "essência das coisas".

No que diz respeito à representação, essa se manifesta a partir de duas formas: intuitiva (ou concreta) e abstrata, formas que, por sua vez, correspondem a duas faculdades de conhecimento, quais sejam, o entendimento e a razão. Enquanto o entendimento tem por função o conhecimento direto de efeito e causa, a razão tem por função a formação de conceitos.

De acordo com esses princípios, o riso para Schopenhauer resulta da incongruência entre os conhecimentos abstrato e intuitivo e é ele mesmo expressão dessa incongruência, conforme ressalta o filósofo:

> Essa incongruência entre os conhecimentos concreto e abstrato em virtude da qual este apenas se aproxima daquele, como o trabalho do mosaico, da pintura, é precisamente, então, também o motivo de um fenômeno muito notável, o qual, como a razão, é próprio exclusivamente da natureza humana, e do qual todas as explicações dadas até agora, sempre tentadas do começo, são insuficientes: estou falando do riso [...] O riso advém sempre [...] da incongruência repentinamente percebida entre um conceito e os objetos reais que, através dele, em alguma relação, foram pensados, sendo ele mesmo, precisamente, apenas a expressão dessa incongruência. (Schopenhauer, Die Welt als Wille und Vorstellung, apud Alberti, 2002, p.174)

Nesse sentido, o riso define-se como a inclusão paradoxal e inesperada de um objeto a um conceito que lhe é heterogêneo. Nesse processo, embora o objeto se deixe passar pelo conceito, não compartilha com ele nenhuma relação de similitude, diferenciando-se de tudo o que possa ser evocado por esse conceito.

Como se observa, trata-se de um mecanismo de inversão e/ou subversão da ordem natural das coisas com o intuito de revelar a incongruência e, por meio do estranhamento causado por essa aproximação, provocar o riso.

Entre as várias técnicas utilizadas por Monteiro Lobato para a construção de situações cômicas, essa é uma das que se destacam em suas narrativas infantis como se pode observar pela análise dos episódios transcritos a seguir.

A primeira ocorrência do uso desse procedimento encontrasse em *Fábulas*, no comentário feito em relação ao texto "O sabiá na gaiola". A fábula conta a história de um sabiá que, morando em uma gaiola, lamentava de sua sorte, sentindo-se preso e infeliz. Porém, ao ver certo dia um caçador trazer para casa inúmeras aves mortas, conclui: "Antes penar que morrer". Ao ouvir essa moralidade, Narizinho discute com Dona Benta sobre os problemas causados pela abrangência de sentido da palavra "pena", dizendo:

– Mas como é que pena é ao mesmo tempo dor e aquilo das aves? Isso atrapalha a gente. Emília, quando ainda era uma coitadinha que estava decorando as palavras, uma vez confundiu as duas penas – a pena dor e a pena pena, e veio da cozinha dizendo: "Tia Nastácia está contando para o Visconde que para *pena* de costas o melhor remédio é passar iodo com uma *dor* de galinha." Ela havia trocado as bolas... (Lobato, *Fábulas*, 1956o, p.72)

Conforme apontado pela própria personagem, que define o engano de Emília como "trocar as bolas", a inversão apresentada no fragmento citado resulta da troca de sentidos operada pela boneca, que, diante de vocábulos homônimos, atribui a um o sentido pertencente ao outro. Desse modo, ao aproximar situações que se excluem como demonstrado pelas expressões "pena de costa" e "dor de galinha", a personagem cria um jogo de palavras que, por propor situações absurdas, provoca um efeito risível.

Na mesma narrativa encontramos outro episódio na fábula "Unha de fome", que também se baseia na inversão da ordem natural das coisas. O texto fala da frustração de um homem avarento que tem todo o seu dinheiro roubado depois de tê-lo acumulado durante anos. Visto que Emília concorda com a atitude do homem descrito, Narizinho contesta-a, dizendo:

– Mas o dinheiro é uma utilidade pública, Emília, e ninguém tem o direito de retirá-lo da circulação. Quem faz isso prejudica os outros.

– Sebo para a circulação! – gritou Emília, que também era avarenta. Aquele célebre tostão novo que ela ganhou estava guardadíssimo. Sabem onde? No pomar, enterrado junto à raiz da pitangueira... (idem, p.124)

Contrariando o processo natural determinante do acúmulo de dinheiro, isto é, seu usufruto, Emília ao concordar com a personagem da fábula, admitindo praticar ação idêntica, cria uma situação que, por seu caráter inusitado, só pode ser concebida como risível. Baseando-se também em um processo de inversão, a atitude tomada pela boneca apresenta em si uma incongruência, na medida em que se observa que a menção da expressão "dinheiro" já pressupõe a existência de um meio de troca, de uma transação de que participam, no mínimo, dois seres. Trata-se, portanto, de uma situação contrária ao acúmulo por si só, já que a posse desse bem só se justifica quando ele pode ser convertido em benesses para seu possuidor. Se essa possibilidade é rechaçada, cria-se uma relação baseada na incoerência, um dos elementos determinantes para a eclosão do riso.

Em *Histórias diversas*, encontramos também dois episódios que provocam o riso pelos processos de inversão. O primeiro deles ocorre quando as crianças do Sítio se dirigem à cocheira da vaca Mocha para testar o periscópio, invento do Visconde que possibilitava ver seres invisíveis. Como na cocheira havia muitos chapéus-de-sapo, segundo Emília, locais propícios para ver anõezinhos invisíveis, as crianças para lá se dirigem. No caminho, Pedrinho surpreende Dona Benta com sua amabilidade:

> de passagem Pedrinho apanhou e descascou várias laranjas-limas, cortou-as e ofereceu uma cuia a cada um.
> – Como Pedrinho está amável! – observou Dona Benta, mas Emília desmascarou incontinenti a amabilidade do menino: "Ele gosta da cuia da ponta, por ser mais doce, por isso é que é tão oferecido em descascar laranja: meio de se regalar só com as cuias da ponta."
> Pedrinho apenas disse: "Peste!" (Lobato, *Histórias diversas*, 1956o, p.220)

Deparando com uma revelação desagradável pela qual não esperava e que altera o curso tranquilo e elogiável de sua ação, Pedrinho é submetido ao malogro por meio da subversão operada por Emília, ao desmascarar sua atitude. Nesse caso, há uma inversão entre sua ação aparente, considerada por Dona Benta como demonstração de sua amabilidade e seu verdadeiro propósito, guiado por impulsos e tendências egoístas, visando à satisfação pessoal. Assim, quando Emília desvenda a verdadeira intenção do menino encoberta por meios artificiosos, o riso resultante possui um caráter de punição merecida. Segundo Propp (1992, p.94), nesses casos, "a comicidade é reforçada [quando] esse malogro acontece brusca e inesperadamente para os protagonistas, ou para os espectadores e leitores".

O outro episódio dessa narrativa que se destaca refere-se à descrição feita por Emília da cena por ela avistada ao usar o periscópio. Observando, por meio do instrumento, uma comunidade de sacis, Emília presencia no grupo uma briga cujo desfecho é assim descrito pela boneca:

> [...] Não consigo ouvir o que eles dizem, mas deve ser desaforo do bom. O chefe bate com o pé no chão e pede ordem..."
> – Como consegue bater com o pé, tendo um pé só? – perguntou Narizinho.
> – Dá pulinhos – explicou Emília, sem largar o binóculo. (Lobato, *Histórias diversas*, 1956o, p.222)

Nesse fragmento, a inversão ocorre em relação ao sentido da expressão "bater com o pé". Usada pelo chefe dos sacis para chamar a atenção dos presentes, essa ação pressupõe, dentro da normalidade, que a pessoa, ao executá-la, posicione-se com os dois pés no chão, apoie-se em um deles e bata o outro. É exatamente esse o sentido esperado por Narizinho, quando questiona Emília, dizendo: "Como consegue bater com o pé, tendo um pé só?". Desse modo, quando Emília justifica essa incoerência, dizendo que o chefe dos sacis "dá pulinhos", na verdade, acaba reforçando a incongruência da situação proposta, pois se essa era a verdadeira descrição do ato, esse deveria ter sido assim descrito desde o início. Nesse sentido, é a tentativa de correção que, desmascarando o engano, provoca o riso.

Em *Peter Pan*, o processo de inversão apresentado baseia-se na troca de papéis sociais. No início dessa narrativa, ao descobrir que Dona Benta não conhecia a história de Peter Pan, Emília assim reage:

> Quando Emília a ouviu declarar que não sabia, botou as mãos na cinturinha e:
> – Pois trate de saber. Não podemos ficar assim na ignorância. Onde já se viu uma velha de óculos de ouro ignorar o que um gato sabe?
> Dona Benta calou-se, achando que era mesmo uma vergonha que o gato Félix soubesse quem era Peter Pan e ela não – e escreveu a uma livraria de S. Paulo pedindo que lhe mandasse a história do tal Peter Pan [...] (Lobato, *Peter Pan*, 1956e)

Embora episódios semelhantes ao descrito tenham sido, na época de sua produção, considerados subversivos do ponto de vista moral, conforme atesta o padre Sales Brasil (1959), que chegou a publicar um livro com a finalidade exclusiva de condenar a obra infantil de Lobato e de alertar as famílias sobre o que ela continha de pernicioso, ao atentar contra a moral vigente, o que se sobressai no relato é seu tom cômico. Utilizando uma irreverência que lhe é peculiar, Emília provoca o riso justamente por sugerir uma troca de papéis inusitada, por meio da qual uma boneca de pano se acha no direito de repreender, como ela mesma diz, "uma velha de óculos" experiente e sábia. Representada no episódio pelas ações e falas da boneca, essa irreverência revela-se, por exemplo, na insolente e repreensiva atitude de Emília de "colocar as mãos na cintura" exigindo explicações, e, em termos linguísticos, nas construções de caráter recriminatório como expressam as frases "trate de saber" e "onde já se viu". Na verdade, longe de sugerir aos leitores posturas subversivas semelhantes, tendo em vista o fato de esses reconhecerem que esse tipo de atitude é inerente à personagem, compondo sua caracterização, a inversão proposta no episódio tem caráter cômico – inserindo-se na técnica chamada por Propp de "um no papel do outro" – por fazer a boneca passar-se por alguém superior e mais importante do que realmente é.[28]

Procedimento semelhante é usado pela boneca em um episódio de *História do mundo para as crianças*, quando, ao iniciar a narrativa sobre a vida do filósofo ateniense Zeno, Dona Benta é interrompida por Pedrinho, que lhe pergunta o significado da palavra "estoicamente". Como Dona Benta propositalmente não fornece a resposta, passando logo à história que esclareceria as dúvidas do menino, Pedrinho interpela-a novamente o que motiva o seguinte comentário de Emília: "– Vai ver que desta vez ela não sabe [...] Não sabe e está disfarçando com o tal Zeno..." (Lobato, *História do mundo para as crianças*, 1956d, p.133).

Apresentando também um número considerável de episódios que se baseiam nesses processos de inversão, *Reinações de Narizinho* destaca-se entre as obras infantis publicadas por Lobato pela valorização da comicidade.

Um episódio em que isso pode ser observado ocorre quando Narizinho convence Visconde, apresentado a Emília como pai do Marquês de Rabicó, a pedir a mão da boneca em casamento. Para convencer o sabugo das qua-

---

28 O mesmo tipo de tratamento dispensado a pessoas que lhe são superiores ocorre em *Viagem ao céu*, narrativa em que a boneca trata os astrônomos que visitam o Sítio com a mesma irreverência.

lidades da provável nora, Narizinho começa a descrever os predicados de Emília:

> – E não é só isso – interveio Narizinho. Bonita e prestimosa como não há outra! Sabe fazer tudo. Cozinha na perfeição, lava roupa e lê nos livros que nem uma professora. Emília é o que se chama uma danada.
> – Muito bem! Muito bem! – ia exclamando o Visconde.
> – Também toca lindas músicas na vitrola, mia como gato, arrebenta pipocas e tem muito jeito para modista. Esse vestidinho de pintas, por exemplo, foi todo feito por ela.
> Emília, que ainda não sabia mentir, interrompeu-a, dizendo:
> – Não fui eu, foi tia Nastácia quem o fez.
> A menina deu-lhe um beliscão sem que o Visconde percebesse.
> – Não repare, Visconde. Emília é muito modesta. Faz as coisas, mas não quer que se diga [...] (Lobato, *Reinações de Narizinho*, 1956a, p.86)

Como se observa, a incongruência no relato transcrito baseia-se na revelação feita por Emília de uma informação que deveria permanecer oculta. Nesse sentido, ao desfazer, por meio de sua revelação, o tom de exaltação presente no discurso de Narizinho, a boneca subverte a ordem que vinha sendo estabelecida no episódio, revelando a embaraçosa verdade. É o embate entre esses dois discursos que provoca o estranhamento necessário à eclosão do riso.

Também interessante é o episódio nessa narrativa que narra o encontro de Emília com Peninha, o menino invisível. Vejamos:

> [...] O misterioso menino era invisível, mas não tornava invisível os objetos que pegava. Isso deu imediatamente uma ideia a Pedrinho.
> – Lembrei-me duma coisa – disse ele. Como é muito enjoado lidar com um companheiro de viagem que a gente não pode ver, proponho que você traga uma pena no chapéu. Pela pena saberemos onde você está.
> – Seria ótima ideia – respondeu a voz – se eu usasse chapéu. Mas não uso coisa nenhuma sobre o corpo, senão todos me perceberiam e de nada valeria ser invisível.
> – Ai que vergonha! – exclamou Emília tapando a cara com as mãos. Que não dirá Dona Benta quando souber que estamos em companhia dum ente que não usa roupas?
> – Deixe de ser idiota, Emília – ralhou Narizinho. Você não entende nada de criaturas invisíveis. (idem, p.258-9)

Nesse episódio, a comicidade resulta do contrassenso do comentário feito por Emília. Embora já tenha sido informada de que a única maneira de o menino invisível não ser notado era "não usar coisa nenhuma sobre o corpo", a boneca ainda assim se surpreende ao saber que se encontra em presença de um ser que não usa roupas. Levando essa surpresa ao extremo, mais imprópria e engraçada é a maneira como ela reage, sentindo vergonha e "tapando a cara com as mãos". Tal reação é no relato bastante significativa por dois motivos: primeiro, revela uma característica que é estranha à boneca, sendo incompatível com sua personalidade que em nenhum momento deu sinal de modéstia, comedimento ou acanhamento. Além disso, o episódio torna-se cômico pela incongruência de Emília esconder o rosto e imaginar que um ser que não pode ser visto deva andar com roupas que, consequentemente, também não seriam observadas, sendo, portanto, inúteis. Como se observa, baseada em circunstâncias que não se coadunam, a situação descrita revela seu lado cômico.

Na mesma narrativa, outro episódio que chama a atenção é o comentário de Emília sobre a relação de Tia Nastácia com o burro falante. A cozinheira, que, em princípio, tinha pavor do animal, com o tempo, torna-se sua amiga, tendo com ele longas conversas. Ao perceber essa mudança de atitude, Emília comenta: "– Isto ainda acaba em casamento" (idem, p.290), comentário que, por seu tom malicioso, aponta para uma situação até então ignorada. Assim, ao inverter o tipo de relacionamento entre os dois seres, fazendo que a explícita amizade se transforme em um sentimento mais profundo de teor amoroso entre um burro e uma cozinheira, Emília semeia a desconfiança e, com ela, a derrisão.

Se, conforme já demonstrado, o processo de inversão é comum em Emília, o que pode ser observado quando a boneca, ignorando o modo como as relações sociais se ordenam, arroga-se uma posição superior, procedimento inverso também é comum nas narrativas lobatianas, ou seja, personagens que apresentam em sua caracterização certo grau de importância em alguns momentos são descritas de modo derrisório. Exemplo disso é o episódio presente em *Caçadas de Pedrinho*, em que se narra o passeio realizado por Dona Benta conduzida nas costas de Quindim. Vejamos:

– Chegou sua vez, Dona Benta. Suba! [disse Cléu]
Era um despropósito aquilo, coisa para desmoralizar a boa velha para o resto da vida. Apesar disso, a tentação foi forte e, como Cléu a ia empurrando, Dona

Benta de súbito decidiu-se. Ajuntou a saia, e, sem olhar para tia Nastácia (de vergonha), subiu ao carrinho.
— Viva! Viva vovó! — berraram do alto do paquiderme os meninos. Toca, Emília! Puxa, Visconde! [...]
Nesse ponto da brincadeira, porém, aconteceu uma atrapalhação. Dois homens a cavalo surgiram na estrada. Mais que depressa Dona Benta pulou fora do carrinho e correu para a varanda. (Lobato, *Caçadas de Pedrinho*, 1956c, p.108)

Caracterizada sempre por sua gravidade, Dona Benta desfaz-se dessa aura no episódio citado, ao deixar-se convencer pelas crianças e participar com elas da brincadeira inventada por Emília. Consciente de quão incongruente é essa situação em relação a sua postura de seriedade adulta, a própria avó define sua atitude como "despropósito", motivo de "desmoralização" e "vergonha". Porém, embora o sentimento de vergonha e acanhamento prevaleça durante todo o episódio, fazendo-a, por exemplo, não olhar para Tia Nastácia e descer rapidamente quando percebe a presença de pessoas estranhas ao seu convívio, a "tentação forte" não a deixa resistir ao apelo das crianças, e, entregando-se à brincadeira, Dona Benta põe, por uns momentos, a seriedade de lado. De qualquer forma, como se trata de um procedimento não habitual, conforme demonstrado por sua relutância, essa inversão de papéis torna-se cômica pelo tom ridículo apresentado.

Obedecendo à ordem em que as obras de Lobato foram publicadas, *Emília no país da Gramática*, embora de modo mais simples, é uma narrativa que também apresenta um episódio em que o processo de inversão encerra certa comicidade. Trata-se do momento em que Emília é apresentada a Anástrofe, figura de Sintaxe que opera a inversão da ordem natural entre duas palavras dentro de um mesmo constituinte ou sintagma. Quando essa figura, ao cumprimentar Emília, tenta dar-lhe um beijo, a boneca afasta-se, pensando: "Um beijo desta diaba é capaz de inverter os 'termos da minha cara', pondo a boca em cima do nariz, ou coisa parecida" (Lobato, *Emília no país da Gramática*, 1956f, p.112). A comicidade resultante desse comentário está na situação absurda que ele permite imaginar, ao propor à personagem uma caracterização ridícula, fora da normalidade.

Em *O minotauro*, outro episódio nos chama a atenção. Trata-se do momento em que Emília justifica a um pastor grego o fato de ela obrigar Visconde a carregar seus pertences:

[...] nestas expedições eu gosto de ter comigo certos "apreparos" que nos momentos de apuros nos são preciosos e por isso viajo com a minha canastrinha – e quem tem de carregá-la é ele, porque é o mais fraco de todos, e a lei do mundo é o forte desapertar para a esquerda, isto é, abusar do fraco. E a culpa, senhor pastor, é do Visconde mesmo, que nos andou ensinando as teorias dum Darwin, que disse que a vida é um combate que aos fracos abate e aos fortes e aos bravos só pode exaltar...
— Pare, Emília! – gritou Pedrinho. Parece que o pó embebedou você. Isso não é Darwin, é um verso do poeta Gonçalves Dias. Pare de falar. (Lobato, *O minotauro*, 1956m, p.95)

Conforme apontado por Pedrinho, a incongruência do comentário de Emília reside no fato de a boneca, ignorando os limites lógico-espaciais, atribuir a Darwin, naturalista inglês, autor da teoria da evolução, versos compostos por Gonçalves Dias, poeta romântico brasileiro. Embora ambos tenham vivido no século XIX, pertencem a contextos diametralmente opostos, razão de o comentário da boneca ser impróprio. Desconsiderando esses limites, Emília utiliza o discurso das duas figuras históricas do modo que lhe convém. Assim, aproveita-se da teoria da seleção natural para justificar sua exploração ao Visconde, considerado por ela mais fraco e, portanto, sujeito a opressões e abusos pelos que se mostram superiores, ilustrando essa teoria com os versos do poeta. Porém, vale ressaltar que, embora Gonçalves Dias em seus versos exalte os fortes, é de conhecimento comum que esse fervoroso defensor da liberdade jamais admitiu a possibilidade da exploração. Portanto, usar seus versos para reforçar a validade dessa opressão provoca o riso porque demonstra, segundo afirma Verena Alberti (2002, p.176), citando Schopenhauer, que o pensamento abstrato ou o pensado não pode ir além dele mesmo, para atingir a realidade objetiva, e, nesse caso, rimos porque a incongruência entre o pensado e a realidade nos mostra as limitações do pensamento.

Narrativa em que esses processos de inversão mais são observados é *A reforma da natureza*. Nessa narrativa, Emília, que sempre achou que a natureza precisava de reforma, aproveita como oportunidade para promover suas modificações a ausência de Dona Benta que, junto com Tia Nastácia, havia ido à Europa. São inúmeras as reformas feitas: a criação de um passarinho-ninho e as reformas da vaca Mocha, das borboletas, das moscas, das pulgas, das formigas, da cozinha de Tia Nastácia, bem como dos livros de Dona Benta. Como as técnicas de inversão de configuração cômica, utilizadas nos episódios que descrevem as reformas, são idênticas, apresentaremos apenas um exemplo dessas renovações propostas por Emília, a reforma da vaca Mocha:

> Na Mocha quero umas reformas úteis para ela mesma e não para as criaturas que a exploram. Vou pôr a cauda da Mocha bem no meio das costas, porque assim como está só alcança metade do corpo [...]
> E plantou a cauda da Mocha no meio das costa de modo que pudesse espantar as moscas do corpo inteiro: norte, sul, leste, oeste. E passou as tetas para os lados, metade à esquerda, metade à direita.
> – Assim podemos tirar leite de um lado enquanto o bezerrinho mama do outro. Reforma não é brincadeira. Precisa ciência.
> – Ótimo! – concordou a Rã. E podemos botar torneirinhas nas tetas do lado direito – para serviço dos leiteiros. As do lado esquerdo ficam como são – para uso dos bezerrinhos.
> Emília aprovou a ideia. Depois passaram a considerar os chifres.
> – Toda vaca de respeito tem chifres – disse Emília – menos esta coitada, que é mocha. Vou dar-lhe chifres compridos, mas sem ponta aguda.
> A Rã lembrou que os esgrimistas usam floretes com um chumaço na ponta. Podiam dar à Mocha dois chifres pontudos mas com chumaço na ponta. Emília aperfeiçoou rapidamente a ideia.
> – Em vez de chumaço, Rã, podemos espetar nas pontas uma bola de borracha maciça – uma bola "tirável", isto é, que possa ser tirada de noite.
> – Para quê?
> – Para que ela possa defender-se de algum ataque noturno. Os chifres são a única defesa dela, coitada.
> – Mas que perigos noturnos há por aqui?
> – O das onças, minha cara. Tio Barnabé diz que uma antepassada desta Mocha foi comida por uma onça.
> De dia a Mocha pode usar a bola porque as onças só atacam durante a noite.
> E a Mocha foi armada de dois esplêndidos chifres elegantemente retorcidos como saca-rolhas, com duas bolas maciças nas pontas – bolas "tiráveis".
> O pelo da vaca também sofreu reforma. Ficou macio como pelúcia e furta-cor [...] (Lobato, *A reforma da natureza*, 1956l, p.214-16)

Construindo um "mundo às avessas", Emília apresenta no episódio transcrito situações que são cômicas em si mesmas em virtude da inversão que encerram. Levadas ao extremo, tais inversões desconfiguram tanto o objeto modificado que ele chega a tornar-se monstruoso, extrapolando completamente os limites da realidade. Nesse sentido, ao propor uma construção artificial e fantástica que não pode ser encontrada na natureza, a boneca apresenta uma percepção carnavalesca do mundo – tangenciando o grotesco e o *nonsense* –, segundo a definição proposta por Mikhail Bakhtin (1999).

Ligado à origem dos gêneros sérios-cômicos, o Carnaval, segundo o teórico, era, em contraste com as festas oficiais, "o triunfo de uma espécie de liberação temporária da verdade dominante e do regime vigente, da abolição provisória de todas as relações hierárquicas, regras e tabus" (Bakhtin, 1999, p.8).

Em vista dessa eliminação temporária das relações hierárquicas, criava-se um tipo especial de linguagem, franca e sem restrições, a fim de transmitir a percepção carnavalesca do mundo. Caracterizando essa percepção, o teórico afirma:

> essa visão, oposta a toda ideia de acabamento e perfeição, a toda pretensão de imutabilidade e eternidade, necessitava manifestar-se através de formas de expressão dinâmicas e mutáveis (proteicas), flutuantes e ativas. Por isso todas as formas e símbolos da linguagem carnavalesca estão impregnados do lirismo da alternância e da renovação, da consciência da alegre relatividade das verdades e autoridades no poder. Ela caracteriza-se principalmente pela lógica original das coisas "ao avesso", "ao contrário", das permutações constantes do alto e do baixo [...] da face e do traseiro, e pelas diversas formas de paródias, travestis, degradações, profanações [...] A segunda vida, o segundo mundo da cultura popular constrói-se de certa forma como paródia da vida ordinária, como um "mundo ao revés". (idem, p.9-10)

Estabelecendo uma relação entre o que é proposto pelo teórico russo e o que se observa no fragmento de *A reforma da natureza*, notamos que a percepção carnavalesca do mundo, apresentada por Emília, por meio de suas reformas, resulta de dois fatores básicos: a abolição das relações hierárquicas e a renovação propiciada pela aplicação de uma lógica original. No primeiro caso, é importante ressaltar que as reformas operadas pela boneca só foram possíveis porque Emília, em razão da viagem de Dona Benta à Europa, ficou sozinha no Sítio. Nesse sentido, estando temporariamente livre de qualquer regra ou restrição a sua vontade, pôde agir livremente, sem contenções repressoras. Aliado a esse fator, tem-se o fato de as renovações por ela propostas apresentarem um caráter peculiar. Destituídas de qualquer relação lógica com o mundo real, caracterizam-se por sua maleabilidade em oposição a qualquer rigidez da norma estabelecida, apresentando uma "consciência da alegre relatividade das verdades e autoridades no poder".

Com base nesses exemplos, dos quais o último fragmento é o mais expressivo, observamos que esses episódios são risíveis porque, conforme afirma Schopenhauer: "A percepção da incongruência do pensado (*Gedachten*) com o contemplado (*Angeschauten*), isto é, com a realidade (*Wirklichkeit*), nos dá portanto alegria, e nos entregamos de bom grado à comoção convulsiva suscitada por essa percepção" (apud Alberti, 2002, p.175).

Nesse sentido, a partir da eliminação da seriedade unilateral, da racionalidade, da univocidade e do dogmatismo, os episódios, na obra infantil lobatiana, que priorizam, como procedimento de construção do humor, os processos de inversão, estabelecem, por meio das incongruências propostas, uma relação especial e transformadora com a realidade, e a percepção dessa transformação inusitada suscita o riso, um estado, em geral, prazeroso, porque sentimos a satisfação de perceber a incongruência entre o pensado e a realidade objetiva.

Grotesco

Designando primitivamente a decoração estranha que ornamentava as paredes de algumas grutas descobertas no século XV em Roma, o grotesco ganha conotação estética somente no século XVII. Embora, muitas vezes, confundido com o fantástico, o burlesco, o gótico, o cômico de baixa extração, o grotesco afirma-se como categoria estética autônoma na medida em que, por meio do exagero por ele proposto, o mundo alheia-se, as formas distorcem-se, as ordens dissolvem-se, fazendo que um mecanismo medonho pareça ter caído sobre as coisas e os homens (cf. Moisés, 1999, p.266). Desse modo, anulando no mundo as ordens da natureza, o grotesco não revela apenas algo lúdico e alegre, leve e fantasioso, mas, concomitantemente, algo angustiante e sinistro em face de um mundo em que as ordenações da realidade estão suspensas. Para tanto, tem no monstruoso constituído pela mistura dos domínios, pelo desordenado e desproporcional sua característica mais importante. Nesse sentido, são procedentes as palavras de Wolfgang Kayser (1986, p.40), para quem:

> O mundo grotesco é o nosso mundo – e não o é. O horror, mesclado ao sorriso, tem seu fundamento justamente na experiência de que nosso mundo confiável e aparentemente arrimado numa ordem bem firme, se alheia sob a irrupção

de poderes abismais, se desarticula nas juntas e nas formas e se dissolve em suas ordenações.

Sendo assim, na medida em que deflagra o caos, por meio da força explosiva do paradoxal, o grotesco torna-se, ao mesmo tempo, expressão do ridículo e do horripilante, conjugando em si a essência do trágico e do cômico.

É, pois, justamente a partir dessa mescla do radicalmente contraditório, revelando a força aniquiladora do humor, que o grotesco pode ser observado nos textos infantis de Monteiro Lobato.

Embora a ênfase aqui proposta esteja na observação dessa característica nas obras destinadas ao público jovem, é importante ressaltar que a atração por imagens grotescas e, por vezes, escatológicas é um traço comum em todas as esferas da produção lobatiana. Exemplo disso são as comparações feitas pelo próprio autor entre o momento criativo em arte e os atos fisiológicos, como se pode observar pelo seguinte relato:

> Flaubert me dá uma ideia dum pedreiro, dum carapina literário – dum sujeito que faz livros em vez de expluí-los, exsudá-los, defecá-los [...]
>
> Camilo é a maior fonte, o maior chafariz, moderno donde a língua brota mijadamente, saída inconscientemente, com a maior naturalidade fisiológica [...] (Lobato apud Nunes, 1984, p.55)

Além de admitida pelo próprio autor, essa tendência ao grotesco também foi apontada por críticos que se debruçaram sobre sua obra, como atestam as palavras de Sergio Milliet (1981, p.228) a propósito da criação de Jeca Tatu:

> Por mais estranho que pareça, Lobato é um sentimental apaixonado, um entusiasta de seus amigos, um impulsivo. O que não prejudica em nada sua capacidade de observar e de apreender o lado cômico ou grotesco das coisas e das gentes. Mais grotesco, aliás, do que simplesmente cômico.

Constatada a presença desse elemento nas produções literárias de Monteiro Lobato, os exemplos selecionados em sua obra infantil têm por objetivo demonstrar de que maneira o grotesco adquire configurações cômicas nas obras destinadas ao público jovem. Nesse sentido, os episódios apresentados correspondem a situações que, embora apresentem um caráter de seriedade, que se expressa a propósito de uma situação ou de uma manifestação grave, desesperada ou macabra, recebem um tratamento cômico aproximando-se muitas vezes do humor negro.

A primeira narrativa em que essa postura é apresentada é *Hans Staden*.²⁹ Ao narrar a história desse alemão capturado por índios canibais brasileiros, Dona Benta comenta o que Staden foi obrigado a dizer certa vez ao passar pelas índias da tribo que o mantinha cativo:

> Ao passar por elas Hans foi obrigado a gritar-lhes:
> – "Eis a vossa comida que vem chegando!"
> Pedrinho riu-se dizendo:
> – Assim mesmo vovó, aqueles índios não deixavam de ter sua graça... (Lobato, *Hans Staden*, 1956c, p.178)

Embora o relato se baseie na recuperação de um texto já existente, qual seja *Duas viagens ao Brasil* de Hans Staden, e remeta a uma situação trágica, tendo em vista a iminente execução do prisioneiro pelos índios, o caráter cômico do episódio destaca-se em razão da opção feita por Lobato de preservar e valorizar, em sua adaptação da obra do cronista alemão, o comentário jocoso feito pela personagem capturada. Nesse sentido, ao remeter a uma situação funesta, o humor apresentado no fragmento adquire um caráter ambivalente, na medida em que se baseia em uma dor, ou seja, exalta, por meio do riso, o aniquilamento. Visto que a imagem desse aniquilamento evoca uma situação disforme provocada pelo canibalismo, o que prevalece no episódio é o caráter monstruoso, desumano e grotesco, uma vez que o prisioneiro tem seu sofrimento levado ao extremo ao ser forçado a provocar o riso a partir de uma tragédia pessoal. Assim, ao ser confrontado com duas situações que lhe são alheias, quais sejam o canibalismo e a morte, e ao ser obrigado a conjugá-las ao riso, a personagem percebe-se em um mundo disforme, grotesco, marcado pelo absurdo.

Apresentando o uso desse mesmo procedimento, dois episódios em *Reinações de Narizinho* se destacam pela presença do grotesco. O primeiro ocorre por ocasião da festa dada pelo Príncipe Escamado em homenagem à menina, que tem as seguintes impressões sobre o evento:

---

29 Hans Staden (*c.* 1510-1576), aventureiro alemão que esteve no Brasil, nasceu em Homberg e faleceu em 7 de setembro de 1576, em Wolfhagen. Visitou os Estados de Pernambuco e Paraíba com navios mercantes portugueses. Retornado à Europa, engajou-se na expedição espanhola que se dirigiu ao Rio da Prata. Náufrago em São Vicente, foi aprisionado pelos indígenas no forte de Bertioga, onde se abrigara. De volta à Alemanha, publicou, em 1557, sua crônica com a descrição dos acontecimentos que viveu e dos costumes indígenas.

[...] Depois começou a grande quadrilha.
Foi a parte de que Narizinho gostou mais. Quantas cenas engraçadas! Quantas tragédias! Um velho caranguejo que tirara uma gorda taturana para valsar, apertou-a tanto nos braços que a furou com o ferrão. A pobre dama deu um berro ao ver espirrar aquele líquido verde que as taturanas têm dentro de si [...] (Lobato, *Reinações de Narizinho*, 1956a, p.21-2)

Visto que, como apontado por W. Kayser, o grotesco conjuga em si "o horror mesclado ao sorriso", essa característica pode ser apontada no fragmento transcrito tomando por base as palavras da própria personagem (expressas por meio do discurso indireto livre) quando, admirada com o que vê na festa, comenta: "Quantas cenas engraçadas! Quantas tragédias!". Assim, suscitando várias sensações contraditórias – um sorriso sobre as deformidades, como se observa pela união de seres de configurações diferentes como um caranguejo e uma taturana; e um asco ante o horripilante e monstruoso em si, como o é a excreção –, o caráter grotesco do excerto apresentado concentra-se na imagem corporal. Nesse sentido, vale ressaltar a caracterização das personagens descritas com traços caricatos, como é o caso do caranguejo descrito como "velho", e da taturana apresentada como "gorda".. Desse modo, explorando os traços hiperbólicos que participam da caracterização desses seres, o episódio vai criando imagens grotescas, de modo gradativo, ou seja, principia pela apresentação de personagens que, por pertencerem a espécies diferentes, apresentam configurações distintas; posteriormente esses seres são apresentados por meio da ênfase em seus traços físicos (velho e gorda); e o episódio culmina com a repugnante exposição escatológica. É, pois, a conjugação de todos esses elementos que caracteriza o episódio como grotesco.

Na mesma narrativa, outro episódio que se destaca pela presença do humor negro ocorre por ocasião da morte de Miss Sardine. Quando a corte do Príncipe Escamado visita o Sítio, Miss Sardine fica encantada com a cozinha de Tia Nastácia, e, num descuido da cozinheira, sentindo-se atraída pela lagoa de óleo fervente, que viu na frigideira deixada em cima do fogão, pula dentro dela, morrendo queimada (frita). Isso gera grande pesar tanto entre os habitantes do Sítio como entre os visitantes, como descreve o fragmento que segue. Mas, diante do ocorrido, Tia Nastácia age de modo muito inusitado. Vejamos:

[...] Onde está ela, Nastácia?

– Está ainda na frigideira – respondeu a negra. Frita! Frita que nem um lambari frito...
Não podendo conter as lágrimas, a menina rompeu num berreiro. O Príncipe ouviu lá de fora. Reconheceu o choro e veio a correr, aflitíssimo. Quando soube da tragédia, desmaiou. Corre que corre! Chama o Doutor Caramujo! Não acham o Doutor Caramujo! Grita aqui! Berra de lá! Desmaia adiante! Que confusão horrível foi!...Enquanto isso tia Nastácia tirava da frigideira o cadáver de Miss Sardine para mostrá-lo a Dona Benta.
– Veja, Sinhá! Tão galantinha que até depois de morta ainda conserva os traços...
E a negra cheirou a sardinha frita, e depois a provou, e ficou com água na boca, e comeu-lhe um pedacinho, e disse arregalando os olhos:
– Bem gostosinha, Sinhá. Prove... Muito melhor que esses lambaris aqui do rio...
Dona Benta recusou e tia Nastácia, ainda com lágrimas, acabou comendo a sardinha inteira. (idem, p.146)

Pela leitura do fragmento observa-se que o caráter grotesco da situação narrada resulta de o episódio apresentar duas reações à morte de Miss Sardine, as quais, embora excludentes, aparecem conjugadas. Primeiramente, o que se evidencia é o pesar em relação à morte do pequeno peixe, o que se comprova pelas lágrimas de Narizinho e de Tia Nastácia, pelo berreiro da menina e pelo desmaio do Príncipe. Enquanto a consternação de Narizinho e do Príncipe Escamado parece ser sincera, o mesmo não ocorre em relação aos sentimentos de Tia Nastácia, sendo esse o ponto que chama a atenção no fragmento. Como a cozinheira, entre todos no Sítio, era a que havia estabelecido o maior vínculo com a personagem do Reino das Águas Claras, o que se comprova pelo fato de o peixe estar na cozinha, a reação que se espera de Tia Nastácia é de extremo pesar e desolação, em virtude de ter sido ela, mesmo que de forma involuntária, a responsável pela morte de Sardine. Porém, contrariando essa expectativa, Tia Nastácia é a única personagem que consegue obter prazer com a morte do peixe. Desse modo, conjugando esses dois sentimentos, quais sejam o pesar expresso por suas lágrimas e o prazer manifestado pelo comentário elogioso sobre o sabor do peixe, a personagem cria um mundo bizarro guiado pelo contrassenso. Além disso, pelo fato de o prazer pela comida superar os sentimentos, o episódio se caracteriza como grotesco cômico visto encobrir o princípio espiritual e revelar os defeitos, observados pela ênfase dada ao aspecto corporal (cf. Propp, 1992, p.92).

Em *Memórias da Emília*, encontramos outro episódio que se refere à morte de modo jocoso. Trata-se do comentário sobre o caráter de Emília feito por Visconde ao iniciar a redação das memórias da boneca. Nesse fragmento, o sabugo diz:

> Emília é uma tirana sem coração. Não tem dó de nada. Quando tia Nastácia vai matar um frango, todos correm de perto e tapam os ouvidos. Emília, não. Emília vai assistir. Dá opiniões, acha que o frango não ficou bem matado, manda que tia Nastácia o mate novamente – e outras coisas assim. (Lobato, *Memórias da Emília*, 1956e, p.113)

Embora seja de configuração mais simples, o fragmento transcrito encerra em si elementos grotescos por provocar o riso a partir de um comentário que tem por base um ato funesto. Isso fica claro quando a personagem diz que, quando esse ato está preste a ser cometido, "todos correm e tapam os ouvidos", o que evidencia o teor de monstruosidade por ele expresso. Em oposição a essa reação negativa ante o sacrifício do animal, Emília manifesta prazer em assistir à cena, participando dela, aliás, com comentários que visam ao seu aperfeiçoamento. São essas sensações opostas diante de um fenômeno em si monstruoso que asseguram o caráter grotesco da situação.

Surpreendente pelo efeito inesperado que encerra, o episódio seguinte, presente em *Dom Quixote das crianças*, também se destaca por seu caráter cômico. Tendo como figura principal a personagem Sancho Pança, o relato refere-se ao momento em que esse escudeiro, acampado com seu amo em uma colina, começa a ouvir alguns sons estranhos quando anoitece. Amedrontado, Sancho chama pelo amo que promete velá-lo. Vejamos:

> [...] Dorme tu, meu Sancho, que para isso nasceste. Eu ficarei a dialogar com meus altos pensamentos.
> – "Não se agaste meu amo. Não tive tenção de o molestar."
> O estranho barulho ao longe continuava, e o medo de Sancho crescia. E tanto cresceu que... que ele fez sem querer uma coisa que não pôde dizer.
> – "Que é isso Sancho? Que houve? – perguntou D. Quixote, tapando o nariz."
> – "A culpa não é minha, senhor. É de quem me trouxe para este horrível deserto, cheio de rumores pavorosos..."
> D. Quixote não quis ouvir mais. Ordenou a Sancho que se afastasse – e pela primeira vez desde a saída da aldeia, o fiel escudeiro teve de dormir a cinquenta passos do seu amo. (idem, p.106-7)

Apresentando já em sua caracterização traços cômicos, tendo em vista o fato de ser descrito sempre como glutão, beberão e medroso, Sancho Pança tem no episódio citado apresentado esses traços, reforçados por sua involuntária ação escatológica, que atribui a sua representação traços grotescos. A esse respeito, são interessantes as observações de Mikhail Bakhtin (1999, p.275-7), que, ao falar sobre a imagem grotesca do corpo em Rabelais, escreve:

> Na base das imagens grotescas, encontra-se uma *concepção especial do conjunto corporal e dos seus limites* [...] o *corpo grotesco* é um *corpo em movimento* [...] Por isso o papel essencial é entregue no corpo grotesco àquelas partes, *e lugares, onde se ultrapassa, atravessa os seus próprios limites, põe em campo um outro (ou segundo) corpo: o ventre e o falo*; essas são as partes do corpo que constituem o objeto predileto de um *exagero positivo*, de uma hiperbolização; elas podem mesmo *separar-se do corpo*, levar uma vida *independente*, pois sobrepujam o restante do corpo, relegado ao segundo plano [...] Depois do ventre e do membro viril, é a *boca* que tem o papel mais importante no corpo grotesco, pois ela devora o mundo; e em seguida o *traseiro*. Todas essas *excrescências e orifícios* caracterizam-se pelo fato de que são o lugar onde *se ultrapassam as fronteiras entre dois corpos e entre o corpo e o mundo*, onde se efetuam as trocas e as orientações recíprocas. Por isso os principais acontecimentos que afetam o corpo grotesco, *os atos do drama corporal* – o comer, o beber, as necessidades naturais (e outras excreções: transpiração, humor nasal, etc.) [...] *efetuam-se nos limites do corpo e do mundo* [...]
> Assim, a lógica artística da imagem grotesca ignora a superfície do corpo e ocupa-se apenas das saídas, excrescências, rebentos e orifícios, isto é, unicamente daquilo que faz atravessar os limites do corpo e introduz *ao fundo* desse corpo.

Entre as partes do corpo relacionadas à caracterização grotesca, conforme apontado por Bakhtin, destacam-se, em Sancho Pança, a boca, o ventre e, nesse episódio, o traseiro. Por ser descrito sempre como glutão e medroso, essas características sobrepujam quaisquer outras qualidades morais, fazendo que a personagem careça de densidade. Nesse sentido, ao serem dilatadas ao extremo, ganhando uma dimensão hiperbólica e provocando uma distorção proposital a serviço do cômico, tais características tornam-se elementos independentes, constituindo-se nos únicos fatores que ligam a personagem ao mundo. Eis aí a distorção grotesca.

Finalizando as considerações sobre os episódios de configuração grotesca, temos *O poço do Visconde* como última narrativa a apresentar uma situação que entra nessa definição. Trata-se do momento em que as crianças sobem na torre montada no Sítio para a extração do petróleo, e Emília, brincando de dar cuspidinhas para baixo, comenta:

– Para suicídio – disse ela – isto aqui ainda é melhor que a tal rocha Tarpeia que Dona Benta contou – aquela rocha feia que existia em Roma, de cima da qual eram jogados ao precipício os traidores. A Tarpeia tinha 32 metros – menos um que esta torre. Quer dizer que minhas cuspidas duram no ar um metro mais que os criminosos romanos jogados da Tarpeia.
Narizinho trocou uma olhadela com Pedrinho. Emília os desnorteava. A propósito de tudo dizia sempre coisas imprevistas. (Lobato, *O poço do Visconde*, 1956j, p.115)

Contrariando o senso comum que vê no suicídio um ato condenável como prova da incapacidade do indivíduo de conseguir conviver harmoniosamente com os problemas que a vida lhe apresenta, Emília, de certa forma, incentiva o ato por propor uma sugestão que aumenta sua eficácia. Ao assim proceder, ou seja, ao considerar positivo um ato que é em si condenável e com isso provocar a incongruência e o riso, a boneca confirma a tese de Propp (1992, p.92) de que "o grotesco é possível apenas na arte e impossível na vida. Sua condição *sine qua non* é uma *certa relação estética* com os horrores apresentados".

Como se pôde observar, fundando-se no imprevisto, na surpresa, no insólito, na angústia perante a vida, provocando a destruição de toda ordem ou orientação e construindo um mundo desconexo e absurdo, o grotesco provoca um riso temeroso diante da realidade que, por momentos, se deforma, perde sua estrutura racional e tranquilizadora, tornando-se monstruosa.

Embora seja uma visão desestruturada do mundo, apresenta-se também como possibilidade de construção de um universo que se quer total, constituindo-se em um instrumento eficaz de uma análise lúcida, às vezes, risível, mas cruel do absurdo. Resultado da constatação de quanto o mundo é incompreensível, o grotesco incide sobre a própria essência do real que perde consistência, e, irrompendo pelas brechas da fachada séria das coisas, possibilita a percepção do outro lado. Nesse processo, o riso por ele provocado é, na verdade, "o grito de surpresa de um homem a quem o caos e o nada acabam de assaltar" (Minois, 2003, p.40).

Personagens

Em virtude da importância do papel desempenhado por Monteiro Lobato no processo de formação da literatura infantil brasileira, o estudo das pessoas dramáticas constituídas pelas personagens que figuram em sua obra tem sido constante nos textos que procuram perscrutar o universo ficcional criado pelo autor. Assim, tomando como base as personagens nucleares desse universo, quais sejam Dona Benta, Tia Nastácia, Pedrinho, Narizinho, Emília, Visconde, Quindim, Conselheiro e Marquês de Rabicó, é comum encontrarmos nesses estudos caracterizações bem definidas desses seres. Nelly Novaes Coelho (1995, p.853-4), por exemplo, considera as personagens do Sítio – à exceção de Emília – como arquétipos: Dona Benta é a avó ideal; Tia Nastácia, como provedora de alimentos e de apoio logístico doméstico, é a serviçal eficiente, afetuosa e humilde; Pedrinho, de certa forma o homem da casa, e Narizinho são as crianças sadias, sem problemas; Visconde, representante do gênero adulto masculino, é símbolo da sabedoria intelectual; Quindim, exercendo a função de protetor dos habitantes do Sítio, representa a força bruta; Conselheiro, que em alguns casos age como primeiro-ministro, auxiliando na tomada de decisões, é símbolo do bom-senso; e Marquês de Rabicó, ser irresponsável e instintivo, representa a irracionalidade animal da gula (cf. Penteado, 1997, p.204-15).

Além da criação dessas personagens, destaca-se também em Lobato a junção proposta por ele de folclores diversos, de épocas e culturas diferentes, reunindo no Sítio de Dona Benta o que a cultura europeia ocidental produziu de mais expressivo, ao mesmo tempo que procurou fazer a síntese desses seres com elementos ameríndios, africanos e especificamente ibéricos. Desse modo, propondo uma intercomunicação entre mitos com raízes e troncos que se perdem no passado, o autor demonstra seu caráter universal, mostrando a individualidade de nossa cultura dentro da generalidade da cultura mundial.

Um dos recursos utilizados por Lobato para proceder a essa junção foi a anulação de fronteiras entre o real e o maravilhoso, uma vez que suas histórias não decorrem em nenhum reino fora do tempo e do espaço históricos, mas situam-se no espaço familiar do Sítio do Picapau Amarelo. A esse ambiente conhecido e comum são sempre introduzidos elementos estranhos pertencentes ao reino do imaginário, do sonho ou da fantasia.

Para garantir a naturalidade dessa inclusão, ou seja, para tornar congruente a junção de seres pertencentes a realidades díspares, o autor utiliza técnicas de construção que, ressaltando o que a situação apresentada possui de cômico, tornam as contradições assimiláveis. Entre tais técnicas, a construção de personagens ganha um lugar de destaque. Nesse sentido, ao estu-dar os mecanismos de construção do humor nas narrativas infantis lobatianas, um aspecto chama-nos atenção: tomadas em conjunto, que personagens se sobressaem no processo de construção do humor empreendido pelo autor em suas obras?

Para responder a essa questão, convém retomar a análise realizada até aqui dos recursos cômicos empregados por Monteiro Lobato em suas narrativas destinadas ao público jovem. Para ilustrar a utilização desses procedimentos de configuração humorística, foram apresentados ao longo deste texto aproximadamente 250 episódios que se caracterizam pela presença de elementos ligados à comicidade; desses, 191 têm Emília como personagem deflagradora do humor; dos aproximadamente 60 episódios restantes, 16, embora não sejam levados a efeito pela boneca, têm-na como alvo das tiradas cômicas e utiliza técnicas que lhe são peculiares. Isso nos permite a afirmação de que o humor lobatiano é o humor de Emília.

Centro do sistema planetário do Sítio, Emília é a única personagem que evolui dentro desse universo. Criada por Tia Nastácia como uma boneca de pano comum, sem vida própria e muda, a boneca passa por um processo de "evolução gental" (Lobato, *A chave do tamanho*, 1956n, p.193) que, embora possa ser observado na versão definitiva de *Reinações de Narizinho* publicada em 1931, torna-se mais expressivo se cotejarmos seu desenvolvimento relacionando as versões anteriores da obra. Nesse sentido, em *A menina do narizinho arrebitado* (1920), Emília, reles boneca de pano, subitamente adquire vida no Reino das Águas Claras e surge armada de um espeto, para furar os olhos do Escorpião Negro que ameaçava matar Narizinho e o Príncipe Escamado. Na edição de 1921, na segunda parte da narrativa acrescentada por Lobato, Emília já é mostrada falando. Seu processo de transformação de bruxa de pano em boneca falante por meio das "pílulas" do Doutor Caramujo somente aparece na versão de 1931, quando surge o texto definitivo de *Reinações de Narizinho*. A partir daí, sua evolução foi ganhando dimensões cada vez mais complexas com a afirmação de sua personalidade livre e voluntariosa, até se transformar em verdadeiro alter-ego do autor (Coelho, 1995, p.853-4), conforme reconhecido pelo próprio Lobato:

> [ela] começou como uma feia boneca de pano, dessas que nas quitandas do interior custavam 220 réis. Mas rapidamente foi evoluindo e adquirindo tanta independência que [...] quando lhe perguntaram: "mas que você é, afinal de contas, Emília?" ela respondeu de queixinho empinado: sou a Independência ou Morte! E é. Tão independente que nem eu, seu pai, consigo dominá-la. Quando escrevo um desses livros, ela me entra nos dois dedos que batem as teclas e diz o que quer, não o que eu quero [...] Fez de mim um "aparelho", como se diz em linguagem espírita [...] Emília que hoje me governa, em vez de ser por mim governada. (Lobato, *A barca de Gleyre*, 1959e, v.2, p.341)

Personagem-chave do universo lobatiano, sendo a única, segundo Nelly Novaes Coelho (1995, p.854), a viver em tensão dialética com as demais e a única a sofrer transformações em sua personalidade, marcada também pelo caráter contraditório, Emília é a personagem cujos palavras, gestos e ações são o fio condutor das narrativas infantis produzidas por Lobato, definindo, em parte, seu conteúdo ideológico.

Caracterizada pela dualidade, apresentando atitudes, por um lado, positivas, como sua vontade de domínio e exacerbado individualismo, que podem levar a grandes realizações e ao progresso social, e, por outro, negativas, como seu consciente despotismo, que pode resvalar para a exploração do homem pelo homem, Emília é a personagem que mais reflete a personalidade de seu criador. É a válvula de escape de sua rebeldia, das suas irreverências, de seus sentimentos mais violentos e de seu humorismo maroto e fantasista (Martins, 1972, p.19).

Do ponto de vista da construção narrativa, no entanto, é importante ressaltar que, embora a personagem, como ser fictício, deva, em nome da verossimilhança, manter certas relações com a realidade, assim como ocorre com Emília em relação ao seu criador, esse aproveitamento do real não pode ser integral ou absoluto. Nesse sentido, são apropriadas as palavras de Antonio Candido ao afirmar que, quando um autor toma um modelo na realidade, sempre lhe acrescenta, no plano psicológico, sua incógnita pessoal, por meio da qual procura revelar a incógnita da pessoa copiada. Desse modo, é obrigado a construir uma explicação que não corresponda ao mistério da pessoa viva, mas que é uma interpretação desse mistério (Candido et al., 2000, p.65).

Não sendo, portanto, simples projeção das aspirações de seu criador ou uma transposição fiel do real, o princípio que rege a construção da personagem é o da modificação criadora, princípio que se encontra intimamente ligado à função que essa personagem exerce na estrutura do romance.

Qual seria, então, o papel de Emília no universo lobatiano? Manuel Bandeira (1981, p.191) ajuda-nos a esclarecê-lo:

> a personagem mais divertida desse mundozinho, a de mais vida, a que está sempre saltando das páginas do livro, é Emília. As suas espevitices, os seus palpites, a sua ciganagem fazem dela o centro da ação e do interesse toda vez que aparece. No entanto Emília é ... uma boneca – a boneca de Narizinho.

Também procedentes são as palavras do crítico Alfredo Bosi (1982) a respeito da boneca:

> A figura de Emília, sobretudo, é das mais subversivas da literatura brasileira. Com ela há uma subversão de valores muito profunda, não só de valores da racionalidade, mas até de valores da natureza [...] a figura de Emília é realmente o inconsciente de Lobato às soltas, desmanchando elementos da cultura, elementos da razão e elementos da própria natureza.

Quer seja figura central, subversiva, reprodução fiel da vivência real do autor ou resultado de sua criação estética manifestada por meio da organização interna da obra, a materialidade dessa personagem só pode ser apreendida por meio de um jogo de linguagem, que torne tangível sua presença e sensíveis seus movimentos. Nesse sentido, se o texto é o produto final desse processo de construção, ele é o único dado concreto capaz de fornecer os elementos utilizados pelo escritor para dar consistência à sua criação. Sendo assim, é somente por meio de sua análise que se podem detectar os procedimentos encontrados e utilizados pelo escritor para dar forma, para caracterizar as personagens, sejam elas encaradas como pura construção linguística ou espelho do ser humano (cf. Brait, 1987, p.52).

Falando a respeito da importância da palavra, seja no processo de criação de verossimilhança seja no processo de *convencionalização*, ou seja, no trabalho de seleção dos traços que comporão a personagem dada a impossibilidade de descrever a totalidade de uma existência, Antonio Candido afirma:

> Se as coisas impossíveis podem ter mais efeito de veracidade que o material bruto da observação ou do testemunho, é porque a personagem é, basicamente,

uma composição verbal, uma síntese de palavras, sugerindo certo tipo de realidade. Portanto, está sujeita, antes de mais nada, às leis de composição das palavras, à sua expansão em imagens, à sua articulação em sistemas expressivos coerentes, que permitem estabelecer uma estrutura novelística. (Candido et al., 2000, p.78)

Partindo do pressuposto de que Emília se caracteriza por sua configuração dialética, subversiva e transgressora, o discurso utilizado por seu criador para *convencionalizá-la* apresenta características semelhantes: trata-se do discurso humorístico. A partir desse discurso, que tem como porta-voz a própria boneca – como se pôde observar pelo grande número de episódios humorísticos de que ela participa como figura central ou secundária –, cria-se a língua emiliana, que, servindo de fio condutor para todas as narrativas, faz que todos os elementos do texto se ajustem entre si de maneira ordenada, contribuindo para a coerência interna da obra.

Entre os fatores que cooperam para esse efeito está a figura do narrador quase ausente, possibilitando por meio do diálogo vivo entre as personagens o aflorar de um tipo de discurso que é também, muitas vezes, apropriado por ele. Soma-se a isso o fato de que, quando outras personagens que não a boneca deflagram o humor, a língua utilizada para a construção da comicidade é também a língua emiliana marcada pelo tom lúdico-humorístico presente nos neologismos, nas ironias, nas paródias, no uso do *nonsense* etc., elementos que por si só já revelam o caráter dialético de Emília, personagem responsável pela eclosão desses procedimentos.

Prova ainda da relevância de Emília na construção do humor nos textos de Lobato são as personagens Visconde e Marquês de Rabicó, que também podem ser apontadas como cômicas no universo lobatiano, mas que só adquirem essa configuração a partir de sua relação com a boneca. No caso de Rabicó, por exemplo, temos uma personagem caricata que se define por apenas dois traços: a gula e o medo. Ridicularizado por manifestar essas características, representa, muitas vezes, o papel de bufão, sendo uma personagem sem nenhuma densidade psicológica. Destaca-se também em sua caracterização o caráter cômico do antropônimo com que é nomeado, que propõe a junção de dois universos completamente dissociados entre si: o nobiliário, como sugere o título "Marquês", e o torpe e grotesco, presente na designação "Rabicó". Tais características contrastam-no a Emília, sua esposa, a quem, aliás, presta uma obediência servil.

Quanto a Visconde, embora tenha com Emília um tronco comum, visto terem sido os dois obras das mãos de Tia Nastácia, seu caráter cômico só se revela pelo contraste que sua gravidade estabelece em relação à personalidade irreverente de Emília. Nesse sentido, o sabugo só vai se "redimindo" nas últimas narrativas quando se torna, por exemplo, mais "simpático" e um "gigante" de grande importância em *A chave do tamanho*, ou quando é acometido de uma loucura "heroica" que o faz até dançar rumba em *Os doze trabalhos de Hércules*. Em outras palavras, Visconde só ganha dimensão quando sua configuração se aproxima da caracterização de Emília.

Como se pode observar, responsável pelo jogo de forças opostas ou convergentes que estão presentes nas narrativas infantis de Lobato, Emília é a personagem que, direta ou indiretamente, dá impulso às ações, representando a força temática das obras do autor. Propulsora do discurso humorístico tão caro a Lobato, suas "características malasarteanas" (Sandroni, 1982, p.92) colocam-na entre as personagens mais irreverentes e críticas da literatura brasileira.

3
SÍNTESE

A formação do humorista: Monteiro Lobato e o riso no Brasil

Um dos aspectos inovadores na obra lobatiana e fator contribuinte para seu papel decisivo na consolidação da literatura infantil no Brasil foi a inclusão do elemento humorístico. Porém, como o humor, dada a sua função social, é um elemento sempre presente em qualquer processo de constituição social de um grupo, sua presença na literatura brasileira antecede a obra de Monteiro Lobato.

Desde o Descobrimento, por exemplo, o riso sempre presente nos nativos brasileiros já exercia grande fascínio no Velho Mundo. Encantado com as cores exuberantes da natureza, com a abundância de riquezas naturais e com a alegria natural do selvagem, o conquistador parecia ter, por fim, encontrado o mundo edênico.

Em 1578, de volta à França, Jean de Léry, um calvinista convicto que, em 1556, se junta à pequena comunidade francesa conhecida como "França Antártica", estabelecida na entrada da baía do Rio de Janeiro, relata em *História de uma viagem feita ao Brasil* sua experiência em relação ao contato com os indígenas brasileiros. Segundo Minois (2003, p.543), uma das maiores surpresas de Jean de Léry chegando de uma Europa séria e fanática, que a partir do século XVI começou uma grande ofensiva político-religiosa do sério como reação contra a gargalhada da Renascença, foi constatar que os índios riam sem cessar, fugiam da melancolia e detestavam os taciturnos, mesquinhos e melancólicos.

Perplexo diante desse riso perene, misterioso e ambivalente que se manifesta da mesma forma diante de um ato de canibalismo ou de uma vestimenta bizarra, Jean de Léry confronta-se com uma série de questionamentos comuns à época: esse riso manifestado pelos índios exprime a inocência original, a alegria da liberdade total, ou revela a perversão satânica de uma humanidade que, ainda pagã, não foi resgatada do pecado original? Mesmo não chegando a uma resposta definitiva, num nível menos elevado de reflexão, Léry constata o papel social do riso como elemento de comunicação, representando a voz da razão ou o elemento de exclusão.

Como se observa, o Brasil já nasce sob o signo do riso que, como poderoso elemento aglutinador, promovendo a coesão ou a exclusão, não deixará de ser notado e utilizado pelos nossos principais homens das letras, como comprovam as obras de Gregório de Matos, Tomás Antonio Gonzaga, Emílio de Menezes, Guilherme de Almeida, Alexandre Marcondes Machado (cf. Andrade, 1945), Monteiro Lobato, entre outros.

O traço cômico da Belle Époque

Embora tenha sido um recurso sempre presente – mesmo que de forma latente e, às vezes, marginal – na produção literária brasileira, o humor só ganhou consistência nas letras nacionais no final do século XIX e início do XX. Servindo de palco para o nascimento das revistas humorísticas, estimuladas pelos avanços nas técnicas de impressão e reprodução, resultando no aumento nas tiragens e, consequentemente, no aumento do público leitor, esse período viu surgirem mudanças que possibilitaram a efetiva utilização desse recurso nos textos escritos.

Aliado a esse progresso técnico, observa-se no país, nesse momento, um quadro de tensão, resultado da indefinição gerada por uma realidade paradoxal: Embora já vivendo o século XX, o Brasil desse início de século mantém basicamente a mentalidade do final do século XIX, pós-republicana, positivista e liberal. No entanto, um quadro político tenso põe em risco o poder das oligarquias civis, provenientes dos setores rurais. Nesse cenário, começa a ascender uma nascente burguesia industrial ligada à produção e exportação do café no eixo Rio de Janeiro–São Paulo–Minas Gerais.

Assim, parece haver no país "dois brasis" em estado de confronto, ao longo da Primeira República: um Brasil agrário, tradicionalista e conservador, que detém o poder, e um outro que anuncia a virada do século, propondo a solidificação de um país industrial, urbano e em busca da modernização.

No que diz respeito à criação literária, esse período relativamente curto, situado no primeiro vintênio do século XX, foi marcado pelas complexidade e heterogeneidade da produção cultural.

Percorrendo uma gama extensa e variada de caminhos, a produção literária do período abrange a literatura superficial, servilmente submissa a modelos europeus já superados, alienada das questões nacionais, caracterizada por Afrânio Peixoto como "sorriso da sociedade"; abarca uma estética *neo* que refletia uma mentalidade artística ligada ainda ao século XIX com ecos do realismo-naturalismo, na prosa, e do parnasianismo-simbolismo, na poesia; e até uma vertente caracterizada por um nacionalismo-localista que, muitas vezes, retoma a vertente regionalista da literatura brasileira. Ao mesmo tempo e nesse mesmo contexto, "essa literatura abrange também uma produção satírica, crítica, de considerável ressonância, expressa quase que com espírito militante, por escritores como Juó Bananére, Moacir Piza, Lima Barreto, Monteiro Lobato, Ivan Subiroff etc. nos seminários, nas revistas, na grande imprensa" (Leite, 1996, p.40), e na própria produção literária.

Nesse quadro de tensão permanente, antigos dilemas são aguçados: "o que significava *ser brasileiro* naquela realidade cada vez mais paradoxal, infi-nitamente variada, regionalmente diversificada e, sobretudo depois daqueles eventos cruciais, uma realidade indefinida em termos de futuro?" (Saliba, 1998, v.3, p.290).

Assim, tornou-se difícil, nesse momento, pensar numa representação da vida brasileira que não fosse pela via da constatação da "*falta de sentido* ou da imperiosa necessidade de recriar os significados – que sempre foram as características intrínsecas de uma representação cômica ou humorística do mundo e da vida" (idem, p.291). Desse modo, a representação do país passava forçosamente pelos caminhos da inversão e recriação de sentidos, pelo jogo dialógico e tenso entre o real parodiado e a representação paródica.

Diante daquela espécie de vazio com que o homem se via confrontado, o humor criava um espaço para que esse indivíduo pudesse se afirmar, permitindo "livrar-se, pela irreverência, de autoridade e gestos incômodos, de si mesmo ou de outros, dando-lhe, por efêmeros momentos, a sensação de pertencimento que o nível público lhe subtraíra e que, lentamente, ele tentava conquistar" (Saliba, 2002, p.304).

Símbolo do descompromisso, do divertimento e também da liberdade, a representação humorística no Brasil no início do século XX, indo além de uma simples proposta de ruptura e contrariedade, foi também uma epifania da emoção que se diluía na vida cotidiana que esporadicamente iluminava a rotina dos ritmos repetitivos e diários.

O papel da caricatura

O traço definidor e talvez o gênero mais característico da comicidade brasileira na República, utilizado para compor uma certa "dialética da ordem e da desordem", foi a paródia – e, por extensão, a caricatura,[1] que poderíamos considerar uma espécie de paródia visual.

Embora seja um recurso especialmente explorado nas artes visuais, a caricatura, criação associada ao cômico, pode também ser construída como elemento verbal. Em ambos os casos, caracteriza-se por propor uma disjunção que desconstrói a imagem do caricaturado, reconstruindo um "'outro' revelador das incongruências do original" (Leite, 1996, p.20), tornando-se uma reprodução às avessas. Nesse processo, é cômico aquilo que é revelado, ou seja, trata-se da insurreição daquilo que, antes disfarçado, à revelia da vítima, torna-se evidente e explícito.

Como criação verbal, a caricatura constrói-se por meio do arranjo e articulação das palavras nos diferentes níveis da língua (fonético, morfológico, sintático e semântico), muitas vezes, criando imagens que levam a uma configuração visual da personagem, recriada pelo leitor por meio de sua imaginação.

Enquanto a caricatura visual se caracteriza pelo imediatismo da apreensão, dadas as peculiaridades do código linguístico, a caricatura verbal exige uma apreensão gradual do conteúdo que se completa para o leitor depois de introjetar os dados fornecidos, compondo uma imagem pessoal do caricaturado.

Desse modo, a caricatura verbal exige uma maior participação do leitor, o domínio de um saber comum entre produtor e receptor do texto e "engenho para a criação e decodificação das imagens persuasivas, que deverão ser

---

1 Segundo Sylvia H. Telarolli de Almeida Leite (1996, p.22), embora a paródia e a caricatura se aproximem por serem empregadas em produções de cunho satírico graças ao seu caráter demolidor e desmistificador, possuem centros de interesse diferentes. Enquanto a paródia toma como objeto de derrisão as *produções humanas*, a caricatura explora os diferentes traços que caracterizam *o próprio homem*.

tão claras quanto sugestivas" (idem, p.32), sendo as figuras de linguagem os recursos privilegiados para isso.

Como observa Telarolli, partindo da distinção feita por E. M. Forster (1969) em *Aspectos do romance* entre personagens planas e esféricas,[2] a caricatura é uma das feições que adquirem as personagens planas.

Comumente considerada forma menor de personagens, colocada em segundo plano, a caricatura padece do descrédito reservado às personagens cômicas vítimas da "ideologia da seriedade", de acordo com Luis Felipe B. Neves (apud Leite, 1996, p.34). Possivelmente, essa valorização do sério em detrimento do cômico deva-se "à marginalização da arte de caráter popular – realmente muitas vezes mais esquemática, superficial, simplificadora –", consumida e apreciada pela classe social mais baixa da população e, por isso, considerada de mau gosto.

Essa oposição entre o sério valorizado e o cômico marginal, na verdade, encontra-se entre as tensões que caracterizam a sociedade brasileira e sua expressão artística nas primeiras duas décadas do século XX.

Esse início de século traz consigo uma série de mudanças: um acelerado processo de industrialização, uma intensificação do surto imigratório, a necessidade de atualização do país com o que se passava no mundo e, consequentemente, de modernização, a campanha higienista, as campanhas para a alfabetização em massa, o incremento dos meios de comunicação, as reformas urbanas (bondes elétricos, automóveis, expansão da rede ferroviária); enfim, é tempo de transformações, tensões e crises.

Com respeito às condições de vida, esse é ainda o tempo das reuniões provincianas, saraus bem-comportados em que se ouvem, ao som do piano, declamações de poemas de Casimiro ou Bilac; época dos coronéis e dos barões decadentes aos poucos substituídos pelos novos ricos. Todavia, é também o tempo dos caipiras desdentados e de pé no chão e das condições de

---

2 Forster (1969) caracteriza como personagens planas aquelas que, construídas em torno de uma única ideia ou qualidade e carecendo de profundidade, podem ser definidas em poucas palavras. Entre essas se encontram os *tipos* de feição mais genérica e amena em que sua peculiaridade atinge o auge sem causar deformação, e as *caricaturas* de feição mais particularizada e individual, dilatando ao extremo a qualidade ou ideia única apresentada a ponto de provocar uma distorção a serviço do cômico. Quanto às personagens redondas ou esféricas, caracterizam-se por apresentarem várias qualidades, sendo, portanto, mais complexas e repelindo todo intuito de simplificação.

trabalho desumanas nas fábricas dos grandes centros que engolem os habitantes dos subúrbios.

Como ocorre com qualquer manifestação artística, a literatura produzida nesse período traz as marcas de seu tempo, exprimindo de modo simbólico suas tensões. Assim, ao lado de uma forma de expressão preciosa e empolada, descritiva e anacrônica, encontrasse a "literatura expressa aos retalhos na crônica solidária e autêntica do subúrbio" (Leite, 1996, p.44), caracterizada pelo aparente desleixo, simplificação e popularização.

O que se observa é que, em virtude das novas formas de produção e disseminação das artes, torna-se necessária uma reordenação na concepção e realização do fazer literário – já que não se cria uma nova literatura apenas com novos temas –, o que culmina com a proposta de *desliteraturização* apresentada por Monteiro Lobato (1959e, p.233).

Isso, em parte, se consegue pela inclusão do elemento humorístico (o que nesse período é feito especialmente por meio da caricatura), que se prestará a inúmeras funções: dessacralizar a literatura, tirando-lhe aquela aura mística, séria, o *status* elevado e nobre que a caracterizavam, propondo um novo modo de expressão; como é fruto de tensões – do caos –, retratar criticamente esses estados tensionais, desnudando as fraquezas das partes que se chocam; ao mediar dois gêneros distintos de literatura, a do século XIX, mais conservadora, e a produzida pós-22, atuar como expressão antecipatória, na literatura, da modernidade de novos tempos, assumindo assim uma função ao mesmo tempo transgressora e libertária; e popularizar, graças ao seu poder de sedução, essa literatura moderna junto ao público.

O caricaturista Monteiro Lobato

Entre os autores do início do século XX que largamente utilizaram a caricatura como técnica de construção literária está Monteiro Lobato. Sua obra funciona como um verdadeiro radar, expressando as diferentes ideologias em voga na época: o pessimismo determinista, herança do evolucionismo do século XIX, que vê na pobreza e falta de esperança do povo um "fadário atávico a ser cumprido", conforme expresso pelos artigos "Velha praga" e "Urupês"; a visão higienista segundo a qual as mazelas do povo estavam relacionadas ao descaso com a saúde pública como exemplificado pelos artigos e crônicas constantes em *O problema vital* e as perspectivas nacional-desenvolvimentistas, economicistas, resultado da experiência do autor nos Estados Unidos de 1927 a 1931, período em que Lobato reside em Nova York.

Nesse painel de posições heterogêneas e discrepantes – se confrontarmos, por exemplo, seu pessimismo determinista e sua perspectiva nacional-desenvolvimentista –, prevalece o tom militante e contestatório em relação à visão idealizada, pitoresca e ufanista da Belle Époque sobre o homem do campo.

Visto que a atitude humorística é desmistificadora por excelência, o perfil caricaturesco é a opção escolhida por Lobato como concepção de uma considerável parcela de suas personagens. Para o autor, a caricatura, indissociada da sátira, é uma forma de punição, de assepsia social e moral, com grande poder de transformação, constituindo-se também numa significativa expressão da alma nacional, como uma espécie de resumo ou síntese do modo de pensar coletivo (Leite, 1996, p.92).

Tal configuração humorística representa, segundo Saliba (2002, p.29), o "esforço inaudito de desmascarar o real, de captar o indizível, de surpreender o engano ilusório dos gestos estáveis e de recolher, enfim, as rebarbas das temporalidades que a História, no seu constructo nacional foi deixando para trás". Nesse sentido, a caricatura funciona na obra de Lobato como máscara que desmascara, como se pode observar pela personagem Jeca Tatu, que, com traços fortes, bem marcados, eminentemente caricaturescos, denuncia e revela uma forma de vida negligenciada, expressando verdades sobre o lado ignorado da nação e burlando a ignorância a respeito das questões nacionais.

Além dessa preocupação corretiva, a configuração caricaturesca de grande parte das personagens lobatianas é resultado também de seu empenho sistemático em simplificar o texto,[3] retirando da literatura sua aura circunspecta e lançando-a na rua como objeto de consumo, a partir de uma concepção da palavra como autêntico veículo de comunicação.

Em virtude da campanha de alfabetização em massa que amplia a faixa de potenciais leitores e do processo de modernização da produção e distribuição de livros (grandes tiragens, aparência atraente do produto, preço da "mercadoria", vendas por consignação), essa concessão intencional ao gosto e à expectativa desse público novo a ser conquistado obriga-o a buscar o mais simples e a evitar o complexo, representando isso uma opção estética.

---

3 "O certo em literatura é escrever com o mínimo possível de literatura" (Lobato, 1959e, t.2, p.339).

Desse modo, a caricatura na produção lobatiana cumpre basicamente quatro funções: é um *recurso satírico*, é uma forma de *registro*, é um *recurso estético* (Leite, 1996, p.90) e é também um *instrumento de reflexão*. Como *recurso satírico*, aponta o desvio, a distorção a ser evitada, tornando-se um método corretivo, exemplar; ao expressar um modo de ser ou de viver, aproxima-se do *registro*; como *recurso estético*, atua como elemento de fixação de personagens, tornando mais fácil sua apreensão por parte do leitor e, a partir da convergência dessas três funções, a caricatura assume também um papel revelador, que instiga à *reflexão*, visando ao conhecimento.

Monteiro Lobato e a literatura infantil brasileira: a introdução do riso

Embora tenhamos focado a produção caricaturesca em relação às personagens lobatianas, esse recurso com intenção cômica ou satírica, muito utilizado por Lobato em sua literatura, é apenas um índice de como o humor (expresso pela caricatura, pela ironia, pelo cômico de situações, de personagem ou de linguagem) foi um elemento fundamental em sua produção literária.

Reflexo de uma visão de mundo ao mesmo tempo crítica e construtiva, ironia e humor mesclam-se e confundem-se em Monteiro Lobato. Segundo Alaor Barbosa (1996), trata-se de uma ironia fina e de um humor inteligente. "Mas uma ironia que não esconde, antes se faz veículo de um amor profundo às criaturas, à vida, ao ser humano. Um humor que focaliza e desnuda o ridículo das pessoas, das convenções sociais, do atraso mental, da hipocrisia, da opressão individual e de classe social" (idem, p.55). Um humor cujo objetivo é surpreender o leitor, captar e prender-lhe a atenção, diverti-lo, comprometê-lo com a história, não o deixar esquecê-la.

Se no homem adulto, o riso é uma arma libertária das imposições da cultura, das amarras sociais e do peso das preocupações, na criança, o riso solto que lhe é característico representa uma explosão de prazer.[4] É, pois, por essa razão que Bergson (2001, p.49) busca nas brincadeiras infantis, como o fantoche, o boneco de mola, a caixa de surpresas e a bola de neve, "o primeiro esboço das

---

4 Freud em *O chiste* (1969, p.204) associa o caráter específico da comicidade ao renascimento da infância, considerando o cômico como "o perdido riso infantil" reconquistado.

tramoias que fazem o homem rir". Segundo o autor, os processos fundamentais do riso, quais sejam, a inversão, a repetição, a transposição e a interferência de séries estão, desde a infância, presentes nessas brincadeiras, o que faz que os prazeres sentidos pelo adulto nada mais sejam do que lembranças de prazeres passados, ou seja, "sentimentos de infância revivificados".

Torna-se, portanto, bastante apropriado observar como a incorporação desse elemento tão amplamente utilizado por Lobato em sua obra para o público adulto contribui para a consolidação e legitimação da literatura infantil no Brasil.

Breve recuo histórico: o surgimento do gênero no Brasil

Embora a literatura infantil tenha surgido no século XVIII, foi somente no século XIX que, relativizando, ainda que de maneira incipiente, o flagrante pacto com as instituições envolvidas com a educação da criança, ela define com maior segurança os tipos de livros que mais agradam aos pequenos leitores, determinando suas principais linhas de ação: histórias fantásticas, de aventuras e que retratem o cotidiano infantil. Descoberto e valorizado esse interesse, o gênero ganha consistência e um perfil definido por meio do trabalho dos autores da segunda metade do século XIX, garantindo sua continuidade e atração.

É nesse contexto que a vertente brasileira do gênero emerge. Embora os livros para crianças comecem a ser publicados no Brasil, em 1808, com a implantação da Imprensa Régia, a literatura infantil brasileira nasce apenas no final do século XIX. Mesmo nesse momento, a circulação de livros infantis no país é precária e irregular, representada principalmente por edições portuguesas que só, aos poucos, passam a coexistir com as tentativas pioneiras e esporádicas de traduções nacionais (cf. Lajolo & Zilberman, 1986, p.15). Como sistema regular e autônomo de textos e autores postos em circulação junto ao público, a história da literatura brasileira destinada à infância somente começa nos arredores da Proclamação da República (cf. Lajolo & Zilberman, 1988, p.24).

Esse processo não é gratuito: no final do século XIX, vários elementos convergem para formar a imagem do Brasil como um país em processo de modernização, entre os quais se destacam a extinção do trabalho escravo, o crescimento e a diversificação da população urbana e a incorporação progressiva de levas de imigrantes à paisagem da cidade. Visto que essas massas urbanas começam a configurar a existência de um virtual público consumidor de produtos culturais, o saber obtido por meio da leitura passa a deter grande importância no emergente modelo social que se impõe, fazendo que a escola exerça um papel fundamental para a transformação de uma sociedade rural em urbana.

Como elementos auxiliares nesse processo, os livros infantis e escolares são dois gêneros que saem fortalecidos das várias campanhas de alfabetização deflagradas e lideradas, nessa época, por intelectuais, políticos e educadores, abrindo espaço, nas letras brasileiras, para um tipo de produção didática e literária dirigida especificamente ao público infantil.

Aberto esse campo, começa a despontar a preocupação generalizada com a carência de material de leitura adequado às crianças do país, as quais contavam apenas com adaptações e traduções dos clássicos infantis europeus que, muitas vezes, circulavam em edições portuguesas cujo código linguístico se distanciava bastante da língua materna dos leitores brasileiros. Em razão da necessidade do abrasileiramento dos textos, aumentando sua penetração junto às crianças, o início da literatura infantil brasileira fica marcado pelo transplante de temas e textos europeus adaptados à linguagem brasileira.

Uma vez que a escola é um ambiente privilegiado para a difusão desses textos, na medida em que nela se encontram os leitores-consumidores visados pelo projeto de alfabetização, a disponibilidade do mercado para o consumo, por ela evidenciada, justifica a repetição de fórmulas e a ênfase na missão formadora e patriótica dessa literatura para crianças.

Assim, a proximidade entre leitor e público é duplamente alcançada: pelo tema e pela maneira como esse é exposto. Transformando o movimento de nacionalização em nacionalismo, a literatura lança mão, para a arregimentação de seu público, do culto cívico e do patriotismo como pretexto legitimador, conceitos que se manifestam por meio da exaltação da natureza, da grandeza nacional, dos vultos e episódios históricos e do culto à língua pátria.

Nesse sentido, essas obras são, essencialmente, uma tentativa de afirmar a tese do autor. Trata-se de uma ideia que precede a própria construção narrativa das histórias e, de certa forma, chega até mesmo a tomar o seu lugar. O que liga as ações narradas e o que justifica os finais trágicos e moralizantes não é tanto o enredo ou o caráter das personagens, mas a tese a ser defendida que parece preceder até mesmo a leitura dos textos.

Assim, se, por um lado, a preocupação com o destinatário infantil motivou a adaptação que fez esses textos afastarem-se dos padrões europeus, por outro, o compromisso escolar e ideologicamente conservador atribuiu a essa literatura a função de modelo.

Desse modo, o texto confronta o leitor com a necessidade de interpretação de um sentido único, impedindo assim sua participação, o que só começará a ocorrer efetivamente com a evolução do gênero. Nesse sentido, faltam ao romance o plurilinguísmo e o dialogismo, ou seja, a bidirecionalidade que faz emergir as enunciações abafadas pelo domínio da linguagem única.

Modernização e modernismo

O segundo período da literatura infantil brasileira (1920-1945) correspondeu à progressiva emancipação das condições que, na época de seu aparecimento, impediram a autonomia do gênero.

Modernização e modernismo: situados de maneira convergente no âmbito extrínseco e intrínseco da obra de arte literária, esses conceitos determinam o processo de produção da literatura infantil brasileira nas primeiras décadas do século XX. Como resultado de alguns fatores sociais – consolidação da classe média (compradora), aumento da escolarização dos grupos urbanos (leitores) e a nova posição da literatura e da arte após a revolução modernista (cf. Lajolo & Zilberman, 1988, p.47) –, os novos investimentos na área editorial facultam a difusão das criações artísticas que passam a contar com mecanismos que estimulam tanto a produção como a divulgação das obras. Dessa maneira, o crescimento da produção de obras para crianças e a adesão a ela de escritores comprometidos com a renovação da arte nacional demonstram que o mercado estava sendo favorável aos livros como nunca antes visto no Brasil. A literatura infantil, mais do que qualquer outro gênero no país, sente claramente esse processo: ao longo dos anos 1920 e 1930, as editoras começam a prestigiar o gênero, motivando um aumento vertiginoso da produção, bem como a adesão progressiva de alguns escritores da nova e atuante geração modernista que incorporam, nas obras destinadas às crianças, algumas inovações temáticas e estilísticas, como a valorização do presente, da cultura nacional e da oralidade, já presentes em alguns textos da literatura adulta.

Apesar do sucesso, o gênero continuava sem legitimação artística. O estímulo para a produção restringia-se à carência do mercado escolar que, por sua vez, determinava aos escritores adequação aos cursos e aos programas educativos vigentes, limitando a fantasia e a criatividade em razão das exigências do Estado, patrocinador do projeto de alfabetização.

Para atender a essas exigências, a atitude nacionalista, revigorada e poderosa, é trazida de volta por meio da valorização do espaço rural, das histórias de origem folclórica narradas por uma negra e de temas pedagógicos tomados à História do Brasil, sobretudo episódios do período colonial.

Isso demonstra que a renovação não pôde ocultar a conciliação com o tradicional, seguindo o percurso natural pelo qual também passou a sociedade brasileira. As radicalizações mais avançadas dos anos 20, além de setorizadas, sofreram subsequente processo de acomodação que não se deveu apenas ao risco da perseguição estatal, no caso da não adequação aos seus interesses, mas também à maior facilidade de abrangência das obras "repetitivas" propiciada pelos novos meios de divulgação, em razão dos quais a arte passou a dispor de um grande público e se massificou (Lajolo & Zilberman, 1986, p.61).

Nota dissonante nesse quadro é a produção literária de Monteiro Lobato, que investe progressivamente na literatura para crianças, de um lado como autor, incorporando elementos estilísticos inovadores; de outro, como empresário, fundando editoras e contribuindo para a modernização da produção editorial brasileira.

Representante das forças conflitantes que marcaram a primeira metade do século XX, Monteiro Lobato produz uma obra que não pode ser desvinculada do momento em que foi construída. Nela estão presentes as ambiguidades e os paradoxos que marcaram a realidade brasileira naquele início de século, principalmente no que se refere à produção literária, à relação dessa produção com a escola e à atração e formação de um público leitor.

Depois do sucesso da publicação de *Saci-Pererê* e de *Urupês* que se esgota em poucos meses, o autor começa a perceber um novo caminho a ser aberto no Brasil: suprir o vazio editorial do país.

Havia no Brasil, nesse momento, apenas duas grandes editoras ativas (a Francisco Alves e a Briguiet), que somente publicavam textos de autores consagrados. Observado o êxito de suas publicações, Lobato abre uma editora, publica textos de autores inéditos e moderniza os processos de produção e comercialização das obras. É, pois, nesse contexto de modernização que surge *Reinações de Narizinho*.

Relacionados a esse processo estão alguns fatores sociais: a consolidação da classe média, em virtude do avanço da industrialização e da modernização econômica e administrativa do país, o aumento da escolarização dos grupos urbanos e a nova posição da literatura e da arte em geral após a atuação modernista de 1922.

Visto que a tônica do momento era a modernização do Brasil e a sua equiparação às nações civilizadas, a educação apresentou-se como meta importante a ser alcançada, a fim de remover os resíduos do atraso herdado das fases anteriores da História.

Como empresário, Monteiro Lobato aproveita-se desse novo quadro social e garante o sucesso de suas publicações, que contam agora com o ambiente escolar como destinação privilegiada, conforme demonstrado pela publicação em 1921 de *Narizinho arrebitado*.[5]

Esse aspecto, contudo, não o impediu de, contrariando a tendência do momento que concebia a literatura infantil como educativa e bem comportada, construir um mundo de fantasia, possível plataforma de lançamento para uma crítica à sociedade ou ao ambiente real, experimentado pelo leitor.

Foi justamente essa ruptura em defesa da imaginação e da fantasia, até então sufocadas por uma literatura produzida em razão de uma determinada ideologia, um dos fatores responsáveis pela criação de um expressivo público leitor.

Embora sonhador e idealista, Lobato tinha a consciência da realidade contraditória em que vivia, preocupando-se excessivamente em fazer algo de útil para o país. A literatura infantil possibilitou-lhe isso, permitindo a conciliação dos dois polos.

Esse espírito empreendedor e a coragem de romper com padrões já estabelecidos talvez se devam ao mesmo fato que surpreendeu a crítica literária, no momento em que Lobato começa a produzir seus textos infantis, ou seja, encontrar um autor em plena maturidade intelectual voltando-se para o setor mais descuidado da literatura nacional: o da literatura para crianças.

Graças a essa maturidade, observamos em suas obras a incorporação de processos incomuns na literatura infantil do momento, como a fusão entre o real e o maravilhoso, a criação de uma nova linguagem literária, a incorpo-

---

5 O texto que deu origem a essa obra foi publicado pela primeira vez em 1920, com o título *A menina do narizinho arrebitado*.

ração de elementos da contemporaneidade e da cultura internacional e, em especial, a presença do humor.

   Marca de seu espírito dialético, a inclusão desse recurso aproxima Lobato da essência de sua obra, de sua criação moderna, surgida do próprio conflito. Nesse sentido, incorporado com naturalidade à narrativa e servindo, muitas vezes, como seu fio condutor com seu jogo de aproximações e afastamentos das contradições, o humor estimula o espírito lúdico, configurando-se como um desafio e, ao mesmo tempo, uma proposta de ruptura ao racionalismo dominante.

Considerações Finais

Muitos ainda se perguntam a que se deve o sucesso literário de Monteiro Lobato junto ao público infantil. Não nos constrangemos de afirmar que está na tendência lúdica que encontra no humor seu meio de expressão, um dos principais elementos dessa atração.

Fenômeno multiforme, ambíguo e ambivalente, o humor presta-se a amplas considerações que procuram definir-lhe a essência. Entre essas, como procuramos demonstrar, dois fatores se destacam: seu caráter social e seu caráter estético. Como fenômeno social, é o elemento responsável pela síntese e expressão das contradições encontradas na realidade diante das quais o homem, único ser que conscientemente ri e faz rir, consegue equilibrar as incongruências com as quais se defronta, tornando-as assimiláveis. Do ponto de vista estético, participam da construção do humor dois fatores que o configuram e contribuem para sua expressão: seu aspecto lúdico e seu aspecto ficcional. Expressando sempre um *jogo* entre o real aparente e o irreal latente, o humor corresponde, na arte, à síntese dialética que possibilita a conjugação harmoniosa do contraste.

Como se observa, seu traço definidor é a contradição. É, pois, justamente essa característica que aproxima esse fenômeno a Monteiro Lobato. Tendo sido um escritor de seu tempo, marcado pelo caráter tensivo vivido pelo país na Belle Époque, momento histórico determinado pela existência de uma realidade paradoxal que oscila entre a imagem de um país agrário e conservador e as pretensões de um país urbano em busca da modernização, Lobato foi um homem que se destacou pela riqueza de sua personalidade múltipla, cheia de contradições. Sua trajetória é marcada por posições díspares que o tornam uma figura até hoje polêmica, cuja personalidade revela uma espécie de simbiose que se quer dialética, impossibilitando qualquer quadro fechado que queira lhe definir a cosmovisão.

Não se restringindo a sua personalidade, tais contradições são expressas também em sua obra literária. Nela, observa-se um diálogo constante entre polos opostos que se conjugam de maneira harmoniosa na estruturação de suas narrativas infantis como evidenciam, por exemplo, os aspectos referentes a elementos como o espaço, que oscila entre o real e o maravilhoso; o tempo, que em suas narrativas é, ao mesmo tempo, cronológico e fantástico; as personagens cuja configuração é ora real ora maravilhosa; e a linguagem, que constitui uma mescla harmônica entre a forma coloquial e a linguagem culta, evitando o risco de, por um lado, tornar o discurso insípido, pobre e, por outro, excessivamente grave e pedante.

Conjugando todas essas contradições, Monteiro Lobato expressa-as por meio do humor, utilizando como principais recursos para a construção da comicidade elementos como: o narrador, a linguagem, a exploração dos recursos semânticos, o *nonsense*, a paródia, as comparações inusitadas, a ironia, os processos de inversão/subversão, o grotesco e as personagens.

Entre tais recursos, a construção das personagens revela-se fator de fundamental importância, tendo em vista o fato de ser Emília, como procuramos demonstrar, a personagem deflagradora do humor lobatiano. Utilizando procedimentos que lhe são peculiares, baseados, especialmente, no alogismo e na transposição de sentidos, Emília cria um discurso próprio – a língua emiliana –, que acaba sendo incorporado por todas as demais personagens na construção do humor ao longo das narrativas.

Conseguindo projetar por meio do estranhamento, propiciado pelo uso do humor, as contradições da experiência humana, Lobato, encontrando uma "solução linguística adequada", promove uma ruptura na série literária formada pelos textos destinados à infância no Brasil.

Estritamente ligado à criação de uma nova linguagem literária e só possível graças a ela, está o elemento humorístico, que substitui a compostura do adulto, tradicionalmente visto como modelo, pelas irreverência e graça infantis. Nesse sentido, a linguagem utilizada na obra incorpora os modismos, as expressões comuns do dia a dia, a fala coloquial brasileira com o objetivo de romper com a seriedade e rigidez da linguagem escrita culta predominante nos textos da época.

Efetivando seu lema: *extirpar o literário* (Lobato, 1959e, v.2, p.339), cortando o desnecessário, ornamental, redundante em relação ao projeto básico da trama, a linguagem em seus textos desautomatiza as normas, tornando-se um objeto experimental, mutável, como se pode observar pela recorrência constante de neologismos, dos jogos de palavras, da exploração dos recursos semânticos, chegando ao *nonsense*, e da valorização da sonoridade que permite a gratuidade na utilização da linguagem também como elemento lúdico.

Corroborando essas inovações, o discurso literário, por meio da inclusão do humor, deixa o tom grandiloquente de elogio e respeito à ordem estabelecida e assume um tom, ao mesmo tempo, de crítica, ao expor as contradições, e descontração. Nesse discurso literário, observa-se que o adulto não fala mais *para* a criança como mediador de um condicionamento exemplar, ele agora fala *com* a criança. Nesse sentido, o texto lobatiano torna difícil precisar o limite entre o que diz respeito à criança ou ao adulto, uma vez que agrada a ambos. Graças à ambiguidade possibilitada pelo humor, as obras infantis de Lobato tornam-se suscetíveis de múltiplas interpretações ou de leituras em vários níveis, o que faz que possam ser retomadas em várias idades da vida e relidas de maneira diferente, estabelecendo-se uma simetria entre o adulto e a criança ou entre narrador e personagens infantis, cuja visão é valorizada, como demonstra a língua emiliana adotada como fio condutor das narrativas.

Processo inovador também é a incorporação, na narrativa, de elementos aparentemente dissonantes, como aqueles pertencentes à cultura internacional, sejam eles clássicos (Esopo, La Fontaine) sejam contemporâneos (Tom Mix, Gato Félix), além dos recursos paródicos, irônicos e grotescos.

Articulando todos esses elementos de forma coesa e organizada e tendo em Emília a personagem responsável pela eclosão do estranhamento proposto pelo discurso humorístico, Lobato instaura em sua obra uma lógica textual em que tudo é possível, construindo um *objeto autônomo como estrutura e significado* (Candido, 1995, p.244).

Dessa maneira, o autor inaugura uma nova estética da literatura infantil no país, concebendo-a como arte capaz de modificar a percepção de mundo e emancipar seus leitores. A renovação por ele proposta pode ser observada tanto no plano retórico como no ideológico. No que se refere à retórica, observa-se na prosa lobatiana soluções comunicativas no plano linguístico que, ao incorporarem a comicidade como recurso de construção, despem a língua de qualquer rebuscamento, dando primazia à espontaneidade e ao caráter lúdico do estilo infantil. Quanto ao aspecto ideológico, ou seja, ao conjunto de ideias que dão conformação ao texto, o que se observa em sua produção infantil é a captação do leitor pelo mundo ficcional, no qual o humor tem papel fundamental. Estimulando esse leitor a ver a realidade por conceitos próprios, o autor incita-lhe o senso crítico, apresentando problemas sociais, políticos, econômicos e culturais que, por meio das especulações jocosas provocadas por Emília, são vistos criticamente. Destaca-se ainda em sua obra a apresentação de situações ignoradas pelo receptor, provocando uma postura crítica diante delas; a valorização da verdade e da liberdade, estabelecendo uma nova moral; a relativização do maniqueísmo da moral absoluta; e a presença do elemento maravilhoso que, ao ter sua "incongruência" tornada possível por meio do riso, torna-se não uma antítese do real, mas uma forma de interpretá-lo (Zilberman & Magalhães, 1987, p.137).

Nesse sentido, seu texto apresenta uma ordem interna que, percebida pelos leitores, torna-os capazes de organizarem seu caos interior e a visão que têm do mundo. Ao incorporar o humor como procedimento de construção literária, o texto lobatiano possibilita de modo prazeroso e não dogmático o exercício da reflexão e da contestação, a capacidade de penetrar nas tensões dialéticas. Desse modo, suas narrativas têm o mérito de aliar sua qualidade literária, como elemento humanizador (idem, p.249), ao processo de modernização da literatura infantil brasileira, desvencilhando-a das amarras da tradição.

Assim, observa-se a flagrante ruptura estabelecida por Lobato que, com a inclusão do elemento humorístico, inova na produção de obras que rompem com a tradicional postura pedagógico-conservadora presente nos textos da época. Autor de uma obra renovadora pelo rompimento com os moldes tradicionais e pela criação de novas expectativas, Lobato, o *homo risibilis*, tornou-se não apenas marco na literatura infantil brasileira, mas sua referência máxima, consolidando o gênero em suas produções para o público jovem.

REFERÊNCIAS BIBLIOGRÁFICAS

Obras sobre o humor

ALBERTI, V. *O riso e o risível na história do pensamento*. Rio de Janeiro: Jorge Zahar, 2002.
ALLEMANN, B. De l'ironie en tant que principe littéraire. *Poétique*. Paris, v.36, p.385-98, nov. 1978.
ANDRADE, Oswald de. A sátira na literatura brasileira. *Boletim Bibliográfico da Biblioteca Mário de Andrade*. São Paulo, v.7, p.39-52, abr./jun. 1945.
BERGSON, H. *O riso: ensaio sobre a significação da comicidade*. Trad. Ivone Castilho Benedetti. São Paulo: Martins Fontes, 2001.
BREMMER, J.; ROODENBURG, H. (Org.) *Uma história cultural do humor*. Trad. Cíntia Azevedo e Paulo Soares. São Paulo: Record, 2000.
CAMILO, V. *Risos entre pares*: poesia e humor românticos. São Paulo: Edusp, 1997.
COHEN, J. Comique e poétique. *Poétique*. Paris, v.61, p.49-61, fev. 1985.
ETKIND, E. L'épigramme: la structure de la pointe. *Poétique*. Paris, v.86, p.143-54, avr. 1991.
FANTINATI, C. E. Contribuição à teoria e ao ensino da sátira. In: XV Encontro de professores Universitários Brasileiros de Literatura Portuguesa e IV Seminário de Estudos Literários: Texto, contexto e intertexto, 1994, Assis. *Anais de Estudos Literários – IV*. São Paulo: Arte e Cultura, Assis: Faculdade de Ciências e Letras – Unesp, 1994. v.2 – Conferências, mesas-redondas e painéis, p.205-10.
FREUD, S. *El chiste y su relacion con lo inconsciente*. Trad. Luis López e Torres. Madrid: Alianza Editorial, 1969.
GANS, E. Hyperbole et ironie. *Poétique*. Paris, v.24, p.488-94, nov. 1975.
HUIZINGA, J. *Homo ludens*: o jogo como elemento da cultura. Trad. João Paulo Monteiro. 4.ed. São Paulo: Perspectiva, 2000.
HUTCHEON, L. Ironie, satire, parodie. Une approche pragmatique de l'ironie. *Poétique*. Paris, v.46, p.140-55, avr. 1981.
_____. *Uma teoria da paródia*. Ensinamentos das formas de Arte do século XX. Trad. Teresa Louro Pérez. Lisboa: Ed. 70, 1989.

JEANSON, F. *Signification humaine du rire*. Paris: Seuil, 1950.
KERBRAT-ORECCHIONI, C. L'ironie comme trope. *Poétique*. Paris, v.41, p.108-27, fév. 1980.
LE GOFF. O riso na Idade Média. In: BREMMER, J.; ROODENBURG, H. (Org.) *Uma história cultural do humor*. Trad. Cíntia Azevedo e Paulo Soares. São Paulo: Record, 2000.
MACEDO, J. R. *Riso, cultura e sociedade na Idade Média*. Porto Alegre; São Paulo: Editora Universidade / UFRGS; Editora UNESP, 2000.
MENNUCCI, S. *Húmor*. São Paulo: Monteiro Lobato e Cia., 1923.
MINOIS, G. *História do riso e do escárnio*. Trad. Maria Helena O. Ortiz Assumpção. São Paulo: Editora UNESP, 2003.
MUEKE, D. Analyses de l'ironie. Trad. Philippe Hamon. *Poétique*. Paris, v.36, p.478-94, nov. 1978.
PEIXOTO, A. Aspectos do "humour" na literatura nacional. In: *Poeira na estrada*. Ensaios de crítica e de história. Ed. revista pelo autor. Rio de Janeiro: W. M. Jackson, 1947. p.276-318.
POSSENTI, S. *Os humores da língua*: análises linguísticas de piadas. Campinas: Mercado das Letras, 1998.
PROPP, V. *Comicidade e riso*. Trad. Aurora F. Bernardini e Homero F. de Andrade. São Paulo: Ática, 1992.
SALIBA, E. T. A dimensão cômica da vida privada na República. In: SEVCENKO, N.; NOVAIS, F. (Org.) *História da vida privada no Brasil*. São Paulo: Cia. das Letras, 1998. v.3.
_____. *Raízes do riso*: a representação humorística na história brasileira – da Belle Époque aos primeiros tempos do rádio. São Paulo: Cia. das Letras, 2002.
SANT'ANNA, A. R. de. *Paródia, paráfrase e cia*. 7.ed. São Paulo: Ática, 2000.
SAULNIER, C. *Le sens du comique*: essai sur le caractère esthétique du rire. Paris: Librairie Philosophique J. Vrin, 1940.
SPERBER, D., WILSON, D. Les ironies comme mentions. *Poétique*. Paris, v.36, p.399-412, nov. 1978.
VOSSIUS. Rhétorique de l'ironie. Trad. Catherine Magnien Simonin. *Poétique*. Paris, v.36, p.495-508, nov. 1978.

Obras de Monteiro Lobato[1]

LOBATO, J. B. M. Prefácios à "Antologia de contos humorísticos". In: _____. *Prefácios e entrevistas*. São Paulo: Brasiliense, 1951.
_____. *A menina do narizinho arrebitado*. São Paulo: Edição da Revista do Brasil Monteiro Lobato e comp, 1920. Edição Fac-similada. São Paulo: Metal Leve, 1982.

---

[1] Foram utilizadas para o trabalho duas edições: a 6ª edição, publicada em 1956, para as obras infantis, e a 9ª edição, publicada em 1959, para as obras adultas.

_____. Reinações de Narizinho. In: *Obras completas de Monteiro Lobato*. 6.ed. São Paulo: Brasiliense, 1956a.

_____. Viagem ao céu e O saci. In: *Obras completas de Monteiro Lobato*. 6.ed. São Paulo: Brasiliense, 1956b.

_____. Caçadas de Pedrinho e Hans Staden. In: *Obras completas de Monteiro Lobato*. 6.ed. São Paulo: Brasiliense, 1956c.

_____. História do mundo para as crianças. In: *Obras completas de Monteiro Lobato*. 6.ed. São Paulo: Brasiliense, 1956d.

_____. Memórias da Emília e Peter Pan. In: *Obras completas de Monteiro Lobato*. 6.ed. São Paulo: Brasiliense, 1956e.

_____. Emília no país da gramática e Aritmética da Emília. In: *Obras completas de Monteiro Lobato*. 6.ed. São Paulo: Brasiliense, 1956f.

_____. Geografia de Dona Benta. In: *Obras completas de Monteiro Lobato*. 6.ed. São Paulo: Brasiliense, 1956g.

_____. Serões de Dona Benta e História das invenções. In: *Obras completas de Monteiro Lobato*. 6.ed. São Paulo: Brasiliense, 1956h.

_____. D. Quixote das crianças. In: *Obras completas de Monteiro Lobato*. 6.ed. São Paulo: Brasiliense, 1956i.

_____. O poço do Visconde. In: *Obras completas de Monteiro Lobato*. 6.ed. São Paulo: Brasiliense, 1956j.

_____. Histórias de tia Nastácia. In: *Obras completas de Monteiro Lobato*. 6.ed. São Paulo: Brasiliense, 1956k.

_____. O picapau amarelo e A reforma da natureza. In: *Obras completas de Monteiro Lobato*. 6.ed. São Paulo: Brasiliense, 1956l.

_____. O minotauro. In: *Obras completas de Monteiro Lobato*. 6.ed. São Paulo: Brasiliense, 1956m.

_____. A chave do tamanho. In: *Obras completas de Monteiro Lobato*. 6.ed. São Paulo: Brasiliense, 1956n.

_____. Fábulas e Histórias diversas. In: *Obras Completas de Monteiro Lobato*. 6.ed. São Paulo: Brasiliense, 1956o.

_____. Os doze trabalhos de Hércules. In: *Obras completas de Monteiro Lobato*. 6.ed. v.1. São Paulo: Brasiliense, 1956p.

_____. Os doze trabalhos de Hércules. In: *Obras completas de Monteiro Lobato*. 6.ed. v.2. São Paulo: Brasiliense, 1956q.

_____. Urupês. In: *Obras completas de Monteiro Lobato*. 9.ed. São Paulo: Brasiliense, 1959a.

_____. Cidades mortas. In: *Obras completas de Monteiro Lobato*. 9.ed. São Paulo: Brasiliense, 1959b.

_____. Negrinha. In: *Obras completas de Monteiro Lobato*. 9.ed. São Paulo: Brasiliense, 1959c.

_____. Ideias de Jeca Tatu. In: *Obras completas de Monteiro Lobato*. 9.ed. São Paulo: Brasiliense, 1959d.

_____. A barca de Gleyre. In: *Obras completas de Monteiro Lobato*. 9.ed. São Paulo: Brasiliense, 1959e. v.1 e 2.

Obras sobre Monteiro Lobato

AZEVEDO, C. L., REZENDE, M. M., SACCHETTA, V. *Monteiro Lobato: furacão na Botocúndia*. São Paulo: Senac, 1998.
BANDEIRA, M. Eis um escritor feliz. *Ciência e Trópico*. v.9, n.2, p.191, jul./dez. 1981.
BARBOSA, A. *O ficcionista Monteiro Lobato*. São Paulo: Brasiliense, 1996.
BARBOSA, F. A. Monteiro Lobato e o direito de sonhar. In: LOBATO, J. B. M. *A menina do narizinho arrebitado*. Ed. Fac-similada. São Paulo: Metal Leve, 1982.
BOLETIM BIBLIOGRÁFICO da Biblioteca Mário de Andrade, Prefeitura do Município de São Paulo, v.43, jan./jun., 1982.
_____. Número Especial: Monteiro Lobato. Prefeitura do Município de São Paulo, v.37, jul./dez., 1976.
BOSI, A. Lobato e a criação literária. *Boletim Bibliográfico Biblioteca Mário de Andrade*. São Paulo, v.43, n.1/2, p.20-1, jan./jun. 1982.
BRASIL S. (Padre) *A literatura infantil de Monteiro Lobato ou comunismo para crianças*. São Paulo: Paulinas, 1959.
CAVALHEIRO, E. *Monteiro Lobato – vida e obra*. São Paulo: Brasiliense, 1963. 2v.
CHIARELLI, T. *Um Jeca nos vernissages*: Monteiro Lobato e o desejo de uma arte nacional no Brasil. São Paulo: USP, 1995.
CIÊNCIA E TRÓPICO, (Revista). José Bento Monteiro Lobato, v.9, n.2, jul./dez. 1981.
COUTINHO, G. O humor e a sátira em Monteiro Lobato. *Revista Fundamentos*. São Paulo, 2/12/1942.
FREIRE, G. Monteiro Lobato revisitado. *Ciência e Trópico*. v.9, n.2, jul./dez. 1981.
GARCIA, E. Y. O pensamento lobatiano: "princípios", "meios" e "fins". *Letras de Hoje*. Porto Alegre: PUCRS / Curso de Pós-Graduação em Linguística e Letras / Centro de Estudos da Língua Portuguesa, v.15, n.3, set. 1982.
LAJOLO, M. A modernidade em Monteiro Lobato. *Letras de Hoje*, n.49, set./1982, p.22.
_____. A figura do negro em Monteiro Lobato. *Revista Presença Pedagógica*. Belo Horizonte: Dimensão, set./out. 1998.
_____. *Monteiro Lobato: um brasileiro sob medida*. São Paulo: Moderna, 2000.
LANDERS, V. B. *De Jeca a Macunaíma*: Monteiro Lobato e o Modernismo. Rio de Janeiro: Civilização Brasileira, 1988.
LETRAS DE HOJE. Porto Alegre: PUCRS / Curso de Pós-Graduação em Lin- -guística e Letras / Centro de Estudos da Língua Portuguesa, v.15, n.3, set. 1982.
MARTINS, N. S. *A língua portuguesa nas obras infantis de Monteiro Lobato*. São Paulo, 1972. 751p, 2v. Tese (Doutorado em Letras) – Faculdade de Filosofia, Letras e Ciências Humanas, Universidade de São Paulo.
MERZ, H. J. V. et al. *Histórico e resenhas da obra infantil de Monteiro Lobato*. São Paulo: Brasiliense, 1996.

MILLIET, S. Um sentimental apaixonado. *Ciência e Trópico*. v.9, n.2, p.228, jul./dez. 1981.
NUNES, C. Mark Twain e Monteiro Lobato: um estudo comparativo. *Revista de Letras*. Faculdade de Filosofia, Ciências e Letras de Assis, v.1, p.83, 1960.
_____. *A atualidade de Monteiro Lobato*. Brasília: Thesaurus, 1984.
_____. *Monteiro Lobato: o editor do Brasil*. Rio de Janeiro: Contraponto, Petrobras, 2000.
PENTEADO, J. R. W. *Os filhos de Lobato*. Rio de Janeiro: Qualitymark/ Dunya Ed., 1997.
PINTO, E. P. Monteiro Lobato e a expressão literária. *Boletim Bibliográfico Biblioteca Mário de Andrade*. v.43, n.1/2, p.107-17, jan./jun. 1982.
SANDRONI, L. C. A função transgressora de Emília no universo do Picapau Amarelo. *Letras de Hoje*, v.15, n.3, p.92, 1982.
_____. *De Lobato a Bojunga*: as reinações renovadas. Rio de Janeiro: Agir, 1987.
SANTOS, R. A. *Lobato, os Jecas e a questão racial no pensamento social brasileiro*. Disponível em: <http://www.achegas.net/numero/sete/ricardo_santos.htm>. Acesso em: 20/12/2003.
STAROBINAS, L. *O caleidoscópio da modernização*: discutindo a atuação de Monteiro Lobato. São Paulo: 1992. 174p. Dissertação (Mestrado em História) – Faculdade de Filosofia, Letras e Ciências Humanas, Universidade de São Paulo.
TRAVASSOS, N. P. *Minhas memórias dos Monteiros Lobatos*. São Paulo: Edart, 1964.
VALE, F. M. *A obra infantil de Monteiro Lobato*: inovações e repercussões. Lisboa: Portugalmundo, 1994.
VIEIRA, A. S. *Um inglês no sítio de Dona Benta*: estudo da apropriação de Peter Pan na obra infantil lobatiana. Campinas, 1998. 120p. Dissertação (Mestrado em Teoria Literária) – Universidade Estadual de Campinas.
ZILBERMAN, R. (Org.) *Atualidade de Monteiro Lobato*: uma revisão crítica. Porto Alegre: Mercado Aberto, 1983.

Obras sobre literatura infantil

ABRAMOVICH, F. *Literatura infantil: gostosuras e bobices*. São Paulo: Scipione, 1997.
ARROYO, L. *Literatura infantil brasileira*. 10.ed. São Paulo: Melhoramentos, 1990.
BORDINI, M. G., AGUIAR, V. T. *Literatura: a formação do leitor: alternativas metodológicas*. 2.ed. Porto Alegre: Mercado Aberto, 1993.
BORELLI, S. H. S. *Ação, suspense, emoção*: literatura e cultura de massa no Brasil. São Paulo: Educ; Estação Liberdade, 1996.
COELHO, N. N. *Panorama histórico da literatura infantil–juvenil*: das origens indo-europeias ao Brasil contemporâneo. 4.ed. São Paulo: Ática, 1991.

_____. *Dicionário crítico da literatura infantil e juvenil brasileira*: séculos XIX e XX. 4. ed. rev. e ampl. São Paulo: Editora da Universidade de São Paulo, 1995.

_____. *Literatura infantil: teoria, análise, didática*. São Paulo: Moderna, 2000.

DEL PRIORE, M. (Org.) *História das crianças no Brasil*. 2.ed. São Paulo: Contexto, 2000.

GURGEL, N. Literatura infantil e humor. Primeira versão, *Revista da Universidade Federal de Rondônia*, n.80, p.1-6. Disponível em: <http://www.unir.br/~primeira/artigo80.html>. Acesso em: 15/7/2003.

HELD, J. *O imaginário no poder*: as crianças e a literatura fantástica. Trad. Carlos Rizzi. São Paulo: Summus, 1980.

KHÉDE, S. S. *Personagens da literatura infantojuvenil*. 2.ed. São Paulo: Ática, 1990.

LAJOLO, M. *Do mundo da leitura para a leitura do mundo*. São Paulo: Ática, 1993.

LAJOLO, M., ZILBERMAN, R. *Um Brasil para crianças*. São Paulo: Global, 1986.

_____. *Literatura infantil brasileira: história e histórias*. 4.ed. São Paulo: Ática, 1988.

_____. *A formação da leitura no Brasil*. São Paulo: Ática, 1996.

MEIRELES, C. *Problemas da literatura infantil*. 3.ed. Rio de Janeiro: Nova Fronteira, 1984.

PALO, M. J., OLIVEIRA, M. R. D. *Literatura infantil: voz de criança*. 3.ed. São Paulo: Ática, 2001.

PERROTTI, E. *O texto sedutor na literatura infantil*. São Paulo: Ícone, 1986.

SANCHEZ, A. M. T. Literatura infantil e libertação. *Boletim Bibliográfico Biblioteca Mário de Andrade*, v.43, n.1/2, p.142, jan./jun. 1982.

SOSA, J. *A literatura infantil*. Trad. James Amado. São Paulo: Cultrix, 1993.

ZILBERMAN, R.; MAGALHÃES, L. C. *Literatura infantil: autoritarismo e emancipação*. 3.ed. São Paulo: Ática, 1987.

Obras sobre história da literatura, crítica e teoria literária

AMORA, A. S. *História da literatura brasileira*: século XVI a XX. 7.ed. São Paulo: Saraiva, 1968.

BAKHTIN, M. *Questões de literatura e de estética*. Trad. Aurora F. Bernadini et al. 3.ed. São Paulo: Editora UNESP; Hucitec, 1993.

_____. *Problemas da poética de Dostoiévski*. Trad. Paulo Bezerra. 2.ed. Rio de Janeiro: Forense Universitária, 1997.

_____. *A cultura popular na Idade Média e no Renascimento*: o contexto de François Rabelais. Trad. Yara Frateschi Vieira. 4.ed. São Paulo: Hucitec; Brasília: Editora da Universidade de Brasília, 1999.

BOOTH, W. C. *A retórica da ficção*. Lisboa: Arcádia, 1980.

BOSI, A. *História concisa da literatura brasileira*. 3.ed. São Paulo: Cultrix, 1992.

BRAIT, B. *A personagem*. 3.ed. São Paulo, Ática, 1987.

CANDIDO, A. *Formação da literatura brasileira*: momentos decisivos. São Paulo: Edusp, 1975. v. 1 e 2.

_____. *A educação pela noite e outros ensaios*. São Paulo: Ática, 1987.

_____. *Vários escritos*. 3.ed. rev. e ampl. São Paulo: Duas Cidades, 1995.

_____. *Remate de males*. Revista do Departamento de Teoria Literária IEL/Unicamp. Número especial Antonio Candido. Campinas, 1999.

CANDIDO, A., CASTELLO, J. A. Presença da literatura brasileira. São Paulo: Difel, 1981, 3v.

CANDIDO, A. et al. *A personagem de ficção*. 10.ed. São Paulo: Perspectiva, 2000.

CARPEAUX, O. M. *Pequena bibliografia crítica da literatura brasileira*. 2.ed. rev. e aum. Ministério da Educação e Cultura, 1955.

CASTELLO, J. A. *A literatura brasileira: origens e unidade*. São Paulo: Edusp, 1999. v.1 e 2.

CHARTIER, R. et al. *Práticas da leitura*. São Paulo: Estação Liberdade, 1996.

CHKLOVSKI, V. A arte como procedimento. In: EIKHENBAUM, B. et al. *Teoria da literatura*: formalistas russos. Trad. Ana Maria Ribeiro Filipouski et al. Porto Alegre: Globo, 1973. p.39-56.

COUTINHO, A. (Dir.) *A literatura no Brasil*. 5.ed. São Paulo: Global, 1999. 5v.

EIKHENBAUM, B. et al. *Teoria da literatura*: formalistas russos. Trad. Ana Maria Ribeiro Filipouski et al. Porto Alegre: Globo, 1973.

FORSTER, E. M. *Aspectos do romance*. Porto Alegre: Globo, 1969.

KAYSER, W. *O grotesco*: configuração na pintura e na literatura. Trad. J. Guinsburg. São Paulo: Perspectiva, 1986.

LEITE, S. H. T. A. *Chapéus de palha, panamás, plumas, cartolas*: a caricatura na literatura paulista (1900-1920). São Paulo: Editora UNESP, 1996.

LUBBOCK, P. *A técnica da ficção*. São Paulo: Cultrix; Edusp, 1976.

MOISÉS, M. *Dicionário de termos literários*. 9. ed. São Paulo: Cultrix, 1999.

REIS, C.; LOPES, A. C. M. *Dicionário de teoria da narrativa*. São Paulo: Ática, 1988.

WATT, I. *A ascensão do romance*. São Paulo: Cia. das Letras, 1990.

Obras diversas

CAMARA JÚNIOR. J. M. *Dicionário de linguística e gramática*. 13.ed. Petrópolis: Vozes, 1986.

HOUAISS, A. *Dicionário da língua portuguesa*. Rio de Janeiro: Objetiva, 2001.

ILARI, R., GERALDI, J. W. *Semântica*. 10.ed. São Paulo: Ática, 2002.

NORMAS PARA PUBLICAÇÕES DA UNESP / Coordenadoria Geral de Bibliotecas e Editora da Unesp. – São Paulo: Editora da Universidade Estadual Paulista, 1994. 4v.

SEVCENKO, N.; NOVAIS, F. (Org.) *História da vida privada no Brasil*. São Paulo: Cia. das Letras, 1998. v.3.

SOBRE O LIVRO

Formato: 16 x 23 cm
Mancha: 27,7 x 44,10 paicas
Tipologia: Horley Old Style 11/15
Papel: Offset 75 g/m² (miolo)
Cartão Supremo 250 g/m² (capa)
1ª edição: 2006

EQUIPE DE REALIZAÇÃO

Coordenação Geral
Marcos Keith Takahashi

EDITORAÇÃO ELETRÔNICA

Oitava Rima Prod. Editorial

Impressão e acabamento

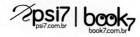